असग़र वजाहत

5 जुलाई, 1946 को उत्तर प्रदेश के फतेहपुर में जन्मे असग़र वजाहत ने अलीगढ़ मुस्लिम विश्वविद्यालय से हिन्दी में एम.ए., पी-एच.डी. और जवाहरलाल नेहरू विश्वविद्यालय, दिल्ली से पोस्ट डाक्टोरल रिसर्च किया। 1971 से 2011 तक जामिया मिल्लिया इस्लामिया, दिल्ली के हिन्दी विभाग में अध्यापन किया। पाँच वर्षों तक ओत्वोश लोरांड विश्वविद्यालय, बुडापेस्ट, हंगरी में भी पढ़ाया। यूरोप और अमेरिका के कई विश्वविद्यालयों में व्याख्यान दिए।

पाँच कहानी-संग्रह, तीन उपन्यास, एक उपन्यास त्रयी, दो लघु उपन्यास, दस नाटक, एक नुक्कड़ नाटक-संग्रह और यात्रा-संस्मरण की चार पुस्तकों सहित दो दर्जन से अधिक पुस्तकें अब तक प्रकाशित हो चुकी हैं। उनकी रचनाएँ कई भारतीय और विदेशी भाषाओं में अनूदित हुई हैं। उन्होंने 'बीबीसी हिन्दी', 'हंस' और 'वर्तमान साहित्य' के विशेषांकों का अतिथि सम्पादन भी किया है। फ़िल्मों के लिए पटकथाएँ लिखने के अलावा धारावाहिक और डॉक्यूमेंटरी फ़िल्में भी बनाई हैं। चित्रकला और पर्यटन में उनकी गहरी रुचि है।

उन्हें 'कथा यूके सम्मान', हिन्दी अकादमी, दिल्ली के 'शलाका सम्मान', 'स्पन्दन कथा शिखर सम्मान', 'व्यास सम्मान', 'संगीत नाटक अकादमी सम्मान' से सम्मानित किया गया है।

इन दिनों स्वतंत्र लेखन।

सम्पर्क : awajahat45@gmail.com

धरा अँकुराई

उपन्यास-त्रयी का तीसरा भाग

असग़र वजाहत

राजकमल पेपरबैक्स

पहला पुस्तकालय संस्करण
राजकमल प्रकाशन प्राइवेट लिमिटेड द्वारा
2014 में प्रकाशित

राजकमल पेपरबैक्स में
पहला संस्करण : 2016
दूसरा संस्करण : 2023

राजकमल पेपरबैक्स : उत्कृष्ट साहित्य के जनसुलभ संस्करण

राजकमल प्रकाशन प्रा.लि.
1-बी, नेताजी सुभाष मार्ग, दरियागंज
नई दिल्ली-110 002
द्वारा प्रकाशित

शाखाएँ : अशोक राजपथ, साइंस कॉलेज के सामने, पटना-800 006
पहली मंजिल, दरबारी बिल्डिंग, महात्मा गांधी मार्ग, प्रयागराज-211 001
1, अनमोल सोराबजी संतुक लेन, धोबी तलाव, मरीन लाइंस, मुम्बई-400 002

वेबसाइट : www.rajkamalprakashan.com
ई-मेल : info@rajkamalprakashan.com

बी.के. ऑफसेट
नवीन शाहदरा, दिल्ली-110 032
द्वारा मुद्रित

मूल्य : ₹299

DHARA ANKURAI
Novel by Asghar Vajahat

ISBN : 978-81-267-2906-7

प्रकाशकीय

'धरा अँकुराई' प्रतिष्ठित कथाकार असग़र वजाहत की चर्चित उपन्यास-त्रयी का तीसरा भाग है। 'बरखा रचाई' और 'कैसी आगी लगाई' शीर्षक से त्रयी के दो भाग पर्याप्त प्रशंसा अर्जित कर चुके हैं। यह अन्तिम भाग एक विस्तृत कथानक को सम्पूर्ण करते हुए उसे रचनात्मक सिद्धि का स्वरूप दे देता है।

असग़र वजाहत व्यक्ति की निजता के साथ उसकी सामाजिक भूमिका को अपनी रचनाओं का विषय बनाते रहे हैं। प्रस्तुत उपन्यास-त्रयी से उनका रचना-स्वभाव अधिक प्रशस्त हुआ है। इसमें मूलतः तीन मित्रों की कहानी है। छात्र जीवन से कहानी आरम्भ होती है। इसके पश्चात वे अलग-अलग क्षेत्रों में अपनी क़िस्मत आज़माने निकल पड़ते हैं। पहला मित्र पत्रकार बनता है, दूसरा राजनीति में सक्रिय होता है और तीसरा प्रशासनिक सेवा में अपना स्थान बनाता है। इनकी अलग-अलग घटनाओं से वृतान्त विकसित होता है। पत्रकार वस्तुतः त्रयी का केन्द्रीय चरित्र है। जीवन का बहुत सारा हिस्सा आपाधापी में बीत जाने के बाद उसमें जो 'बोध' जागता है, वही 'धरा अँकुराई' का निहितार्थ है।

'धरा अँकुराई' वस्तुतः जीवन की सार्थकता और प्रासंगिकता को तलाशते हुए लिखी गई कृति है। नायक को लगता है कि अब तक तो मैं औरों के आदेशों का अन्धानुगमन ही करता रहा। दूसरों द्वारा तय किए गए लक्ष्यों व कार्यों को पूरा करते-करते अपना मूल स्वभाव ही बिसार बैठा। आखिर मेरे जीवन की प्रासंगिकता क्या है?

उल्लेखनीय है कि यह एक सनातन अथवा यक्ष प्रश्न है। मुक्तिबोध ने भी स्वयं से पूछा था कि जीवन अब तक क्या जिया? सदियों पहले गोस्वामी तुलसीदास ने आत्मदर्शन करते हुए लिखा था–'डासत ही गई बीति निसा सब कबहुँ न नाथ नींद भरि सोयो।' एक समकालीन बुद्धिजीवी और कथाकार के रूप में असग़र वजाहत त्रयी के इस अन्तिम भाग में इसी प्रश्न से टकराते हैं। नतीजतन, नायक अपनी सार्थकता की तलाश में उसी छोटे से शहर जा पहुँचता है, जहाँ से उसने जीवन-यात्रा आरम्भ की थी।

त्रयी का परिवेश व्यापक है। अवध के किसी इलाक़े से लेकर अलीगढ़ मुस्लिम युनिवर्सिटी व कुछ अन्य महानगरों तक कथानक विकसित हुआ है। भाषा की हिन्दुस्तानियत इसकी ख़ासियत है। समृद्ध कथानक, कथारस, चरित्रों का अन्तर्द्वन्द्व, संवादों का सौन्दर्य और अन्ततः जीवन के व्यापक आशयों की अभिव्यक्ति 'धरा अँकुराई' सहित इस उपन्यास-त्रयी की विशेषताएँ हैं। हिन्दी उपन्यास साहित्य को नई रचनात्मक ऊँचाइयाँ प्रदान करता 'धरा अँकुराई' रेखांकित करने योग्य रचना है।

–अशोक महेश्वरी

राजधानी से छोटे शहर कौन आता है? अधिकारी या व्यापारी। तुम एस.एस. अली न तो अधिकारी हो और न व्यापारी हो; फिर तुम यहाँ क्यों आ गए हो? दिल्ली या कहना चाहिए नई दिल्ली छोड़कर इस सामान्य से शहर में जो क़स्बा और शहर होने के बीच पिछले पचास साल से फँसा हुआ है।

व्यापारी छोटे शहरों में पैसा कमाने आता है। माल बेचता है और सस्ता माल ले जाता है। बड़े और छोटे के बीच यही रिश्ता है जो पूरी दुनिया में चलता है। इसको इस तरह भी कहा जाता है कि बड़ी मछली छोटी मछली को खा जाती है। अधिकारी क्यों आता है? हुकूमत चलाने, शासन करने, शासन चलाने के लिए शान्ति व्यवस्था बनाए रखने के लिए। सत्ता के पैरोकार और उसकी शक्ति का प्रतिनिधि बनकर। 'यहाँ तुम क्यों आए हो?' मैं यहाँ पैदा हुआ था। यह मेरी धरती है, यह मेरा शहर है।' 'क्या तुम गम्भीर हो?' 'क्या फ़र्क़ पड़ता है कौन कहाँ पैदा हुआ था और फिर लौटकर वहाँ क्यों आएगा। इतिहास गवाह है कोई कहीं लौटकर नहीं जाता। सब आगे बढ़ते हैं। या कम-से-कम यह समझते हैं कि आगे बढ़ रहे हैं।' 'देखो बात दरअसल ये है कि मैं यहाँ अपने को ज़मीन से जुड़ा महसूस करता हूँ।' 'नहीं ये ग़लत है। तुम यहाँ कब थे? आज से चालीस साल पहले। फिर तुम अलीगढ़ चले गए। फिर दिल्ली चले गए। दर हक़ीक़त अब दिल्ली तुम्हारा शहर है। वहाँ तुम सैकड़ों लोगों को जानते हो, हज़ारों लोग तुम्हें जानते हैं। यहाँ तुमको चन्द लोगों के अलावा कोई नहीं जानता। तो तुम यहाँ क्यों आ गए?'–'मैं वहाँ यानी दिल्ली में अपने को मजबूर समझता था।'–'तो तुम यहाँ अपने को क्या समझते हो?'–'उतना मजबूर नहीं जितना दिल्ली में था।'–'चलो ठीक है...देखते हैं।'

'एस.एस. अली यानी सैयद साजिद अली तुम दिल्ली के बहुत माने हुए पुराने अख़बार 'द नेशन डेली' में एसोसिएट एडिटर थे। अंग्रेज़ी अख़बारों के सीनियर पत्रकारों का जल्वा होता है। उनका एक पैर सत्ता में होता है दूसरा विपक्ष में होता

है। उनके एक हाथ में सरकार होती है दूसरे हाथ में जनमत होता है।'–'नहीं-नहीं ये तुम ग़लत कह रहे हो ये कभी था अब नहीं है। अब तो सत्ता की सेवा करो तो मेवा पाओ। और सेवा का मतलब भी कितना मज़ेदार है। किसी सात सितारा होटल के बार में बैठ किसी को समझाओ, कन्विन्स करो दसियों साल से घाटे पर चल रहे सरकारी संस्थानों का निजीकरण क्यों देश के हित में है या अख़बारों में किसी 'डील' का साज़गार माहौल बनाओ...तो यह होती है पत्रकारों मतलब बड़े पत्रकारों की सेवा जिसके लिए उन्हें वह सब मिलता है जिसकी कामना करते हैं। पैसा, फॉरेन ट्रिप्स, सरकारी खिताब, ऊँची-से-ऊँची नौकरियाँ, इज़्ज़त, शोहरत और ख्याति।' 'एस.एस. अली तुम उस दुनिया के एक बड़ा मज़बूत 'पिलर' थे और तुम वहाँ से चले आए। कहाँ? एक छोटे से शहर में जो हिन्दुस्तान के सबसे घटिया प्रदेश के पिछड़े इलाक़े में दो बड़े शहरों के बीच इतना गुमनाम और उपेक्षित है कि उसका ज़िक्र एक तो आता ही नहीं, दूसरे अगर आता भी है तो लोग नाक भौं चढ़ा लेते हैं या सहानुभूति का छिड़काव कर देते हैं। तो सवाल ये है कि तुम्हें अगर राजधानी छोड़कर जाना ही था तो देश में बहुत सुन्दर और सम्पन्न इलाक़े थे। दूर न जाते तो राजस्थान और मध्य प्रदेश में ऐसे शहरों की कमी नहीं है जहाँ दिल्ली का सुख भोगते हुए शान्ति से रहा जा सकता है। पर ये सब बातें करने का कोई मतलब ही नहीं है अगर ये पता न चले कि तुमने दिल्ली क्यों छोड़ी और अब तुम क्या करना चाहते हो?'

'देखो भाई दरअसल मेरी मजबूरी ये है कि मैं वक़्त के साथ-साथ 'मेच्योर' नहीं हो पाया हूँ। मतलब मेरी बातें सुनकर लोग कहा करते हैं–यार अली साहब ये बातें जवानी के दिनों में तो सब करते हैं लेकिन बुढ़ापे में आप अब तक क्यों इनसे चिपके हुए हैं।' 'चलिए हम कहते हैं आप लिखते रहिए...लिखने से आपको कौन रोक सकता है, माना जो आप लिखना चाहते हैं वह आपके अख़बार में नहीं छपेगा लेकिन दूसरे अख़बार तो हैं। आप लिखिए। और ज़्यादा करना चाहते हैं तो दिल्ली में एक एन.जी.ओ. खोल दीजिए। अपनी बात कहने और समाज को बदलने का उससे अच्छा क्या तरीक़ा हो सकता है? वैसे पत्रकारों के लिए 'पॉलीटिक्स' में ऊपर पहुँचने के रास्ते तो हमेशा खुले रहते हैं।'

''मुझे इतना ज़लील न करो भाई...क्या चाहते हो 'पॉलीटिक्स' ज्वाइन कर लूँ...अरे तो उसके लिए यहाँ इस छोटे से शहर में क्यों आ गया। क्या मुझे नहीं मालूम कि आजकल हर पॉलीटिकल पार्टी की नकेल दिल्ली में बैठे बड़े-बड़े नेताओं के हाथ में और आज राजनीति 'ग्रास रूट लेविस' से नहीं' दिल्ली बेस लेविल' से होती है। मुझे यही सब करना होता तो दिल्ली में ही रहता। हाँ अब दूसरा सवाल कि मैं यहाँ क्यों आ गया, उसका जवाब देता हूँ लेकिन मालूम है तुम्हारा

जवाब तैयार होगा कि ये क्या पागलोंवाली बातें कर रहे हो। यार ये सब जवानी में तो शोभा देता है अधेड़ उम्र मतलब पचास पार चुके आदमी को शोभा नहीं देता। तो यार मैं शोभा के लिए तो नहीं हूँ मैं तो यार पिछले पच्चीस साल यह तलाश करता रहा कि मुझे क्या करना चाहिए। अब भी उसी की तलाश है..."

"तो तुम यहाँ क्या करोगे?"

"कोई बँधा बँधाया एजेंडा तो नहीं है।"

"यार आने का फ़ैसला करने से पहले नहीं सोचा था।"

"नहीं...सब कुछ बहुत सोच-विचार कर नहीं किया जाता।"

"यही सीखा है तुमने पत्रकारिता के जीवन में?"

"हाँ, मैं असफल हूँ...मानता हूँ और ख़ुश हूँ।"

"तुम अपने को असफल कैसे मानते हो? तुम एसोसिएट एडिटर थे। तुम्हारी सफदरजंग एन्क्लेव में कोठी है जिसकी क़ीमत आज कई करोड़ होगी। तुम्हारे पास दो गाड़ियाँ हैं...नौकर हैं...तुम्हारे पास लन्दन में बड़ी ज़ायदाद है...मतलब तुम्हारी पत्नी के पास...वह भी तुम्हारी है...तुम्हारा लड़का आक्सफोर्ड में और...तुम अपने को असफल मान रहे हो...यहाँ इस उजड़े, गन्दे और चीथड़े जैसे शहर में तुम्हारी कोठी है जिसे पल्लू मंज़िल कहा जाता है। केसरियापुर में अच्छी ख़ासी ज़मीन है, वहाँ चौरा है—यानी बड़ा मकान...तुम असफल..."

"ये सब मेरी सफलता नहीं हैं जिन्हें तुम गिनवा रहे हो।"

2

अगर यह शक भी होता कि शायद तुम न आओगी तो तुम्हारे आने और न आने के बारे में न तो बहुत ख़ुशी होती और न दुख ही होता लेकिन मैं तो यह माने बैठा था कि तुम आओगी। तुम्हारा आना इतना पक्का लगता था जैसे कल सूरज का निकलना या डूबना। लेकिन जब तुम नहीं आईं तो यह हिम्मत भी न हुई कि तुमसे फ़ोन पर पूछता कि वायदा करने के बाद भी क्यों नहीं आ रही हो। फ़ोन करने की हिम्मत इसलिए भी नहीं पड़ी कि तुमने छोटे से एस.एम.एस. में साफ़ लिखा था कि तुम्हारे घरवालों की यह राय नहीं है। इससे ये बात तो साबित ही होती थी कि मैं तुम्हारे घरवालों में नहीं हूँ, परिवारवालों में नहीं हूँ क्योंकि मेरा तुमसे कोई प्राकृतिक या मान्य सामाजिक रिश्ता नहीं है। माता-पिता से तुम्हारा जो रिश्ता है वह किसी और से कैसे हो सकता है लेकिन मुझसे अगर तुम्हारा कोई रिश्ता है तो वह सम्बन्धों, थोड़ा खुलकर कहना चाहो तो प्यार के सम्बन्धों का रिश्ता है जिसे समाज कोई मान्यता नहीं देता। मैं यह समझता था कि समाज कोई मान्यता दे या न दे लेकिन

तुम ज़रूर मान्यता देती हो जब ही हम लोग आठ साल से साथ हैं। अब तो पिछले आठ सालों के बारे में सोचना पड़ता है कि उस रिश्ते को क्या नाम दिया जाए? तुमने मेरे मुक़ाबले अपने माता-पिता को हमेशा ज़्यादा अहमियत दी है जो समझ में आनेवाली बात इसलिए नहीं है कि तुम्हारे घरवालों ने तुम्हारे साथ जो किया था वह तुम भूल गई तो? अगर भूल गई हो तो बहुत अच्छा है क्योंकि आदमी की बड़ी ताक़तों में से एक भूल जाने की ताक़त भी है, लेकिन जो तुमने बताया था वह मैं नहीं भूला हूँ और मुझे बराबर लगता रहता है कि जाने-अनजाने में तुम्हारे माँ-बाप ने जो तुम्हारे साथ किया था वह भूल जानेवाली बात नहीं है।

तुम्हें याद है आठ साल पहले जब तुम मुझे मिली थीं तो मेरा ख़याल था तुम मुझे उल्लू बना रही हो क्योंकि जितनी ख़ुश तुम लगती थीं उतना ख़ुश लगना मेरे ख़याल से मुमकिन नहीं है। दरअसल तुमने कई तरह से मुझे हैरत में डाल दिया था और मैं तुम्हारी तरफ़ यह जानते हुए खिंचता चला गया था कि तुम मुझसे बीस साल छोटी हो। मैं शादीशुदा हूँ। एक लड़के का बाप हूँ।

लोगों की 'कैमिस्ट्री' भी अजीब चीज़ है। मेरे तुम्हारे बीच क्या 'कॉमन' था शायद कुछ नहीं। लेकिन हम इतना क़रीब आ गए थे जितना मुमकिन है। धीरे-धीरे तुम्हारे रहस्य बजाय खुलने के और उलझते चले गए थे और आखिरकार तंग आकर मैंने उन्हें सुलझाना बन्द कर दिया था। तुम्हारी ख़ुशी के पीछे इतना बड़ा दुख नज़र आया था कि मैं हैरान हो गया था। और इस दुख की वजह तुम्हारे माँ-बाप या कहना चाहिए बाप यानी श्यामवीर सिंह थे जो अपने बड़े भाई ठाकुर रामवीर सिंह के साथ मिलकर परिवार की परम्पराओं के अनुसार चौदह साल में तुम्हारा गौना कर बैठे थे। लगता है यह पिछली सदी की बात है लेकिन ये तो बस दस-बारह साल पहले ही हुआ था। तुम आठवीं क्लास में पढ़ती थीं तो लड़कियाँ तुम्हें चिढ़ाती थीं, टीचरें तुम्हें देखकर हँसती थीं कि देखो इतनी छोटी लड़की की शादी हो रही है। तुम घर आकर माँ के सामने रोती और गिड़गिड़ाती थीं कि मम्मी मेरी शादी अभी मत करो। मैं पढ़ना चाहती हूँ तो तुम्हारी माता जी तुम्हें बहला-फुसला देती थीं और तुम रात-रातभर रोया करती थीं, भगवान से मनाती थीं कि तुम्हें उठा ही ले लेकिन तुम्हारे पिताजी, ताऊ जी ने एक दिन तुम्हारा डोला ही उठवा दिया था। ससुराल में तुम्हें क्या मिला था? एक सनकी, अध-पागल कुलीन पति जो तुम्हें इतना मारता था कि एक बार मौत के नज़दीक पहुँचा दिया था। तुम आज मेरे साथ इसलिए नहीं आईं कि तुम्हारे पापा ने मना कर दिया है तुम्हारे पापा? क्या मैंने तुम्हारे साथ उससे भी बुरा किया है जैसा तुम्हारे पापा ने तुम्हारे साथ किया था?

माफ़ करना अब जो मैं कहने जा रहा हूँ वह शायद तुम्हें बहुत बुरा लगेगा यह भी हो सकता है कि मुझे स्त्री विरोधी भी समझा जाए और मार लानत-मलामत की

जाए लेकिन मैंने देखा ये है कि हमारे समाज में—भारतीय समाज कह सकती हो—और ज़्यादा सही कहना चाहो तो उत्तर भारतीय समाज कह लो—लड़कियों, औरतों को एक ग़ुलाम जेहनियत देकर पाला-पोसा जाता है और वे पूरे जीवन उसी ग़ुलाम मानसिकता में रहती हैं। तुम अपने पिता की बात नहीं टाल सकती हो चाहे वह कितनी ही ग़लत क्यों न हो, यह क्या है? मैंने देखा है लड़कियों को नियंत्रण में रखने का काम उन्हें शारीरिक रूप से कमज़ोर बना देने की सीमा तक किया जाता है। लड़कियों को कम खाना देना, लड़कों को ज़्यादा और अच्छा खाना देना तो आम बात है। यह भी नज़र आता है कि कुलीन हिन्दू परिवारों में पुरुष या लड़के तो मांस खाते हैं लेकिन लड़कियों के लिए मांस वर्जित है। क्यों? शायद तामसी भोजन है। तो पुरुष क्यों खाते हैं?

मुझे तुमसे ये उम्मीद नहीं थी कि मेरे इस सफ़र पर तुम मेरे साथ इसलिए न आओगी कि तुम्हारे पापा ने मना कर दिया है। देखो मैं अगर चाहूँ भी तो तुमसे शादी नहीं कर सकता। बहुत टेढ़े मसले हैं। पहली बात तो यह कि मैं नाम के लिए मुसलमान हूँ—क्योंकि मेरा नाम ए.स.एस. अली है और तुम नाम के लिए हिन्दू हो। सिविल मैरिज हम कर नहीं सकते क्योंकि मैं शादीशुदा हूँ। तुम नूर से कभी मिली नहीं हो क्योंकि वह लन्दन में रहती है और अक्सर सालों नहीं आती या शायद वह जब आई तो तुम दिल्ली में न थी...बहरहाल अगर तुम नूर से मिल लेती तो कहतीं कि अली साहब संसार में जो जी चाहे कीजिए नूर को तलाक न दीजिए। नूरा इतनी अच्छी औरत है कि उसका दीवाना बनकर ही रहा जा सकता है।

वैसे देखा जाए तो मेरे और तुम्हारे बीच वैसा कोई रिश्ता नहीं है जिसे समाज मान्यता देता है। लेकिन हमारे बीच एक इतना गहरा रिश्ता है जो पति और पत्नी के बीच नहीं होता। तुम किस रिश्ते को मानती हो? अगर मानती हो तो यह 'पापा' के रिश्ते से कमज़ोर पड़ा क्या? हो सकता है मैं ग़लत सवाल पूछ रहा हूँ लेकिन इस बात का दुख है कि अब तुम मेरे पास नहीं हो। हो सकता है तुम्हारे अन्दर यह डर भी हो कि एक छोटे औसत दर्जे के शहर में तुम मेरे साथ रहने लगोगी तो लोग क्या कहेंगे? लोग तुम्हें सम्मान और आदर दे पाएँगे या तुम्हें अपमानित करेंगे? मैं जानता हूँ इसमें ख़तरा तो होता लेकिन ख़तरों से डरना ही होता तो मेरे तुम्हारे बीच सम्बन्ध क्यों बनते? मैं यहाँ क्यों आता? क्यों? यार देखो इस उम्र में भी यानी पचास चार पार कर लेने के बाद भी मेरे अन्दर बड़ा गुस्सा है और मैं हर तरह का ढकोसला करनेवालों को मुँहतोड़ जवाब देना चाहता हूँ। चलो ठीक है, नहीं की है शादी पर हम साथ रहते हैं। दोनों समझदार हैं, बालिग हैं, पढ़े-लिखे हैं, अपनी मर्ज़ी से साथ रहते हैं। आप कौन हैं हमें बुरा कहनेवाले, समाज की ठेकेदारी किसने दी है आपको?

चलो अनु प्रसंग के सन्दर्भ में–

मैं बुलाता तो हूँ उसको, मगर ऐ जज़्ब-ए-दिल।
उसपे बन जाए कुछ ऐसी के बिन आए न बने॥

तुम्हें फ़ोन करने की हिम्मत तो नहीं है। ई-मेल भेजता हूँ...अब तुम मेरे लिए अनु नहीं...अनुराधा सिंह हो...वही अनुराधा सिंह जो मेरे दफ़्तर में आठ साल पहले आई थीं और फिर जिसने धीरे-धीरे दफ़्तर से दिल तक का रास्ता तय कर लिया था। अनु हम दोनों एक दूसरे से बहुत अलग थे। इतना अलग कि जिसकी कल्पना नहीं की जा सकती। हमारा परिवेश, हमारा धर्म हमारे विश्वास, हमारा आचरण–सब कुछ अलग था और बड़ी हद तक है। मेरे साथ आठ साल रहने के बाद भी तुम मांस और मछली से उसी तरह दूर हो जैसे पहले थीं...आजतक तुम सुबह उठकर संक्षिप्त सी पूजा करती हो जबकि मैं धर्म, ईश्वर, भगवान आदि आदि में कोई विश्वास नहीं करता...तुम आज भी परम्पराओं का पालन करती हो...मैं शुरू से ही विद्रोही रहा हूँ...लेकिन पता नहीं क्या था कि हम एक दूसरे के इतने पास आ गए थे कि जितना पति और पत्नी भी नहीं होते...एक अटूट...

एस.एस. अली ने ई-मेल लिखकर 'डिलीट' कर दिया।

3

देखिए अब मैं आप लोगों की आसानी के लिए अपने पुश्तैनी घर मल्लू मंज़िल का एक नक़्शा पेश करता हूँ। मेरे दादा का नाम ममलू कुलअली था लेकिन शहर वाले उन्हें मल्लू मियाँ कहते थे। मैं सोचता हूँ यार मुसलमान इस मुल्क में सैकड़ों सालों से रह रहे हैं लेकिन नाम अब तक ऐसे रखते हैं जैसे इराक और ईरान में रह रहे हों।

मल्लू भंज़िल को 1938 में बनवाया गया था। सामने सड़क है जो जी.टी. रोड कहलाती है। अब शेरशाह सूरी मार्ग भी कही जाती है। सड़क के बाद बीस पच्चीस फुट चौड़ा फुटपाथ तो नहीं कह सकते कच्ची पटरी है। मल्लू मंज़िल की बाहरी दीवार के साथ-साथ एक नाली बहती है जो तरक्की करते-करते नाला बन गई है। चार सीढ़ियाँ चढ़कर मल्लू मंज़िल के फाटक तक पहुँचा जा सकता है। यह फाटक जाने कब से बन्द है। इसमें लगा ताला और लोहे का फाटक इतना ज़ंग खा चुके हैं कि अब उनकी हड्डियाँ तक नज़र आती हैं। फाटक के बराबर एक टीन की फटकिया है जिससे अन्दर-बाहर आया-जाया जाता है।

अन्दर सौ फुट लम्बी और क़रीब अस्सी फुट चौड़ी खुली जगह है जिस पर अब्बा ने कभी खड़ंजा लगवाया था। अब यह घिस चुका है और फ़र्श कुछ ऊबड़-खाबड़ हो गया है। दाहिनी तरफ़ एक छोटी कुइयाँ है जिसका इस्तेमाल बरसों से बन्द

है और उस पर सड़ा-गला टीन पड़ा हुआ है। गरारी वाले लोहे के खम्भे बचे हैं और गरारी ग़ायब हो चुकी है। पता नहीं कुइयाँ में पानी है या नहीं क्योंकि आधी सदी से यह बन्द पड़ी है। पानी होगा भी तो सड़ गया होगा या सोते सूख चुके होंगे। अहाते के दूसरी तरफ़ छोटी फटकिया के पास दो कोठरियाँ बनी हैं जिनके सामने छप्पर पड़ा है। इन कोठरियों में मजीद का ख़ानदान रहता है।

वह अब इतना बूढ़ा हो गया है कि दिन-रात सिर्फ़ खाँसता रहता है। उसका एक लड़का दर्ज़ी की दुकान पर काम करता है और दूसरा केसरियापुर में खेती करता है। पिछले पचास साल से मल्लू मंज़िल का निगेहबान यही ख़ानदान है।

अहाते के सामने चार दरों का बरामदा है। बरामदे के बाईं तरफ़ घर के अन्दर जाने का सदर दरवाज़ा है जो ड्योढ़ी से होता हुआ अन्दरवाले बरामदे में खुलता है। यह ज़नाना हिस्सा है। बाहरवाले चार दरों के बरामदे के बाद एक लम्बा दालान जैसा कमरा है लेकिन दरवाज़े लगे होने से इसे दालान नहीं कहा जा सकता। हो सकता है पहले इसमें दरवाज़े न लगे हों लेकिन मैंने तो जब से होश सँभाला है इसमें दरवाज़े लगे देखे हैं। लम्बे कमरे के बाईं तरफ़ एक कोठरीनुमा कमरा है। अन्दर के घर में तीन तरफ़ बरामदे और दालान हैं। चौथी तरफ़ यानी ड्योढ़ी के सामने आँगन के दूसरी तरफ़ बावर्चीख़ाना है और बाईं कोने पर ऊपर जानेवाले सीढ़ियों के नीचे बहुत उपेक्षित-सा ग़ुसलख़ाना और पैख़ाना है। कोई दस साल पहले मैंने इस पैख़ाने में अंग्रेज़ी सीट लगवाई थी जो इस्तेमाल न होने की वजह से अब भी नई लगती है। सीढ़ियाँ ऊपर के कमरों में जाती हैं जो दोनों तरफ़ खिड़कियाँ होने की वजह से काफ़ी रौशन हैं। दूसरी मंज़िल पर इन छोटे कमरों के अलावा सामनेवाली छत पर सायबान है और कोठरी है जिसमें घर का झाड़-झंखाड़ भरा रहता है।

सीढ़ियों के नीचे से एक दरवाज़ा पीछे की तरफ़ खुलता है। यह दरवाज़ा आमतौर पर घरों में जमादारिन के आने और जाने के लिए बनाया जाता होगा। बहरहाल अब चूँकि अंग्रेज़ी सीट लगा चुकी है इसलिए उसकी ज़रूरत नहीं पड़ती। पिछला दरवाज़ा एक काफ़ी उजड़े से बाग़ में खुलता है जिसमें इधर-उधर अमरूद, नींबू, करौंदे के छितरे पेड़ और झाड़ियाँ हैं। सूखी क्यारियाँ और मदार के पौधे भी इधर-उधर बिखरे हैं। मैं चाहता तो यह था कि मजीद के ख़ानदान वाले इस जगह का इस्तेमाल करते। यहाँ कुछ लगाते-बोते और खाते-पीते क्योंकि चारों तरफ़ ऊँची बाउंड्री से घिरा ज़मीन का यह टुकड़ा अगर कोशिश की जाए तो बहुत कुछ दे सकता है। लेकिन कौन करे? हम लोगों के पास कुछ न करने के सैकड़ों बहाने होते हैं। आजकल बहाना ये है कि फुलवाड़ी तक नल नहीं आता। मैंने पूछा कि रबड़ का पाइप लगा सकते थे तो जवाब मिला बहुत महँगा आता है। मैंने कहा कि मुझसे पैसा क्यों नहीं मँगा लिया तो बताया कि आप बिगड़ेंगे। मैंने कहा, भाई मैं तुम्हारी तनख़ाह

और मल्लू मंज़िल की देखभाल के लिए पैसा भेज सकता हूँ तो एक रबड़ के पाइप के लिए क्यों न भेजता? कहा गया तो करे कौन? शाकिर तो सुबह दुकान चला जाता है। रासिद गाँव में रहता है। जुबैदा की शादी हो गई है। रानी और छोटी घर का काम करती हैं।

अब एक सवाल है कि मल्लू मंज़िल को कितना ठीक कराया जाए? क्या मल्लू मंज़िल को सफदरजंग एन्क्लेव वाली कोठी जैसी बना दिया जाए? या जैसी है वैसा ही रहने दिया जाए और बहुत ज़रूरी काम कराए जाएँ। बहुत ज़रूरी काम क्या है? क्या कुछ ऐसे काम हैं जो मुझसे पहले यहाँ रहनेवाले—मतलब मेरे माँ-बाप नहीं करते थे और वे काम मैं ही करता हूँ? ऐसा तो नहीं है। तो फिर मल्लू मंज़िल को क्या ठीक कराया जाए? अगर हाँ तो कितना क्या-क्या? अगर ठीक न कराया जाए तो क्या इन लंबे बरामदे में अपना पलंग डलवाया जाए और यही सोया करूँ जिनका न ओर है और छोर? बेडरूम की मानसिकता इन लम्बे कमरे में कैसे सन्तोष कर सकती है? हाँ चारपाई का मैं क़ायल हूँ। शहर की मसहरियों पर पड़े मोटे-मोटे गद्दों के मुक़ाबले चारपाइयाँ हमारे मौसम के हिसाब से बिल्कुल ठीक हैं। मिसाल के तौर पर आप अपने बेडरूम में मोटे गद्दों पर लेटते हैं तो गर्मियों में ए.सी. के बग़ैर गुज़ारा नहीं होता। जाड़ों में हीटिंग के बग़ैर काम नहीं चलता। बरसात की ठंडी हवा कभी बेडरूम के अन्दर नहीं आती। लेकिन चारपाई का कमाल ये है कि यह 'मूविंग बेडरूम' है। गर्मियों में आप आँगन में बिछा सकते हैं और तारों भरे आसमान से बातें करते हुए सो सकते हैं। बरसात में चारपाई बरामदे में डालिए और बारिश की आवाज़ और फुहार का मज़ा लेते हुए सोइए। जाड़ों में चारपाई पर तोशक और लिहाफ के इंतज़ाम के साथ कमरे या कोठरी में आराम करें। मतलब आपका बेडरूम मौसम के हिसाब से बदल रहा है, मौसम के अनुकूल बन रहा है। आपको ए.सी. और हीटिंग की ज़रूरत नहीं है। तो 'इनर्जी क्राइसेस' के इस युग में और क्या चाहिए? सिर्फ़ एक चारपाई।

बाहरवाले मर्दाने कमरे में फर्नीचर क्या है? चार फोल्डिंग कुर्सियाँ जिनमें मोटा कैनवस लगा है। दो लकड़ी की कुर्सियाँ एक तख़्त है जिस पर गावतकिए लगा दिए जाते हैं। एक छोटी चौकी है जो नमाज़ पढ़ने के काम आती है। एक चारपाई है जो गर्मियों में खुर्री रहती है, गुलाबी जाड़ों में उस पर दरी बिछ जाती है और जाड़ों में तोशक। कुछ स्टूल हैं। फोल्डिंग कुर्सियों के बीच एक मेज़ है। हमारे दादा के मिलने वाले यहीं बैठते थे, अब्बा के दोस्त भी यहीं बैठा करते थे। यहीं महरूम सुल्तानपुरी अपने शायर दोस्तों की नशस्ति किया करते थे। यहीं हुक्काम आते थे और यहीं ग़रीब-ग़ुरबा आकर बैठते थे। किसी को कभी कुछ कम नहीं लगा।

"तो ऐसा करो मजीद सफ़ाई कराओ...सब कमरों की सफ़ाई...दो-चार

मज़दूर बुला लो...और सफ़ाई कराओ...नहीं-नहीं कबाड़ नहीं है...सब काम की चीज़ें...तख्त, चौकियाँ, चटाइयाँ, मोढ़े, बड़ी-बड़ी दरियाँ, चाँदनियाँ, मीरफ़र्श, बड़े-बड़े बर्तन, चूल्हा, चिमटा, करछा...सब काम का है...गुलशन यहाँ के पुराने सामान को देखकर मुँह बनाता है क्योंकि उसे सफदरजंग एन्क्लेव वाली कोठी के सामान और फर्नीचर की आदत है। वह कई बार पूछ चुका है–भइया सोफा सेट न आएगा?''

''भइया डायनिंग टेबुल न आएगी?''

''भइया ड्रेसिंग टेबुल न आएगी?''

''नहीं कुछ नहीं आएगा?'' मैं जवाब देता हूँ।

रात बीतते-बीतते फिर एस.एस. अली लैपटॉप पर अनु के लिए चिट्ठी टाइप करता है। चिट्ठी लम्बी है। उसे बार-बार पढ़ता है और आखिरकार 'डिलीट' कर देता है। नींद का पता नहीं। सन्नाटे में जी.टी. रोड पर जानेवाले ट्रकों की आवाज़ और तेज़ सुनाई देती है।

4

हमारे देश में कुछ अजीब ही हुआ। धीरे-धीरे हिन्दू मुसलमान होते चले गए और मुसलमान दौरे जिहालत की तरफ़ बढ़ते चले गए। इस तब्दीली का कोई असर किसी और पर पड़ा हो या न पड़ा हो लेकिन हमारे पड़ोसी यानी मल्लू मंज़िल के 'नेक्स्ट डोर नेबर' हाजी मन्ना पर ज़रूर पड़ा। मेरे लड़कपन में, मल्लू मंज़िल के बराबर, सड़क के किनारे, एक छप्पर के नीचे हाजी मन्ना के अब्बा रमज़ानी की गोश्त की दुकान थी। दुकान क्या थी रमज़ानी एक तख़्त पर गोश्त रखकर बेचा करते थे और अपने बेटे मन्ना को गालियाँ दिया करते थे। उस ज़माने में हाजी मन्ना को रमज़ानी चिकवे का लौंडा कहा जाता था। कुछ साल बाद रमजानी मर गए। इस बीच हिन्दुओं ने गोश्त खाना शुरू कर दिया। मन्ना ने छप्पर के बाहर लकड़ी का खोखा बना लिया और एक रास के बजाय तीन रास बेचने लगे तो शहरवालों ने उन्हें क़साई मन्ना कहना शुरू कर दिया। ध्यान दें कि अभी तक उनके पूरे नाम की तलाश शुरू न हुई थी। मन्ना जब पाँच रासें करने लगे और दो लड़कों को नौकर रख लिया तो उन्हें क़स्साब मन्ना कहा जाने लगा। इस बीच गोश्त का एक्सपोर्ट शुरू हुआ तो मन्ना 'कट' का माल कानपुर सप्लाई करने लगे और देखते-ही-देखते लाखों में खेलने लगे तो लोग उन्हें मन्ना क़ुरैशी कहने लगे। इस मौके पर मन्ना ने ज़रूरी समझा कि हज कर ली जाए क्योंकि अगर हाजी जैसा पाक लक़ब उनके नाम के साथ महज़ चन्द हज़ार के ख़र्चे से जुड़ सकता हो क्या बात है। बहरहाल जब मन्ना

पासपोर्ट बनवाने गए तो उनका पूरा नाम सामने आया–मुनीरुद्दीन क़ुरैशी। और लौटकर आए तो हाजी मुनीरुद्दीन क़ुरैशी हो गए और ज़िले के आठ हज़ार क़स्साब बिरादरी के वोटों पर अन्तिम निर्णय देने का भी उन्हें अधिकार मिल गया। आज हाजी मुनीरुद्दीन के बिना शहर का लोकतंत्र और चुनाव अधूरा है।

हाजी मुनीरुद्दीन उर्फ़ हाजी मन्ना बहुत बूढ़े हो चुके हैं। छप्पर की जगह आज मुनीरुद्दीन विला खड़ी है। बेटे कारोबार करते हैं। हाजी मन्ना क़ौम की ख़िदमत करते हैं और गोकुशी में फँसे अपनी बिरादरी के लोगों की पैरवी करते हैं। उनकी पहुँच लखनऊ और दिल्ली तक है। उनकी मेहँदी लगी दाढ़ी क़ौमी परचम की तरह लहराती है। मोटा-ताज़ा जिस्म छोटी कारों में नहीं समाता और चर्ब जबानी अच्छे-अच्छों को मात देती है।

मैं जब भी यहाँ आता हूँ हाजी मन्ना मिलने आते हैं। हर बार बातचीत में हाजी मन्ना बड़े भोलेपन से बताते हैं कि शहर में प्रॉपर्टी का दाम कितना बढ़ गया है। इशारों में यह भी कहते हैं कि अगर मैं चाहूँ तो मल्लू मंज़िल के पच्चीस लाख रुपए मिल सकते हैं। दरअसल हाजी मन्ना की नज़र पिछले बीस-पच्चीस साल से मल्लू मंज़िल पर है क्योंकि हाजी मुनीरुद्दीन विला का विकास इसी दिशा में सम्भव है। हाजी मन्ना को यक़ीन है कि एक न एक दिन मल्लू मंज़िल बिकेगी और वही उसे ख़रीदेंगे। उनके रहते कोई और ये हिम्मत कैसे कर सकता है। वैसे मल्लू मंज़िल अगर एस.एस. अली एसोसिएट एडिटर 'द नेशन डेली' की न होती और किसी ऐरे-ग़ैरे की होती तो अब तक हाजी मन्ना बैनामा करा चुके होते।

अल्लाह-अल्लाह करके हाजी साहब बैठ गए।

"क़सम ख़ुदा की साजिद मियाँ आप आ जाते हैं तो डिप्टी साहब मरहूम की याद ताज़ा हो जाती है। क्या आदमी थे। अल्लाह उन्हें जन्नत बख़्शे। मुझे तो बिल्कुल अपने छोटे भाई जैसा मानते थे। मैं भी उनके हुक्म का ग़ुलाम था।"

"आप कैसे हैं मन्ना चचा।" मैंने कहा।

"मियाँ मेरा क्या...अब अल्लाह-अल्लाह करता हूँ...सिराज और मेराज को काम सौंप दिया है। सिराज ने दुबई में ऑफ़िस बना लिया है...मेराज दिल्ली से माल सप्लाई करता है..."

"तो अब कारोबार कैसा चल रहा है।"

"मियाँ...मैं तो कुछ जानता था...पर कहते हैं पिछले साल डेढ़ करोड़ का काम किया था। इन लोगों ने..."

"वाह...ये तो बहुत अच्छा है।"

"बड़ी पुरानी इमारत हो गई है।" हाजी मन्ना मल्लू मंज़िल को देखते हुए बोले।

"हाँ, 1938 से जोड़ लीजिए।"

"बासठ साल हो गए। पर मियाँ आप चूँकि मरम्मत वगैरह भी कराते रहते हैं इसलिए अभी अच्छी हालत है। अब क्या बताएँ एक ज़माना था जब यहाँ बड़ी रौनक़ रहती थी...आपने तो मियाँ दिल्ली में कोठी बनवा ली है न?"

"जी हाँ..."

"वहाँ तो प्रॉपर्टी बहुत ही महँगी होगी...जब यहाँ ये हाल है कि आज की तारीख़ में इस तरह की इमारत और इस मौक़े की इमारत बड़ी आसानी के साथ सत्तर लाख में निकल सकती है।" हाजी मन्ना ने साफ़ इशारा किया।

मैं ख़ामोश रहा।

"तो मियाँ अभी तो रहेंगे न? कम-से-कम पन्द्रह बीस दिन तो रहो पुश्तैनी मकान में।"

"मन्ना चचा अब तो यहीं रहने का इरादा है।" मैंने कहा और वे इस तरह उछल पड़े जैसे बिच्छू ने काट लिया हो।

"वाह मियाँ वाह...क्या बात है...तो नौकरी?"

"बहुत कर ली नौकरी..."

"तो छोड़ आए हो?"

"यही समझ लीजिए।"

"तो यहाँ...बहू भी आएँगी?"

"वो तो लन्दन में रहती हैं...लेकिन आएँगी...दिल चाहा तो यहाँ रहेंगी...नहीं तो..." मैं चुप हो गया।

"बेटा तो माशाअल्लाह बड़ा हो गया है।"

"हाँ, तीस साल का है।"

"शादी तो कर दी होगी?"

"नहीं...अभी नहीं..."

"अरे तो कब करोगे मियाँ?"

"अब वही करेगा...जब चाहेगा या जब उसे अपने पसन्द की लड़की मिल जाएगी।"

हाजी मन्ना हैरत से मेरा मुँह देखने लगे।

"और मन्ना चचा यहाँ के क्या हाल हैं?"

"मियाँ ख़ुदा का शुक्र है...सब अमन-चैन है...बिजली की मुश्किल थी तो जनरेटर लगवा लिया है...पानी के लिए गहरी बोरिंग करा ली है...मियाँ दो रोटी खाते हैं...अल्लाह-अल्लाह करते हैं और पड़े रहते हैं।"

कुछ देर बाद हाजी मन्ना उठकर चले गए। आज यहाँ मेरा तीसरा दिन है। चार

साल के बाद आया हूँ। अभी तो यहाँ किसी को मेरे अपने की ख़बर भी न हुई होगी। जल्दी क्या है जब रहना ही है यहाँ। धीरे-धीरे सबको ख़बर हो जाएगी।

"भइया मुख़्तार आए हैं आपसे मिला चइत हैं।" गुलशन ने बताया।

एक पलक में एक पूरी ज़िन्दगी कौंध गई। मैं उससे पहली बार अतहर, उमाशंकर और कलूट के साथ मिला था। ये बात सन् सत्तर के आसपास की होगी। वह पक्का मुस्लिम लीगी हुआ करता था। फिर बड़ी मेहनत और बहस मुबाहिसे के बाद वह कम्युनिस्ट पार्टी मार्क्सवादी के नज़दीक आया था और जल्दी ही शहर की दो यूनियनें बना डाली थीं। सिलाई मज़दूर यूनियन और रिक्शाचालक यूनियन में सक्रिय था। फिर मेरे दिल्ली चले जाने के बाद पता नहीं क्यों शायद मेरे शहर छोड़ने और एक तरह से आन्दोलन को पीठ दिखाने के बाद वह निराश हो गया था और उसे शराब में शरण मिली थी। इसके बाद वह दिल्ली आ गया था। सिलाई की दुकान में अपना पुश्तैनी पेशा करता था। रात में आधी बोतल पीता था और दुकान के तख़्ते पर ही सो जाता था। बरसों इसी तरह कटे थे। कभी-कभी वह शराब के नशे में मेरे पास भी चला आता था। फिर उसकी आँखों की रोशनी कम हो गई थी तो काम भी बन्द हो गया था। उसके बाद वह कहाँ चला गया था। यह पता नहीं चला था।

सिर झुकाए अपने ख़ास अन्दाज़ में सलाम करके वह सामने बैठ गया।

"कब आए?"

"परसों।" मैंने कहा।

"कब तक रहेंगे?"

"अब यहीं रहूँगा।" मेरे यह कहने पर वह बेयक़ीनी वाली हँसी हँसने लगा। मैं समझ गया। उसे वे दिन याद आ गए होंगे जब आन्दोलन को बेहाल छोड़कर मैं नौकरी करने दिल्ली चला गया था।

वह आँखें उठाकर मेरी तरफ़ नहीं देख रहा था।

"और सब कैसे हैं?" मैंने पूछा।

"अतहर तो अपने अब्बा वाली दुकान में ही बैठ रहे हैं। इस साल हज करने जा रहे हैं। उमाशंकर ने कपड़े का काम अपने लड़के को सौंप दिया है। पर कभी-कभी दुकान पर आ जाते हैं।" वह बोला।

मैं सोचने लगा ये दोनों लोग यूनियनों के सक्रिय कार्यकर्ता हुआ करते थे।

"पार्टी वाले कैसे हैं?"

"अब कुछ नहीं बचा है। मिश्रा जी तो लखीमपुर अपनी ससुराल में बस गए हैं। खेती-बाड़ी करा रहे हैं। पंडित दीनानाथ गुज़र चुके हैं। सूरजपाल चौहान पार्टी छोड़ चुके हैं। वकालत करते हैं। सब इधर-उधर हो गए हैं। बली सिंह सचिव हैं, वही नेता हैं, वही कार्यकर्ता हैं।"

मैंने महसूस किया मुख़्तार के मुँह से देशी का भब्का आ रहा है। वह बोलता रहा–"कलूट तो मर ही गए। शमीम बनारस चला गया। सब इधर-उधर हो गए... आप न जाते तो..." वह कहते कहते रुक गया। अब क्या हो सकता है मुख़्तार। हाँ, मैं या मेरे जैसे न जाते तो शायद ये न होता...लेकिन...

5

पन्द्रह दिन की सफ़ाई के बाद मल्लू मंज़िल बदली-बदली नज़र आ रही है। कोठरियों से ऐसा सामान निकला है जो मैंने भी इससे पहले कभी नहीं देखा था। टीन के पीपों, पीतल के बड़े-बड़े बर्तनों के साथ-साथ एक डोली का ढाँचा भी निकला है, लोहे के लम्बे-लम्बे शमादान छत पर लटकाने वाले पंखे और लकड़ी का घरेलू सामान इस क़दर निकला है कि कई परिवारों के लिए काफ़ी होगा। पूरे घर में जहाँ-जहाँ जो रखा जा सकता था रख दिया गया है। हद ये है कि छोटी चौकियों पर बड़े लोटे तक रख दिए गए हैं हालाँकि नल आने के बाद उनका इस्तेमाल क़रीब-क़रीब बन्द-सा ही हो गया था। तीन-चार लोहे के सन्दूकों में काग़ज़ात मिले हैं जिनमें से कुछ फारसी में हैं जिन्हें मैं पढ़ तक नहीं सकता। कुछ काफ़ी मोटे-मोटे अक्षरों में अंग्रेज़ी में लिखे क़ानूनी दस्तावेज़ हैं, कुछ स्टैम्प पेपरों पर अंग्रेज़ी में टाइप किए हुए अदालती फ़ैसले हैं। टाइप के अक्षरों का आकार भी आज के हिसाब से दो गुना या तीन गुना है। इन्हीं टाइप अदालती फैसलों को देखकर याद आया कि बीसवीं शताब्दी के शुरू में जब अंग्रेज़ों ने टाइपराइटर और घरों में पानी देने के लिए नल का इंतज़ाम किया था तो लोगों में बड़ा असन्तोष था जिसे अकबर इलाहाबादी ने ज़ाहिर किया था–

पानी पीना पड़ा है पाइप का, हर्फ़ पढ़ना पड़ा है टाइप का।
पेट दुखता है, आँख आई हैं, शाहे एडवर्ड की दुहाई है॥

कुछ बक्सों में से वो किताबें निकलीं जिन्हें अम्माँ बड़े शौक से पढ़ा करती थीं। फसान-ए-आज़ाद की दोनों जिल्दें मिल गई हैं। 'तिलिस्मे होशस्बा' की तीन जिल्दें हैं जिन्हें कीड़ों ने खाया ज़रूर है लेकिन पढ़ने में आती है। मिर्ज़ा ग़ालिब का दीवान, कुछ तारीखी नाविल, बहुत से जासूसी नाविल, 'खातूने-मशिरक़' के पचास-साठ अंक, 'शम्अ' और 'बीसवीं सदी' के भी कुछ शुमारे मिले हैं। बड़ी तादाद में वे मज़हबी किताबें हैं जिन्हें अब्बा पढ़ा करते थे। क़ुरान शरीफ के कई निस्ख़ों के अलावा 'नहजुल बलाग़ा' की कापियाँ और दीगर मज़हबी रिसाले भी निकले हैं। अगर मैं इन्हीं किताबों और काग़ज़ात को पढ़ने और समझने का काम शुरू कर दूँ तो शायद ज़िन्दगी कट जाए।

मल्लू मंज़िल की सफ़ाई के बाद मसला था कुइयाँ के साफ़ कराने का। शाकिर ने कुइयाँ पर पड़ा टीन हटाया तो कुछ नज़र नहीं आया कि कुइयाँ में पानी है या नहीं। मजीद का कहना था कि पहले पानी चमका करता था। कुछ और लोग कह रहे थे कि इतने साल बाद कुइयाँ को खोला गया तो पानी पर गर्द और कूड़ा बैठ गया होगा इसलिए पानी चमक नहीं रहा है। ये भी कहा गया कि अब कुइयाँ का क्या काम है। शहर के सारे कुएँ बन्द करा दिए गए हैं। वाटर सप्लाई हालाँकि ठीक नहीं है लेकिन अब कुएँ से कोई पानी नहीं भरता और वह भी कोई आसान काम तो है नहीं। अब किसमें इतनी ताक़त है कि बीसियों घड़ा पानी भरेगा। पता नहीं क्यों लेकिन मैं इस पक्ष में नहीं था कि कुइयाँ को बन्द करा दिया जाए। पानी के साधन को ख़त्म करना अच्छा नहीं है। बात यहाँ आकर ठहर गई कि कुइयाँ की सफ़ाई करनी चाहिए ताकि पानी निकल सके। सफ़ाई कौन करेगा? कुएँ खोदने वाले और कुओं की सफ़ाई करनेवाले अब नहीं हैं। किसी ने कहा कि शायद बुन्देलखंड के इलाक़े में खटिक मिल सकते हैं जो कुएँ खोदने और सफ़ाई करने का काम कर सकते हैं। कुछ ने ये भी कहा कि बरसों से बन्द कुइयाँ में उतरना ख़तरनाक भी हो सकता है। एक दो ऐसी घटनाएँ हो चुकी हैं कि उतरनेवाले मर गए थे। यह बात भी सामने आई कि पी.डब्ल्यू.डी. वालों से कहकर बड़ी मशीन वाला पम्पिग सेट चलवा दिया जाए ताकि गन्दा पानी निकल जाए और फिर साफ़ पानी आने लगेगा। साफ़ पानी आने भी लगा तो पानी भरेगा कौन? पानी भरा न जाएगा तो फिर गन्दा हो जाएगा। बहरहाल कई लोगों ने कहा कि वे खटीकों को तलाश करने की कोशिश करेंगे।

मेरे बचपन में कुइयाँ पूरी तरह 'एक्टिव' थी। पानी भरने का काम करनेवाला जवान शुबराती सुबह-शाम आता था और घड़ों में, मटकों में, टंकियों में पानी भरता था। गर्मियों के दिनों में तो अन्दर और बाहर के आँगन में छिड़काव करना भी उसका काम था। कभी-कभी पीछे बगिया में भी कुछ ज़रूरी पेड़ों में पानी दे दिया करता था। मुझे नहीं मालूम उसे क्या तनख़ाह मिलती थी लेकिन उसे देखकर यह अन्दाज़ा होता था कि वह अपने जीवन से ख़ुश है और खाने-पीने को इतना मिल जाता है कि पचास बाल्टी पानी भरने की ताक़त उसके अन्दर बनी रहती है। उसके सफ़ेद दाँत, ज़रा-ज़रा सी बात पर निकल आते थे और वह कभी कोई शिकायत नहीं करता था।

अब शहर में सबको मालूम हो गया है कि मैं यहाँ आ चुका हूँ। अफ़वाह की तरह उड़ती यह ख़बर भी पहुँच चुकी है कि मैं अब यहीं रहने आया हूँ। इस पर तरह-तरह की प्रतिक्रियाएँ हो रही हैं। अतहर ने बताया कि कोई यह बात मानने के लिए तैयार ही नहीं है कि दिल्ली की इतनी अच्छी अख़बार की नौकरी छोड़कर कोई यहाँ आ सकता है जहाँ कुछ भी नहीं है।

ये बड़ी अजीब बात है कि अपना बुढ़ापा किसी को नज़र नहीं आता जबकि दूसरे का बुढ़ापा बिल्कुल सामने दिखाई देता है। अतहर के चेहरे पर लकीरें पड़ गई हैं। लम्बा क़द होने की वजह से वह कुछ झुककर चलने लगा है। चेहरे पर काली सफ़ेद दाढ़ी और माथे पर पड़े काले गट्टे ने उसे गम्भीर धार्मिक स्वरूप दे दिया है। यह सोचकर बड़ा अजीब लगा कि वह कभी हम लोगों के साथ पुलिया पर बैठकर पिया करता था।

"तो अब का करिहो?" अतहर बोला।

"ये तो नहीं सोचा है यार?"

"छोटे से शहर में कौनो-कारोबार भी तो नहीं है।"

"भइया मैं यहाँ कारोबार करने नहीं आया हूँ।"

"अरे तो तुमको पेंशन मिली न?" वह बोला।

"नहीं मेरी नौकरी में कोई पेंशिन नहीं है।"

"अरे चलो ठीक है...ज़िन्दगी भर कमाए हो..."

"हाँ खाने-पीने, रहने रहने की तो कोई तंगी न होगी।"

"भाभीजान भी आएँगी?" उसने पूछा।

"देखो...हो सकता है आए?" मैंने कहा।

"अब उनका यहाँ क्या दिल लगेगा?"

"तुम्हारा काम कैसा चल रहा है।" मैंने पूछा।

"अल्ला का शुक्र है...दूनों लड़का मशाअल्लाह से जवान हैं...बाल बच्चादार हैं...बड़का, दुकान में बैठ रहा है...छोटा कंडक्टर लग गवा है।" मैं उसके चेहरे पर अतीत को तलाश करने लगा। मैंने पूछा–"यार अतहर...पुराने दिन कभी याद आते हैं? जब हम लोग पुलिया पर बैठा करते थे?"

वह ऐसी हँसी हँसने लगा जैसे शर्मिन्दा हो गया हो और बोला–"नहीं भाई...व सब छोड़ो।"

"छोड़ दी है?"

"अल्ला क़सम...बीस साल हुए।"

मैंने सोचा गुनाह भी आदमी की शख़्सियत का एक ज़रूरी हिस्सा होता है।

"और सबका क्या हाल है?"

"बस समझो मुख़्तार हम सबके हिस्से की पी रहा है।"

"सुबह से रात तलक पिए रहता है।" अतहर ने बताया।

"हाँ मुझे मालूम है। और उमाशंकर?"

"दुकान लड़के के हवाले कर दी और उमाशंकर अब मस्ती मारत हैं।"

"क्या मस्ती?"

“अरे उनके दुई-चार ठो अड्डा हैं शहर में...”

“तुम्हें नन्हे ख़ाँ याद हैं?”

—वह हँसने लगा।

“अल्लाह बख़्शे गुज़र गए।”

“अल्लाह उन्हें बख़्शेगा?” मैंने पूछा वह और हँसा।

“अब हम का बताई कलूट भी नहीं रहे...मामू भी गुज़र गए...”

“और पार्टी वाले?”

“उनसे तो अब...”

“हाँ, तुम तो हज करने जा रहे हो न?”

“हाँ साजिद मियाँ...वह भी एक फरीज़ा है।” वह बोला।

फरीज़ा है मतलब फ़र्ज़ है। एक ऐसा काम है जो काम ही करना ही है। बिना सोचे-समझे, जाने-बूझे ड्यूटी समझकर करना है। लेकिन मैं अतहर से क्या बहस करता।

गुलशन चाय लेकर आ गया। उसे देखकर अतहर ने कहा—“तुम तो पक्के दिल्ली वाले बन गए हो? पैंट और शर्ट डाँटे रहते हो।”

“अब का करी अतहर मियाँ...जैसा देस वैसा भेस।” गुलशन बोला।

“अब यहाँ दिल लग रहा है?” उमाशंकर ने पूछा।

“आपको साफ़-साफ़ बताएँ?”

“हाँ-हाँ बताओ?”

“बिल्कुल नहीं लग रहा है...हम तो भइया के मारे चले आए।” गुलशन ने कहा और सब हँसने लगे।

6

हालाँकि मुश्किल काम है और कोई नाम छूट भी सकता है लेकिन ज़िन्दगी के तारों को जोड़ने के लिए ज़रूरी है कि उन सबके बारे में बताया जाए जो यहाँ मेरे साथ थे और अब भी जिनसे मेल-मुलाक़ात है।

उमाशंकर श्रीवास्तव ‘मधु’ स्कूल के दिनों में दादागिरी और कविता करते थे। कविता के कारण उनका परिचय शहर के साहित्यकारों और कविता प्रेमियों से था और दादागीरी के तुफैल उनकी जान-पहचान शहर के नामी दादाओं से थी। उमाशंकर ‘मधु’ पढ़ने में...ऐसे थे कि शहर के सरकारी स्कूल में एडमीशन न हो सका था तो मुस्लिम हाई स्कूल में दाख़िल हो गए थे और वहीं उनकी दोस्ती शाहिद मियाँ से हुई। इसी दोस्ती के चलते उमाशंकर ‘मधु’ ने शाहिद मियाँ के चचा नूरू

मियाँ के इलेक्शन में काम कराते हुए कांग्रेसी हो गए थे। उन्होंने खादी के कुर्ते-पाजामे के साथ-साथ एक नेहरू कट वास्कट भी सिलवाई थे। इन कपड़ों में सज-धज कर काला चश्मा लगाए जब उमाशंकर निकलते थे तो लोग कई तरह से उनका रोब खाते थे। उनके बाबूजी की छोटी-मोटी कपड़े की दुकान उमाशंकर के रोब-दाब की वजह से बहुत बड़ी हो गई थी। मज़ा यह था कि दुकान पर कभी-कभी शहर के नेता, कांग्रेस के एम.एल.ए. और ज़िले के माने हुए जमींदार नूरू मियाँ तक आकर बैठ जाते थे। इन्हीं दिनों उमाशंकर से मेरा परिचय हुआ था और वे काफ़ी मजबूरी में यानी तर्कों से परेशान होकर कांग्रेस से थोड़ा दूर आ गए थे। उनकी दिलचस्पी कविता में बढ़ गई थी और शहर के स्थानीय कवियों और हिन्दी के अध्यापकों के बीच आना-जाना हो गया था। इसी दौरान वे ज़िले की कम्युनिस्ट पार्टी मार्क्सवादी के क़रीब आए थे और आखिरकार उन्होंने पार्टी ज्वाइन कर ली थी। अब वे कांग्रेस के कट्टर विरोधी हो गए थे लेकिन शाहिद मियाँ से स्कूल की दोस्ती बनी हुई थी क्योंकि उसका आधार राजनीति न था। पन्द्रह बीस-साल उमाशंकर पार्टी के साथ रहे। इस बीच मैं जब भी घर जाता था तो उनसे मुलाक़ात होती थी और बातचीत आमतौर पर पार्टी के काम के बारे में होती थी या साहित्य और कविता पर चर्चा हुआ करती थी। उमाशंकर कहते थे कामरेड अब पार्टी का काम हो तो कैसे हो? एक तो यह पता है नहीं कि काम क्या होना है? मज़दूर तो यहाँ हैं नहीं, क्योंकि कोई कारख़ाना-वारख़ाना है नहीं। किसान है। उनके लिए किसान सभा है। किसान सभा में सब खाते-पीते किसान हैं। उनकी समस्या यह है कि खाद का दाम बढ़ रहा है। बिजली नहीं आती। टैक्टर के लिए लोन आसानी से नहीं मिलता। अब पार्टी अगर इन्हीं माँगों को पूरा कराने में जुट जाए तो क्या होगा? खाते-पीते किसान हमारे समर्थक बन जाएँगे जो किसी भी तरह अपनी जाति बिरादरी नहीं छोड़ सकते। वे हमदर्दी हमसे रखते हैं लेकिन वोट डालते हैं अपनी बिरादरी के कैंडीडेट को। अब खेतिहर मज़दूर यूनियन का हाल सुनो। उनकी सबसे बड़ी माँग मजदूरी को लेकर है। उन्हें मजदूरी देते हैं किसान। किसानों से हम मजदूरी बढ़ाने की बात करते हैं तो वे नाराज़ हो जाते हैं और हमसे दूर चले जाते हैं। अब बताओ क्या किया जाए? और शहर में बारह पार्टी मेम्बर हैं जिनमें से आठ वकील हैं। वकील कचहरी नहीं छोड़ सकते, खाएँगे क्या? अब बचे चार लोग जो अपने-अपने धंधों में लगे हैं। मैं दुकान पूरी तरह छोड़ नहीं सकता। बाबू जी दो घंटे बैठ लेते हैं तो कमर में दर्द होने लगता है। पूरे ज़िले में एक ही 'होल टाइमर' है, शिव बालक। वह कोयला लदवाने के लिए कानपुर निकल जाता है। जब कभी लखनऊ से डाँट पड़ती है या कोई प्रोग्राम दिया जाता है तो हम लोग मारे-खदेड़े प्रोग्राम करके रिपोर्ट भेज देते हैं। अभी कुछ साल पहले शान्ति मार्च करने का आदेश आया था।

अब बताओ यहाँ शान्ति मार्च का क्या मतलब हुआ जहाँ शान्ति ही शान्ति है। हमें सड़क पर मार्च करता देखकर लोग हँस रहे थे। कह रहे थे कामरेडों शान्ति से बैठो, शान्ति मार्च क्यों कर रहे हो। इसी तरह साम्प्रदायिकता विरोधी सम्मेलन के आदेश आते हैं। यार यहाँ सन सैंतालीस तक में दंगा नहीं हुआ। यहाँ क्या ज़रूरत है साम्प्रदायिकता विरोधी मार्च की? लेकिन आदेश था पूरा किया गया।

कुछ साल बाद गया तो उमाशंकर ने बताया था कि कामरेड जहाँ काम नहीं होता वहाँ लड़ाई होती है। आजकल जिला पार्टी में बड़ी उठा-पटक चल रही है।'

धीरे-धीरे उमाशंकर पार्टी से बाहर हो गए और शहर की साहित्यिक दुनिया में रच-बस गए। उन्होंने उपनाम 'मधु' छोड़ दिया और भावुक कविता के बजाय व्यंग्य कविताएँ करने लगे। आजकल उन्होंने दुकान अपने बेटे के हवाले कर दी है और आराम की ज़िन्दगी काट रहे हैं। साहित्यिक गोष्ठियों में जाते हैं और शायरों के साथ चायख़ानों में शामें गुजारते हैं।

भाई हबीबउल्लाह पुराने ज़मींदार और खरे सैयद ख़ानदान के आदमी हैं। जवानी के दिनों में पता नहीं क्या शौक चर्राया था कि फ़ौज में चले गए थे। फ़ौज की नौकरी बारह साल बाद छोड़ी और अपने वतन आ गए। ख़याल तो ये था कि कहीं और नौकरी करेंगे या खाड़ी देशों में क़िस्मत आजमाएँगे लेकिन ये तो न हुआ पर उर्दू में एम.ए. कर डाला। हबीब भाई अपने फ़ौजी जीवन के ऐसे क़िस्से सुनाते हैं कि अच्छे-अच्छों की बोलती बन्द हो जाती है। इन क़िस्सों में हर उस चीज़ का जिक्र मिलता है जिसका वायदा जन्नत के लिए किया गया है। हम लोग कहते भी हैं कि यार हबीब भाई ने इसी देश में जन्नत के मज़े ले लिए हैं। हबीब भाई से भी मुलाक़ात उन दिनों की है जब वे फ़ौज छोड़कर आए थे और ये बात कोई बीस साल पुरानी तो हो ही गई होगी।

हबीब भाई औसत क़द-काठी के आदमी हैं पचास पार कर लेने के बाद भी उनमें वही ताक़त है जो किसी जवान में हो सकती है। वज़ादार आदमी हैं, बात के धनी हैं, सच्चे हैं, दिल के साफ़ हैं, मिज़ाज खिलता हुआ है। हँसने-हँसाने और अदबी बातचीत पर यक़ीन करते हैं। यही वजह है कि उमाशंकर से पक्की-दोस्ती है और शहर के दूसरे शायरों के साथ अच्छा वक़्त गुजरता है। फ़ौज की नौकरी करने और दुनिया में जन्नत के मज़े उड़ाने के बाद भी हबीब भाई जुमे के दिन बड़े खरे मुसलमान बन जाते हैं। नहा-धोकर साफ़ और क़ीमती कपड़े पहनकर नमाज़ पढ़ने जाते हैं। कहते हैं सब कुछ छूट सकता है लेकिन जुमे की नमाज़ नहीं छूट सकती। हबीब भाई को अपने खरे सैयद होने पर फख्र है। यही नहीं उनका ताल्लुक़ ऐसे ख़ानदान से है जिसमें मौलाना सैयद बरकत अली बरेलवी जैसे बुजुर्ग और सज्जादा नशीन हैं जिनके लाखों माननेवाले मुरीद हैं। कहते हैं यू.पी. के इलेक्शन में मौलाना

बरकत अली बरेलवी का एक फतवा विधान सभा का नक़्शा बदल सकता है। मौलाना बरेलवी अपने हबीब भाई के सगे मामू हैं और हबीब भाई को बेटों से बढ़कर मानते हैं।

हबीब भाई जब भी दिल्ली आते थे तो मुझसे मिलते थे। उनका कभी किसी निजी काम और कभी किसी 'नेता' के काम से आना हुआ करता था। कभी वे मौलाना बरेलवी के साथ भी आते थे और उनके साथ बड़े-बड़े नेताओं की कोठियों पर जाते थे। एक बार, मेरे यहाँ आने से कोई दो साल पहले हबीब भाई अपने दो रिश्ते के भाइयों के साथ, जिनमें एक मौलवी बरेलवी के छोटे बेटे थे, दिल्ली आए थे। उन्होंने बताया था कि वे एक सौ करोड़ की एक 'लैंड सेल' के सिलसिले में दिल्ली आए हैं। मामला कुछ यूँ बताया था कि उत्तर प्रदेश के एक मुख्यमंत्री ने मौलाना बरेलवी का समर्थन लेने के लिए उनके बेटे को ग्रेटर नोएडा में पाँच एकड़ का एक प्लाट सरकारी दरों पर दिला दिया था। आज उस ज़मीन की क़ीमत कम-से-कम एक सौ करोड़ है। एक प्राइवेट बिल्डर से बातचीत करने हबीब भाई आए थे। बाद में पता चल सका था कि 'डील' का क्या हुआ लेकिन शायद हो नहीं पाई क्योंकि हबीब भाई का कहना था कि अगर ये डील हो जाती है तो वे शहर में लड़कियों का एक डिग्री कॉलेज खोलेंगे क्योंकि अब तक शहर में लड़कियों का डिग्री कॉलेज नहीं है।

हबीब भाई के मित्रों की संख्या बहुत है। अपने अच्छे आचरण और ईमानदार छवि के कारण हबीब भाई अक्सर दो गुटों या लोगों की लड़ाई में पंच भी बनाए जाते हैं और ऐसा माना जाता है कि बिना पक्षपात किए हबीब भाई सही फ़ैसला देते हैं। हबीब भाई के सर्किल के एक प्रमुख पंडित ब्रह्मा हैं। पंडित ब्रह्मा का असली नाम तो कुछ और ही है लेकिन शहर में वे कविवर पंडित ब्रह्मगुप्त के नाम से जाने जाते हैं। उनके अनुसार प्रसिद्ध ज्योतिषी भास्कराचार्य को उनके पूर्वज ने पढ़ाया था। मतलब उनका सम्बन्ध ऐसे परिवार से है जो पंडितों का गुरु परिवार रहा है। बहरहाल कविवर ब्रह्मा अपनी प्रशंसा औ दूसरों की प्रशंसा, जो उनके सामने मौजूद हों, करने में दक्ष हैं। उनके अनुसार शहर में उनके चेलों की इतनी संख्या है कि चुटकी भी बजा दें तो हज़ारों लोग जमा हो जाएँ। कविवर ज्योतिषाचार्य भी हैं इसलिए शहर के नवोदित धनवानों में बहुत लोकप्रिय एक बड़ा ट्रासपोर्टर, भट्ठा माफिया अनवर, और प्लाटिंग का काम करनेवाला रघुबीर यादव उनके दस हाथों में दो मज़बूत हाथ हैं।

कविवर पंडित ब्रह्मा बातचीत में अपने को 'आपका भाई' कह सम्बोधित करते हैं। अपने शिष्यों को 'आपका चेला' कहते हैं। शहर में ही नहीं देश के सारे कवियों को वे अपने आगे हेच समझते हैं। उनकी रचनाओं को बड़े-बड़े फ़िल्म

डायरेक्टर और प्रोड्यूसर तरसते रहते हैं पर कविवर ब्रह्मगुप्त उन्हें टालते रहते हैं। बड़ा-से-बड़ा सम्मान उन्हें मिल जाता अगर कविवर ने 'हाँ' कर दी होती। ये सब बातें कविवर बहुत ज़ोर देकर, नाम, स्थान, समय बताते हुए करते हैं।

शहर में एक ही त्रिपाठी जी हैं। बाक़ी जो त्रिपाठी हैं उन्हें कोई नहीं जानता। जिन त्रिपाठी को लोग जानते हैं उनको आर.आर. त्रिपाठी कहा जा सकता है लेकिन आर.आर. की ज़रूरत नहीं पड़ती। आप केवल त्रिपाठी कहें और लोग समझ जाएँगे कि आप आर.आर. त्रिपाठी की बात कर रहे हैं। आर.आर. त्रिपाठी की शहर में कोई ऐसी कोई ख़ास हैसियत न होते हुए भी बड़ी हैसियत है क्योंकि शहर के बारे में उनको जितनी जानकारी है उतनी जानकारी किसी के पास नहीं है। सीधे, सज्जन, सरल, मीठे स्वभाव और साधारण वेश-भूषा में रहनेवाले त्रिपाठी जी जानकारी के मामले में सबसे अव्वल हैं। उन्हें पता होता है कि किस राजनीतिक पार्टी में आजकल कौन ऊपर जा रहा है। किसे चुनाव लड़ने का टिकट मिलेगा। टिकट दिए जाने का आधार क्या है? कौन जाति किसको समर्थन नहीं देगी? दलितों में भी गुट बन गए हैं। मुस्लिम मतदाता इस बार शेख वहीद के कहने से वोट न डालेंगे। शहर के ब्राह्मणों ने क्या तय किया हुआ है और कुर्मी समुदाय क्या सोच रहा है। शहर के दो साहित्यिक गुटों के बीच कैसी खींचा-तानी चल रही है। साहित्य मंडल के सुलभ वाजपेयी और साहित्य मंच के बाबू बेनी प्रसाद 'सितम' के बीच नया कौन सा विवाद चल रहा है? बेनी बाबू के 'ग़ज़ल के स्वर' प्रोग्राम को किस प्रकार विरोधी गुट ने असफल कर दिया था? उर्दू के शायरों के बीच मुशायरे और दूरदर्शन के कार्यक्रम पाने की होड़ में क्या हो रहा है। सलाम साहब और पथिक जी के बीच आजकल कैसे रिश्ते हैं। किस मुशायरे में किसका पल्ला भारी है और कान-सा राजनीतिक दल किसके मुशायरों के लिए चन्दा देता है। डिस्ट्रिक कोर्ट में कौन-सा जज कितनी रिश्वत खाता है। कलक्टर कहाँ का है और उस पर प्रभाव कैसे डाला जा सकता है। ठेकेदारों में किसकी तूती बोल रही है और कौन पिछड़ गया है। मोरंग के ठेके में जो फ़ौजदारी हुई थी उसमें कितने लोग घायल हुए थे। कोऑपरेटिव बैंक का दीवाला कैसे निकला और माल गोदाम की डकैती में किस गिरोह का हाथ था। व्यापार मंडल की राजनीति में बाबू राय प्रकाश को कैसे पछाड़ा गया और बरदही बाज़ार में दलाली कौन-कौन करता है।

त्रिपाठी जी के पास हर सवाल का जवाब है। मैंने उनसे कुइयाँ की सफ़ाई के बारे में बात की थी तो उन्होंने पूरा यक़ीन दिलाया था कि ये काम मुश्किल नहीं है। बाँदा ज़िले के अतरौला गाँव में कुछ खटिक परिवार है जिनका यह पुश्तैनी काम है लेकिन अब खटिक भी दूसरे काम पकड़ रहे हैं क्योंकि कुएँ खोदने का चलन ही ख़त्म हो गया है। अब तो गहरी से गहरी बोरिंग करनेवालों की माँग रहती है। लेकिन

कुछ पुराने इस काम के ऐसे जानकार खटिक बचे हैं जो कुइयाँ की सफ़ाई कर सकते हैं। त्रिपाठी एक दिन अपने साथ नलकूप विभाग के एक जूनियर इंजीनियर को भी ले आए थे जिसने कुइयाँ का तफ़सीली मुआयना किया था। उसने सबसे पहले तो यह सलाह दी थी कि कुइयाँ पर रखी टीन की चादर हटवा दी जाए ताकि कुइयाँ में ताज़ी हवा जाए। उसने कुइयाँ में एक यंत्र डालकर यह भी बताया था कि पानी अभी है। मतलब सोता बन्द नहीं हुआ है। और इतने साल यानी क़रीब चालीस साल तक सोते के बन्द न हो जाने की वजह यह है कि धरती के नीचे कुइयाँ तक जो सोता आ रहा है वह मज़बूत और बढ़ा सोता है। इंजीनियर ने यह भी राय दी थी कि पाइप डालकर कुएँ से पानी को खिंचवा लिया जाए तो अच्छा है। दो-तीन दिन बराबर मोटर चलती रहे तो सोता और खुल जाएगा लेकिन खटिक तो चाहिए ही होंगे क्योंकि वही कुएँ में उतरकर सफ़ाई करेंगे। अब अगर अभी खटिकों को कुएँ में उतार दिया गया तो यह ख़तरनाक हो सकता है मतलब ऑक्सीजन की कमी में किसी की जान जा सकती है। इसलिए कुइयाँ की सफ़ाई काम जल्दी में न किया जाए। कुछ दिन इसके अन्दर हवा जाती रही। जब अन्दर की खराब हवा बाहर निकल जाए तो पम्प डलवाया जाए। तब यह पता चलेगा कि कुएँ में कितना पानी है। यह भी मालूम होगा कि पानी कैसा है। उसने बताया कि पानी सड़ गया होगा और बदबू मारेगा। लेकिन सड़ा पानी निकलने के बाद साफ़ पानी आएगा। इंजीनियर ने यह भी बताया था कि अब इस तरह कुइयाँ बनानेवाले नहीं हैं। यह ज्ञान ख़त्म हो चुका है। दो-चार कुएँ खोदने वाले तो मिल जाएँगे लेकिन इतनी पतली, मज़बूत और गहरी कुइयाँ खोदने वाले अब नहीं बचे। इसलिए अगर हो सके तो कुइयाँ को चालू हालत में ले आना चाहिए। इन सब बातों के बाद यह बात मेरे दिमाग़ में बैठ गई थी कि कुइयाँ को ठीक कराना ही मेरा पहला काम है। इसके बाद ही और कुछ हो सकेगा।

"इसमें कितना पानी है?" मैंने इंजीनियर से पूछा था।

—इसमें...पानी ही पानी है...कोई बड़ा सोता...बहुत बड़ा सोता है। यह अन्दाज़ लगाना मुश्किल है कि कितना पानी होगा।

"मतलब पानी की कमी न पड़ेगी...आप चाहे पूरे शहर को पिला देव।" त्रिपाठी जी ने हँसकर कहा था।

"ये कुइयाँ आपको कितनी पुरानी लगती है?" मैंने उससे पूछा।

इंजीनियर इधर-उधर देखने लगा। फिर उसने टॉर्च डालकर कुइयाँ के अन्दर देखा। फिर कुछ सोचने लगा और बोला—"इस इमारत से पुरानी है यह कुइयाँ।" उसने मल्लू मंज़िल की तरफ़ इशारा करते हुए कहा।

"अच्छा?" मेरे ऊपर हैरत का पहाड़ टूट पड़ा।

"जी हाँ...देखिए इमारत में जो ईंटें लगी हैं वही कुइयाँ में नहीं लगी हैं। इमारत मोटी ईंट की बनी है और कुइयाँ ककई ईंट की बनी हुई है।"

"मतलब यह 1938 से पहले की है?" मैंने पूछा।

"यक़ीन के साथ कह सकता हूँ?"

"कितनी पुरानी होगी?"

"ये तो अभी नहीं बता पाऊँगा? लेकिन अली साहब आपके लिए क्या मुश्किल है। दिल्ली से 'सेंटरल वाटर बोर्ड' और 'आर्कियोलॉजिकल सर्वे ऑफ इंडिया' के लोगों को बुलवा लीजिए...सब पता चल जाएगा।"

"हाँ...आप ठीक कहते हैं...ये भी हो सकता...लेकिन अभी तो इसका पानी..."

"वह आप इन पर छोड़ दीजिए।" त्रिपाठी जी इंजीनियर की तरफ़ इशारा करके बोले–"यही सब कराएँगे।"

शाम को झकाझक लम्बे कुर्त्ते और ऊँचे पजामे में महकते हुए हाजी मुनीरुद्दीन आ गए। मैं अकेला ही अहाते में बैठा कुछ पढ़ रहा था। हाजी साहब के एक हाथ में छड़ी थी दूसरे हाथ में तस्बीह थी। घनी दाढ़ी पर मेहँदी का रंग चढ़ा था। अलैक-सलैक के बाद वे अल्लाह-अल्लाह करते बैठ गए।

"मियाँ एक जनरेटर लगवा लो...आराम हो जाएगा...गर्मी बढ़ेगी तो यहाँ बिजली की कटौती भी बढ़ जाएगी।"

"लगवा लेंगे चचा...अभी तो काम चल ही रहा है।" मैंने कहा।

"कुछ सोचा है...भई यूँ तो तुम्हारा टाइम यहाँ नहीं कटेगा।" वे बड़ी हमदर्दी से बोले।

"अभी तो कुछ नहीं सोचा।"

"सुना है तुम कुइयाँ साफ़ करा रहे हो?"

"हाँ, अच्छा है...पानी इसका बहुत अच्छा हुआ करता था।"

"अरे क्या कहने...मियाँ इसी कुइयाँ का पानी पी-पीकर मैं जवान हुआ था...पर भाई अब सब बदल गया है...मैंने तो दिल्ली से पानी साफ़ करनेवाली मशीन मँगा ली है...उसका पानी मियाँ फ्रिज में रख दिया जाता है तो समझ लो आबे हयात हो जाता है।" वे हँसे।

"आप तो दिल्ली जाते रहते हैं।"

"अरे नहीं...कहाँ मियाँ...यही साल दो साल में एक बार...अच्छा सुनो,"...उन्होंने अपनी कुर्सी मेरे क़रीब कर ली और आँखें निकालकर बड़े राज़दाराना अन्दाज़ में बोले–"मियाँ किसी से ज़िक्र न करना। दिल्ली का एक बड़ा बिल्डर है। अपनी ही बिरादरी का है। वो यहाँ गाड़ियों का एक शोरूम डालना चाहता है। मुझसे उसकी

बात चल रही है। कह रहा है मुनीर मंज़िल मुझे दे दीजिए।

ग्राउंड फ्लोर पर शोरूम बनवाऊँगा और ऊपर बड़े-बड़े छह फ्लैट निकल आएँगे। फ्लैट मुझे मुफ़्त में देगा। आजकल बड़े फ्लैटों में यहाँ दफ़्तर भी खुल रहे हैं। बीस-पच्चीस हज़ार महीने पर उठ जाते हैं। समझ लो चार फ्लैट भी उठ गए तो लाख रुपए महीने की आमदनी हो जाएगी...पर भाई उसे जगह कम पड़ रही है। उसकी निगाह मल्लू मंज़िल पर पड़ी तो कहने लगा ये भी मिल जाए तो पूरा शो रूम बन सकता है। मैंने उसे डाँट दिया कि क्या बेहूदा बातें कर रहे हो यहाँ तो साजिद मियाँ रहते हैं। लेकिन वो पीछे पड़ गया। बोला अगर साजिद मियाँ चाहें तो ज़मीन लेकर मैं तीन फ्लोर उन्हें दे सकता हूँ...''

हाजी जी कहते रहे। मैं समझ गया था कि यह कोई दिल्ली का बिल्डर नहीं, खुद हाजी जी हैं जो मल्लू मंज़िल ख़रीदना चाहते हैं।

''वैसे पूरी जगह के लिए वह डेढ़ करोड़...''

मैं बात काटकर बोला–''चचा वह डेढ़ सौ करोड़ भी दे तो मल्लू मंज़िल नहीं बेचूँगा।''

7

क्या मैं यहाँ गुज़रे हुए ज़माने की तलाश में आया हूँ? हरगिज़ नहीं क्योंकि मैं जानता हूँ अतीत कल्पना में ही जीवित रहता है उसे खोजना बेकार है और दूसरी बात यह कि अतीत हर पीढ़ी के लिए मूल्यवान होता है, वर्तमान से हर पीढ़ी असन्तुष्ट रहती है और भविष्य को लेकर अपार शंकाएँ होती हैं। मैं इस घिसे-पिटे चक्कर में पड़ने नहीं आया हूँ। तो फिर यहाँ आने का मक़सद? ये बड़ा सवाल है। बड़े सवालों को जल्दी हल नहीं करना चाहिए। छोटे-छोटे सवालों और उनके जवाबों से ही बड़े सवाल और उनके हल निकलते हैं।

यहाँ टहलने के लिए कोई पार्क नहीं है। सफदरजंग एन्क्लेव वाला डियर पार्क याद आता है जहाँ मैं रोज़ सूरज निकलने से पहले चला जाता था और बरसात के दिनों में अक्सर मोर को नाचते देखता था। कितनी अजीब बात है कि जहाँ जो होना चाहिए वहाँ वह नहीं है बल्कि इसका उलट है। बहरहाल यहाँ टहलने के लिए सड़क के किनारे हैं जिन पर फुटपाथ नाम की कोई चीज़ नहीं है। पूरे शहर में किसी सड़क़ के किनारे फुटपाथ नहीं हैं। सड़क के लिए कच्ची, गन्दी और धूल भरी जगहें हैं जहाँ टहला जा सकता है। इसलिए मुँह-अँधेरे निकलना ज़रूरी हो जाता है क्योंकि सूरज निकलते ही इन 'फुटपाथों' पर टेम्पुओं, रिक्शों, बसों, तांगड़ियों, मोटर-साइकिलों, साइकिलों, साँड़ों, गायों, गधों की धूम होती है।

मल्लू मंज़िल से दाहिनी तरफ़ जी.टी. रोड में टहलने जाता हूँ तो सबसे पहले ये ख़याल आता है कि पहले यहाँ क्या था, कैसा था और आज क्या है। ऐसा नहीं है कि मैं यह सब पहली बार देख रहा हूँ। बीच-बीच में जब-जब यहाँ आया करता था तो इन तब्दीलियों को नोटिस करता था। लेकिन अब इत्मीनान से उन पर गौर करने का मौक़ा मिल जाता है। सड़क के दोनों तरफ़ बड़ी तादाद में नई, बेढंगी और रंग-बिरंगी इमारतें और मकान बन गए हैं जिनके बीच में खँडहरनुमा इमारतें नज़र आती हैं। नई बनी इमारतों में न कोई तुक और तमीज़ है। न इनका आपस में कोई रिश्ता है और न ये मिल-जुलकर कोई अच्छा असर डालती हैं। इन इमारतों, मकानों और दुकानों के बीच से गलियाँ निकलती हैं जो मोहल्लों में चली जाती हैं। यहाँ भी वही हाल है। दोनों तरफ़ खुली नालियाँ और उसके साथ बने मकान, ऐसे मकान जो एक-दूसरे से जुदा हैं, अलग हैं।

शहर के तालाब भू-माफिया ने प्लाट करके बेच डाले हैं। अब बरसात का पानी मकानों के चारों तरफ़ कई महीने भरा रहता जिसमें मच्छरों की खेती होती है। कुछ क़ब्रिस्तान भी भू-माफिया की भेंट चढ़ गए हैं। कुछ पर मुक़दमे चल रहे हैं। एक बड़ा प्यारा, छोटा और उजाड़-सा गोरों का क़ब्रिस्तान हुआ करता था अंग्रेजों की पचास-साठ कब्रें थीं, वह भी पता नहीं कहाँ गायब हो गया है।

जी.टी. रोड में जिला नगरपालिका की एक पुरानी और सुन्दर इमारत हुआ करती थी। अब इमारत के सामने सड़क के किनारे सम्भवतः नगरपालिका ने सर्वसम्मित से दुकानें बनवा दी हैं और इमारत इन दुकानों के पीछे ग़ायब हो गई हैं। नगरपालिका की पुरानी इमारतों के बरामदे में कुछ प्राचीन मूर्तियाँ और वास्तुकला के अच्छे नमूने रखे थे जिन्हें अब, चोरों की पहुँच से दूर, एक जँगले में बन्द करके रखा गया है जहाँ प्रायः लोग पान की पीक थूकते हैं और मूर्तियों का रंग बदल गया है।

नगरपालिका, स्कूल, अस्पताल और सार्वजनिक ज़मीनों के साथ जो कुछ हुआ वह पूरा संवैधानिक है। लोकतंत्र ने जनता के माध्यम से अपने प्रतिनिधि चुने और उन्होंने ऐसे निर्णय लिए कि ऐसा हो गया। दोष लोकतंत्र को नहीं दिया जा सकता। जनता को भी दोष नहीं दिया जा सकता। सरकार को भी दोषी नहीं ठहराया जा सकता? फिर ये जो कुछ हुआ क्या अच्छा हुआ?

आज़ादी से पहले और बाद के कुछ सालों तक शहर में नगरपालिका का एक पुस्तकालय हुआ करता था। नगरपालिका का एक अहाता था जिसमें फुलवारी थी और उसके बीच पुस्तकालय था। अब वह नहीं है। किताबें जाने कहाँ हैं? इमारत जाने कहाँ चली गई। इसके बारे में कोई कुछ नहीं जानता। अभी जो पदाधिकारी हैं वे कहते हैं ये हमारे ज़माने में नहीं हुआ। कब हुआ? किसने किया? क्या किया?

इसकी तहक़ीक़ अगर कोई चाहे तो कर सकता है लेकिन इसकी चिन्ता किसे है। तहक़ीक़ कौन करेगा?

शहर चार-पाँच गुना बड़ा हो गया है। खेतों को कॉलोनी बना दिया गया है। हज़ारों मकानों का जाल शहर के चारों तरफ़ फैल गया है। कालोनी काटनेवालों ने करोड़ों बनाए हैं। इन कॉलोनियों में भी नालियाँ हैं। पतली गन्दी गलियाँ हैं, कूड़े के ढेर हैं और मच्छरों, मक्खियों की भरमार है। इसे शहर का विकास माना जाता है।

कूड़ा-कूड़ा और कूड़ा। यह हमारे प्यारे शहर तक सीमित नहीं है। दिल्ली से कलकत्ता और केरल तक रेल की पटरियों के दोनों तरफ़ कूड़े के ढेर मिलेंगे। पॉलीथीन, प्लास्टिक, काग़ज़ और तरह-तरह की चीज़ों ने कूड़े के पहाड़ खड़े कर दिए हैं। लगता है पूरा देश भी इस कूड़े को साफ़ नहीं कर सकता। कुछ सालों बाद हिन्दुस्तान को कूड़िस्तान कहा जाने लगेगा। यहाँ ऐसी बीमारियाँ फैलेंगी जिनका नाम भी लोगों ने न सुना होगा और उन बीमारियों का कोई इलाज न होगा।

हमारे बचपन में... अब आप यही कहेंगे कि मैं हर बात घसीट तक अतीत में ले जाता हूँ और यह दावा भी करता हूँ कि मुझे अतीत का मोह नहीं है। दरअसल अतीत से हम लिपटे न रहें लेकिन उससे कुछ जानकारियाँ तो ले सकते हैं। तो मैं कह रहा था हमारे बचपन में क्या कूड़ा हुआ करता था? सब्ज़ियाँ तरकारियों के टुकड़े या छिलके, गर्द और इधर-उधर से आए तिनके या गेहूँ और चावल वग़ैरह बीनने के बाद निकले कंकड़ या दूसरे क़िस्म के बीज वग़ैरह। मैं छिलके तो घर में पली गाय को खिला देता था। बाक़ी कूड़ा मेहतरानी ले जाती थी और घूरे में डाल देती थी। यह कूड़ा मिट्टी में मिल जाता था या चिड़िया, चूहे और दूसरे जानवर उन्हें खा लेते थे। दुकानदार छोटा-मोटा सामान काग़ज़ की पुड़ियों या थैलियों में देते थे जो आमतौर पर बच्चों की पुरानी कापियों के काग़ज़ से बनाई जाती थीं और रद्दी काग़ज़ के साथ बिक जाती थीं। लोहे लंगड़ या लकड़ी का टूटा-फूटा सामान भी काम आता था।

लेकिन आज का कूड़ा–पॉलीथीन, तरह-तरह के केमिकल, अलग-अलग ऐसे पदार्थ जो प्रकृति में घुल-मिल नहीं सकते, तरह-तरह की पैकिंग, रंग-बिरंगे लुभावने खिलौने, कैमिकल कचरा। सवाल यह है कि इतना कैमिकल कचरा आता क्यों है? इससे निपटने का कोई तरीक़ा हमारे देश में क्यों नहीं है? हमने तो अंतरिक्ष तक में कबाड़ भर दिया है।

शहर की एक साफ़-सुथरी सड़क जो पक्के तालाब से गंगाघाट तक जाया करती थी कूड़ाखाना बन गई है। उसके दोनों तरफ़ दूर-दूर तक कूड़े के ढेर लगे हैं। शहर का कूड़ा जब कभी साफ़ किया जाता है तो उसे यहाँ लाकर डाल दिया जाता

है। इस सड़क से गुज़रना मुश्किल हो गया और आसपास रहने वालों का तो अल्लाह ही मालिक है। यही नहीं शहर की सड़कों पर जहाँ से हज़ारों लोग गुज़रते हैं वहाँ जगह-जगह कूड़े के ढेर लगे हैं जो गन्धाते रहते हैं। लेकिन लोग अपना काम करते रहते हैं। आते-जाते रहते हैं, खाते-पीते हैं, सोते-जागते हैं, नहाते-धोते हैं। लगता है कूड़े के साथ, गन्दगी के साथ एक ख़ामोश समझौता हो गया है। मैंने सोचा भाई कोई और इस कूड़े को नहीं साफ़ कर रहा है तो कम-से-कम मैं कोशिश करके देखूँ। एक ट्रैक्टर किराए पर ले लूँ। दो-तीन मज़दूर लगा लूँ और कम-से-कम जी.टी. रोड पर पड़े कूड़े को कहीं–कहाँ? जहाँ भी कूड़ा डाला जाता हो वहाँ जाकर फेंक दिया जाए। हो सकता है इससे कूड़े को साफ़ करनेवालों पर कोई असर पड़े और वे अपनी ज़िम्मेदारी महसूस करें। फिर सोचा कहीं ये ख़याल एक मज़ाक़ बनकर न रह जाए? मैं कहाँ तक, कब तक, कितना कूड़ा साफ़ कर सकता हूँ। मेरे इस ख़याल पर लोग अगर हँसेंगे नहीं तो हैरत ज़रूर करेंगे या शायद मज़ाक़ ही समझे लेकिन क्योंकि न ऐसा करके देखा जाए। वैसे सफ़ाई के बारे में हम उत्तर भारत में रहनेवालों की यह पक्की धारणा है जिसे कोई कहता नहीं लेकिन मानते प्राय: सब हैं कि 'सफ़ाई गन्दा काम' है। और क्यों न हो क्योंकि सफ़ाई का काम हमारे समाज ने ख़ास जाति पर छोड़ दिया है जिसे आज भी 'अछूत' माना जाता है। तो सफ़ाई इतने गन्दे लोग करते हैं जिन्हें छुआ भी नहीं जा सकता तो सफ़ाई भी गन्दा काम ही हुआ न? गन्दे लोगों का गन्दा काम। इसी सड़क पर वह सरकारी हाई स्कूल है जहाँ मैं पढ़ा करता था। यह अंग्रेज़ों के ज़माने में बनी शानदार इमारत थी। सामने बगीचा था जिसके बीच गांधी जी की मूर्ति लगी थी। इसके चारों तरफ़ हम लोग सुबह प्रार्थना किया करते थे–'हे प्रभु आनन्ददाता ज्ञान हमको दीजिए...' लेकिन लगता है प्रभु ने हमारी बात नहीं सुनी।

स्कूल की फुलवारी के सामने विलायती खपरों से बनी इमारत थी। सामने लम्बा-चौड़ा बरामदा था। जो ऊँची कुर्सी देकर बनाया गया था। एक तरफ़ प्रिंसिपल का दफ़्तर था, दूसरी तरफ़ स्टाफ रूम था। बीच वाले हाल में पुस्तकालय था। इधर-उधर कमरों में क्लास रूम थे। अब इमारत बिल्कुल खँडहर हो चुकी है। दीवारों में लोना लगा है, छत कई जगह से टूट चुकी है, सामनेवाली बगिया उजड़ गई है, गांधी जी की मूर्ति वहाँ से हटा दी गई है क्योंकि कुछ शरारती तत्त्वों ने कभी रात-बिरात उसे तोड़ने का प्रयास किया था। क्लास रूम पूरी तरह खँडहर और भुतही हवेली जैसे हो गए हैं। इस इमारत के बराबर दो कमरे बनाए गए हैं जहाँ स्कूल चलता है या कहें मज़ाक़ जैसा कुछ होता है।

हिन्दी मीडियम सरकारी हाई स्कूल क्यों उजड़ गया है और उसकी जगह इंग्लिश मीडियम पब्लिक स्कूलों की बाढ़ क्यों आ गई? हिन्दी की जगह अंग्रेज़ी ने

क्यों ले ली और सरकार की जगह 'प्राइवेट' लोगों ने क्यों हथिया ली? यह सब धीरे-धीरे पिछले पच्चीस-तीस साल में हुआ। सबकी जानकारी में हुआ और सरकारी नीतियों के कारण हुआ। इसमें दोषी कोई एक पार्टी नहीं है, सभी हैं। पर ये हुआ क्यों?

"यार हबीब भाई क्यों न हम लोग शहर की सड़कों से कूड़ा उठाने का काम करें?" मैंने शाम की एक बैठक में हबीब भाई, उमाशंकर और अतहर के सामने यह कहा।

पहले तो तीनों हैरत से मेरा मुँह देखने लगे फिर अतहर बोला–"अरे म्युनिसिपल बोर्ड वाले करते तो हैं।"

"कहाँ करते हैं? मैं तो एक महीने से कूड़े के ढेर ही देख रहा हूँ।"

"अरे अब्दुल वहीद है सफ़ाई का इन्चार्ज। उसी साले से कहा जाए?" हबीब भाई बोले।

"अब वो कुछ न करेगा...साला रजिस्टर में पचास मेहतर दिखाता है तो दस से काम लेता...बाक़ी सब..." उमाशंकर ने कहा।

"चेयरमैन साहब से कहा जाए?" हबीब भाई बोले।

"मसला यह है कि किसी से कहने की ज़रूरत ही क्यों पड़े। अरे जिसका काम है, वह करता रहे। इसमें कहने सुनने की क्या बात है।" मैंने कहा।

"अब आप यहाँ दिल्ली वाली आशा न करो।" उमाशंकर ने कहा।

"दिल्ली वाली आशा; ये खूब कहा। ये क्या होती है?" मैंने कहा।

"अरे साजिद भाई राजधानी और यहाँ में अंतर है।"

"क्यों अंतर है–यहाँ भी भारतीय नागरिक बसते हैं वहाँ भी। यहाँ भी सबके पास एक वोट का अधिकार है, वहाँ भी है।"

"अरे ये सब किताबी बाते हैं..."

अतहर की बात काटकर उमाशंकर ने कहा–साजिद सही कह रहे हैं।"

"पर यहाँ ऐसा नहीं हो सकता।"

"तो कूड़ा तो हटाया जा सकता है।" मैंने कहा। इतने में त्रिपाठी जी आ गए और बातचीत में शामिल हो गए।

"त्रिपाठी जी भाड़े पर ट्रैक्टर मिल जाएगा?"

"हाँ, बंसीलाल का ट्रैक्टर है...और दसियों हैं। तेल को छोड़कर दो सौ रुपया रोज़ भाड़ा लेते हैं।" वे बोले।

"और कूड़ा उठानेवाले?" मैंने पूछा।

"अरे, उनका कौन-सा अकाल है!"

"तो ठीक है फिर..."

"अरे यार छोड़ो, काहे को पचड़े में पड़ रहे हो...लोग कहेंगे साजिद मियाँ नेतागिरी कर रहे हैं।" अतहर ने कहा।

"यार इसमें नेतागिरी कहाँ से आ गई?"

पता नहीं कैसे शायद मोबाइल क्रान्ति की वजह से यह ख़बर पूरे शहर में जंगल की आग की तरह फैलती चली गई कि मैं यानी एस.एस. अली यानी साजिद मियाँ यानी 'द नेशन डेली' का भूतपूर्व एसोसिएट एडिटर इतना पागल हो गया हूँ कि कूड़ा साफ़ करने की योजना बना रहा हूँ। सबसे पहले अख़बारवालों के फ़ोन आए और वे दिन-तारीख़ और वक़्त जानना चाहते थे कि शहर में मैं सफ़ाई अभियान कब शुरू करूँगा और ऐसा मैं क्यों कर रहा हूँ और अगर यहाँ कर रहा हूँ तो क्या दिल्ली में कूड़े की कोई कमी है कि मैंने वहाँ यह क्यों नहीं किया। एक बिल्कुल स्थानीय अख़बार ने जोश में आकर लीड लेने के लिए यह ख़बर भी छाप दी जिसके नतीजे में अगले दिन स्थानीय अध्यापकों और छात्रों का एक गुट मेरे पास आया और वे अपना सहयोग देने की बात करने लगे। इसके बाद राजनीतिक दलों के छोटे-मोटे कार्यकर्ता आने लगे ताकि टोह ले सकें और अपने नेताओं को बता सकें कि मैं ऐसा क्यों कर रहा हूँ।

अच्छा-ख़ासा मेला लग गया था। कसर यही रह गई थी ग़ुब्बारे बेचनेवाले और बर्फ़ की चुस्कीवाले ठेले नहीं आए थे। अप्रैल की दोपहर में धूल से अटे नीम के बूढ़े पेड़ के नीचे एक ट्रैक्टर खड़ा था जिसकी ट्राली के तीन पट खुले थे। चारों तरफ़ अच्छी-ख़ासी भीड़ जमा हो चुकी थी जिसमें हर आदमी कुछ-न-कुछ बोल रहा था। इसलिए किसी की कोई आवाज़ नहीं सुनाई दे रही थी। एक अजीब तरह का शोर था। हुआ यह था कि आज सुबह से सफ़ाई अभियान शुरू होनेवाला था। त्रिपाठी जी ट्रैक्टर ले आए थे। मज़दूर आ गए थे। स्थानीय पत्रकार आ गए थे और कुछ समर्थक और बहुत से दर्शक जमा हो गए थे। अभी ट्राली पर कूड़े के दस-पन्द्रह झौवे ही डाले गए थे कि नगरपालिका के बड़े बाबू आ गए थे। चूँकि मैं उन्हें न जानता था और न वे मुझे इस कारण पहचान गए थे कि मैं शहर में नया चेहरा था, इसलिए परिचय पाये बिना ही उन्होंने मुझसे बात शुरू कर दी थी। उनका कहना था कि अगर नगरपालिका के किसी काम से मुझे असन्तोष है तो मैं अपनी शिकायत दर्ज करा सकता हूँ। अधिकारियों से मिलकर अपनी दिक़्क़त उनके सामने रख सकता हूँ। अख़बार में छपवा सकता हूँ। अदालत में जा सकता हूँ लेकिन नगरपालिका के काम को अपने हाथ में नहीं ले सकता। मेरा यह कहना था कि जब नगरपालिका अपने काम को नहीं कर पा रही है। शहर में कूड़े के ढेर पड़े सड़ रहे हैं, बीमारियाँ फैलने का डर है। बदबू के मारे लोगों का आना-जाना बन्द हो गया है तो लोग क्या करें?

अगर हम कूड़ा फेंक रहे हैं तो नगरपालिका को ख़ुश होना चाहिए कि उनके काम में जनता मदद कर रही है। इस तरह नगरपालिका और जनता का रिश्ता मज़बूत होगा। इसके जवाब में कहा गया कि आज आप कूड़ा फेंक रहे हैं कल आप वाटर सप्लाई में दख़ल देने लगेंगे, परसों आप सड़क बनवाने लगेंगे, नरसों आप बिजली सप्लाई ठीक करने और अतरसों आप हाउस टैक्स लेने लगेंगे।

बहरहाल बातचीत में गर्मा-गर्मी इतनी बढ़ गई कि नगरपालिका के इंजीनियर ने एफ.आई.आर. कराने की धमकी दे डाली। मैंने कहा ठीक है, मुझे गिरफ़्तार करा दो और अगर नहीं तो मैं यहीं धरने पर बैठ जाता हूँ। फोर्स बुलाओ, मुझे यहाँ से उठाकर हवालात में बन्द करो। इस पर नगरपालिका वाले कुछ ठंडे पड़े और दो-चार लोगों ने बीच का रास्ता निकालने की कोशिश शुरू कर दी। त्रिपाठी जी ने नगरपालिका वालों को समझाया कि अली साहब को गिरफ़्तार करोगे तो राष्ट्रीय ख़बर बन जाएगी। अच्छा यही है कि समझौता कर लो। ऐसी बात करो कि दोनों पक्ष सन्तुष्ट हो जाएँ। अब समाधान निकालने की बात होने लगी। दो-एक पत्रकार भी इस विवाद में रुचि लेने लगे। वीडियो कैमरेवालों ने ऐंगिल बदल लिए। नगरपालिका वालों ने कहा पहली शर्त तो यही है कि यह ख़बर अख़बारों में नहीं छपेगी। इस पर पत्रकार किसी साँड़ की तरह भड़क गए और बोले कि यह कैसे हो सकता है। शहर में इतनी बड़ी घटना हो रही है और उसकी ख़बर न छापी जाए।

भीड़ इतनी बढ़ गई थी कि कुछ देर में पुलिस की जीप आ गई जिससे शहर दरोग़ा बाहर निकले और सीधे मेरे पास आकर खरखराती आवाज़ में बोले-"शांति भंग होने का डर है।" मैंने कहा-"मैं तो नहीं कर रहा हूँ...नगरपालिका वाले कर रहे हैं। दरोग़ा जी बोले-जो बात करनी है, थाने चलकर कीजिए। सड़क पर नहीं हो सकती।" मैंने कहा-"थाने तो मैं हरगिज़ नहीं जाऊँगा जब तक कि आप गिरफ़्तार करके न ले जाएँ।" अब तो अख़बार के संवाददाताओं को मज़ा आने लगा उन्होंने लखनऊ और कानपुर फ़ोन मिलाने शुरू कर दिए अब यह ख़बर स्थानीय संस्करण से बाहर निकलने लगी। मैं समझ गया और इस तरह मुस्कुराने लगा जैसे पत्रकारों के स्कूप को समझ रहा हूँ। शहर दरोग़ा कुछ सोचने लगे। दूसरी तरफ़ सिपाही भीड़ को हटाने के लिए डंडे चलाने गए। मैंने कहा-"दरोग़ा जी यहाँ लाठी चार्ज किया तो आपके ख़िलाफ़ एफ.आई.आर. दर्ज कराऊँगा।" बहरहाल लाठीचार्ज बन्द हुआ। अब भीड़ और ज़्यादा हो गई थी। जी.टी. रोड का ट्रैफिक बन्द हो गया था। डी.एम. और एस.पी. के पास फ़ोन जाने लगे थे।

बहरहाल तय यह पाया कि ट्राली में जितना कूड़ा भर दिया गया है उसे लेकर ट्रैक्टर चला जाए और उसके बाद नगरपालिका के ट्रैक्टर आ जाएँगे और कूड़ा आज

ही हटाया जाएगा। भीड़ जल्दी तितर-बितर नहीं हुई, हाँ सड़क खुल गई और ट्रैफिक चलने लगा।

8

रात में ही फ़ोन आने शुरू हो गए थे। दिल्ली से मधुकर का फ़ोन आया और उसने कहा–"ये तुम वहाँ क्या कर रहे हो? हमारे संवाददाता ने तुम्हारे कूड़ा सफ़ाई अभियान की ख़बर भेजी है। हम इसे लगा रहे हैं। यार तुम यही करने गए थे तो अच्छा है।" पी.टी.आई. ने ख़बर लगाई तो 'दे नेशन डेली' से चीफ सब सुहैल अनवर का फ़ोन आया–"सर, ये पी.टी.आई. का डिस्पैच है आप...?"

"हाँ-हाँ यार...मैं ही हूँ।"

"तो सर हम लोग लगा रहे हैं।"

"क्या 'बाक्स' बनाओगे।" मैंने कहा।

वह हँसने लगा।

"नहीं सर-यूज़..."

"यार तुम मुझे सर न कहा करो...ऐसे लोग 'द नेशन' में बहुत हैं जिन्हें तुम 'सर' कह सकते हो।"

वह हँसने लगा।

अगले दिन स्थानीय संस्करणों में लीड न्यूज़ यही थी। कुछ अख़बारों ने तस्वीर भी छापी थी। 'द नेशन' में आठवें पेज पर ख़बर थी और यह भी बताया गया कि मैं पहले 'द नेशन' में काम करता था। पी.टी.आई. की रिलीज़ ने ख़बर को आल इंडिया बना दिया था नहीं तो यह सिर्फ़ लोकल संस्करण की ख़बर बनकर रह जाती। मैंने सोचा यार ये ज़िलों, जनपदों के संस्करण भी न्यूज़ को 'किल' करने का एक अच्छा रास्ता है।

सुबह-सुबह शकील का फ़ोन आया। वह बहुत अच्छे मूड में लग रहा था। बोला–कहो, तो तुम्हारे इरादे ये हैं?"

"तुम्हारा क्या हाल है? पहले ये बताओ।"

"यार, देखो आजकल सरकार तो हमारी है नहीं...अब तो बस पार्टी का काम ही कर रहा हूँ...यू.पी., बिहार और हिमाचल का प्रभारी बनाया गया हूँ..."

"वाह तो..."

"हाँ, पार्टी ऑफ़िस में ही बैठता हूँ...बोलो कहाँ से टिकट चाहिए अगले चुनाव में?"

"क्यों मज़ाक़ करते हो यार!"

"अब यूनिवर्सिटी के ज़माने के यार से भी मज़ाक़ न करूँगा तो किससे करूँगा।"

"वो तो ठीक है प्यारे...पर चुनाव...मैं तो चुनाव का क़ायल ही नहीं हूँ।"

शकील अहमद अंसारी मेरा पुराना दोस्त और भूतपूर्व केन्द्रीय मंत्री ठहाका लगाकर हँसा और बोला–"तुम जितने पागल पहले थे उतने ही आज भी हो।"

"ये तो काम्प्लीमेंट है यार।"

"जो चाहो समझो।"

"साहबज़ादे कमाल का क्या हाल है?"

"राज्यसभा में है।"

"और कुछ नया-ताज़ा।"

"दिल्ली आओ तो बताऊँगा...फ़ोन पर..."

'द नेशन' ने इस ख़बर को अहमद तक भी पहुँचा दिया और दोपहर से पहले उसका फ़ोन आ गया।

"ये तुम क्या कर रहे हो?"

"आराम से बैठ नहीं सकते?" अहमद बोला।

"तो मैं तकलीफ़ में कहाँ हूँ?"

"यार ये सब छोड़ो और मेरी मानो तो दिल्ली लौट आओ...यार हम लोगों के लिए दुनिया में दिल्ली से अच्छा कोई शहर नहीं है।"

"हाँ तुम ठीक कहते हो...लेकिन..."

"मुझे पता है। तुम नहीं आओगे।"

"ये सब छोड़ो अपना हाल बताओ।"

"वहीं हैं यार बसन्त विहार वाली कोठी ये। शूजा और दिलबर तो पता नहीं कहाँ हैं? लन्दन या सिडनी या बोस्टन? अल्लाह जाने?"

"अभी तक कोई पता नहीं चला?"

"हाँ उसने कोई 'कानटैक्ट' नहीं किया?"

कुछ देर वह ख़ामोश रहा फिर बोला।

"यार वो इधर मुझे कुछ प्रॉब्लम हो गई है...अजीब केस है यार...मेरा एक पैर छोटा होता जा रहा है?"

"अरे...लेकिन...डॉक्टर क्या कहते हैं?"

"कहते हैं कभी रीढ़ की हड्डी में कोई चोट लगी होगी...और अब उम्र के साथ-साथ वहाँ नसों में खिंचाव आ रहा है।"

"तो इलाज?"

"हाँ-हाँ चल रहा है।"

"अभी चलने फिरने में कोई प्रॉब्लम तो नहीं है?"

"नहीं...बस एक जूते का तला...दूसरे से ज़्यादा मोटा हो गया है।"

मैं, अहमद और शकील यूनिवर्सिटी के ज़माने के दोस्त ज़रूर हैं लेकिन हमारे बीच कुछ 'कामन' नहीं है। न हमारे विचार, न सिद्धान्त, न विश्वास और न हमारे आदर्श। हमारी ज़िन्दगी भी बहुत अलग क़िस्म की रही है। शकील राजनीति में चला गया था। कई बार मंत्री रहा और आजकल 'आपोजीशन' में है। उसका पूरा मिज़ाज एक चतुर, चालाक, शातिर, धोखेबाज़, अवसरवाद, मौकापरस्त, चापलूस, भ्रष्ट, स्वार्थी, कपटी, पैंतरेबाज़, चाटुकार और दिखावटी नेता का है। अहमद ने फारेन सर्विस में ज़िन्दगी काटी है और ऐश की है। वह सिर्फ़ अपने बारे में सोचता रहा है ज़िन्दगी भर। उसे अपना मज़ा, अपना आराम, अपना पद, अपनी प्रतिष्ठा, अपने पैसे, खूबसूरत औरतें और 'सेवेन स्टार' ज़िन्दगी चाहिए। अच्छा जीवन, अच्छे कपड़े—चाहे वे जिस क़ीमत पर मिलें उसे चाहिए। वह जवानी के दिनों से ही बहुत आकर्षक रहा है और इसी वजह से लड़कियाँ और औरतें हमेशा उसके आगे बिछती रही हैं। इसलिए वह हर खूबसूरत औरत पर अपना पहला हक़ समझता है लेकिन ज़िन्दगी के एक मोड़ पर उसे शूजा नाम की एक ऐसी औरत मिली जिसने उसे 'पट' कर दिया।

हम लोगों के दरमियान बुनियादी अन्तर और मतभेदों के बावजूद उन दिनों की एक गर्मी है, उस ज़माने का एक लगाव है, चाहत है, आत्मीयता है जब हम कुछ नहीं थे। बस अलीगढ़ मुस्लिम विश्वविद्यालय के ऐसे छात्र थे जिनकी दिलचस्पी साइंस पढ़ने में नहीं आर्ट और अदब में थी। इसी अपनापे की वजह से जब मैंने अहमद के स्वर में अपार पीड़ा महसूस की तो मैं बेचैन हो गया।

"मतलब वैसे तुम ठीक हो न?" मैंने पूछा।

"हाँ वैसे तो बिल्कुल ठीक हूँ। दिल्ली के हर बड़े क्लब जिमख़ाना से लेकर आई.आई.सी. और गोल्फ से लेकर चेम्सफोर्ड क्लब तक का मेम्बर हूँ। शानदार कोठी में रहता हूँ जहाँ सब कुछ है। रिटायर हो गया हूँ लेकिन किसी चीज़ की कोई कमी नहीं है।"

वह इस तरह कह रहा था। जैसे अपने को थपथपा रहा हो और दिलासा दिला रहा हो। ये बड़ी कठिन घड़ी होती है जब हम अपने आप अपनी हिम्मत बढ़ाते हैं। एक बूढ़े, थके हुए और अकेले आदमी के लिए तो यह और भी तकलीफ़देह हो जाता है।

शूजा से शादी करने से पहले, पूरी दिल्ली की 'हाई सोसाइटी' की तरह, अहमद को भी मालूम था कि शूजा न सिर्फ़ टॉप 'सोशलाइट' है जो मंत्रियों और मुख्य-

मंत्रियों की मुँह लगी है बल्कि वर्ल्ड बैंक और आई.एम.एफ. जैसी संस्थाओं के साथ अच्छा 'कम्युनिकेशन' करती है। अहमद शूजा से शादी नहीं करना चाहता लेकिन ज़िन्दगी भर औरतों से खेलने वाले पैंतालीस वर्षीय अहमद को शूजा ने ऐसे जाल में फँसाया था कि वह तड़पकर रह गया था लेकिन जाल तोड़ नहीं पाया था। शूजा सुन्दर थी, चालाक थी, बेबाक थी और इसी के साथ कुछ खिसकी हुई मानी जाती थी। शादी के बाद अहमद से उल्टी-सीधी पटती रही लेकिन बेटे दिलबर के पैदा होने के दो साल बाद उसके दिल में पता नहीं क्या आई कि बेटे को लेकर योरोप या आस्ट्रेलिया में कहीं चली गई। तब से अहमद का उसके साथ कोई 'कम्युनिकेशन' नहीं है।

"लेकिन यार...दिलबर?" मैं कहना नहीं चाहता था पर कह गया।

"कुछ दिनों में वह भूल जाएगा कि कोई उसका बाप भी था...मैं तो शायद उसे न भूल सकूँ...कोशिश ज़रूर करूँगा।"

"लेकिन ये शूजा कैसी औरत है?"

"डियर हम इन्सानों के बारे में कुछ नहीं जानते...इतनी बड़ी पहेली है जिसे हल करने की नाकाम कोशिश नहीं करनी चाहिए।" वह संजीदगी से बोला।

रात को हीरा का ई-मेल आ गया। मैंने उसे कूड़ा प्रसंग वाली ख़बर भेज दी थी। लन्दन स्कूल ऑफ इकोनॉमिक्स में 'एशियाई समाजों की अंत:प्रकृति' पर रिसर्च करनेवाले हीरा के लिए यह मज़ेदार ख़बर थी। उसने काफ़ी लम्बी टिप्पणी की थी। हीरा के साथ मेरा वह रिश्ता नहीं है जो बाप-बेटे के बीच होता है। मैंने हमेशा उसे दोस्त माना है और वह भी शायद यही मानता है। इस रिश्ते का एक सिरा नूर तक चला जाता है जो हीरा की माँ है, मेरी पत्नी है जिससे सालों बाद मुलाक़ात होती है लेकिन हमेशा रिश्ते की गहराई का एहसास होता है।

दिल्ली छोड़ने से पहले मेरी ई-मेल पर हीरा से लम्बी डिबेट हुई थी। मैंने उसे समझाया था कि यह कोई 'सेंटीमेंटल' मामला नहीं है और मैं ये उम्मीद करता हूँ वहाँ जाकर कोई बड़ा काम करूँगा। यह भी नहीं कि सिर्फ़ आराम से पड़ा रहने जा रहा हूँ क्योंकि आराम के चांस दिल्ली में ज़्यादा है। जहाँ दिन में छह घंटे बिजली न आती हो। सड़कों पर कूड़ा सड़ता हो, सारा शहर गर्द से अटा रहता हो। गालियाँ बजबजाती हों। हर तरह के आवारा जानवर सड़कों पर चहलक़दमी करते हों, जहाँ कोई पार्क न हो, ढंग का सिनेमाहॉल न हो, शॉपिंग मॉल न हो वहाँ आदमी क्या ऐश करेगा और क्या आराम से पड़ा रहेगा? उसने कहा था कि पूरी ज़िन्दगी मैंने जो सीखा और किया है, मतलब पत्रकारिता, वह मैं छोटे शहर में नहीं कर पाऊँगा। माहौल और हालात से आदमी के अन्दर जो गर्मी आती है वह मेरे अन्दर कैसे आएगी? वहाँ

रहते-रहते क्या मैं बिल्कुल वैसा ही नहीं हो जाऊँगा जैसे दूसरे लोग हैं? मैंने लिखा था देखो अब तक मेरे सामने बहुत साफ़ तस्वीर नहीं है। इसका ये मतलब भी नहीं है कि मैं बड़ी उम्मीद कर रहा हूँ लेकिन मैं मानता हूँ कि मुझे अपनी खोज वहाँ से शुरू करनी चाहिए। कितने अफ़सोस की बात है कि पूरी ज़िन्दगी वह करता रहा जो मुझसे करवाया जाता रहा। मतलब यह कि मैं एक गोट बना रहा। शतरंज खेलने वाले अपनी मर्ज़ी और अपने हित में मुझे खेलते रहे। मुझे यह लगता रहा कि वाह मैं तो बड़ा अच्छा काम कर रहा हूँ। मिसाल के तौर पर बँधुआ मजदूरों पर मेरे काम को ले लो। यह क्षेत्र मुझे दिया गया था क्योंकि उस वक़्त के प्रभावशाली राजनीतिज्ञ इसकी चर्चा कराने चाहते थे और फिर जब समीकरण बदलते तो मुद्दा गायब हो गया। इसी तरह 'रूरल रिपोर्टिंग' का मामला है। तो ज़िन्दगी इसी में चली गई। मुझे तो ईमानदारी से यह समझने का मौका भी न मिल सका कि मेरा क्या करना कितना सार्थक होगा? हीरा का मानना था कि मेरी बेचैनी की जड़ें मेरी जवानी के दिनों में छिपी हुई हैं जब छात्र जीवन में मैं एक रोमांटिक क्रान्तिकारी था, 'फैज़' को गाया करता था, चेग्वेरा की डायरी को सिरहाने रखकर सोता था। अधूरे सपने सालते हैं। आपने अधूरेपन को जवाब देने की कोशिश नहीं की बल्कि उसको अपने अवचेतन में डाल दिया जहाँ से वह बार-बार निकल आता है और दूसरी बात यह कि आप अपने आपसे बड़ी आशाएँ लगाए क्यों बैठे हैं? आप की ताक़त क्या है, समय कितना है, ज़रूरत क्या है, इसके मद्देनज़र काम करना चाहिए।

हीरा का दिमाग़ पूरी तरह योरोपीय दिमाग़ है क्योंकि वह बचपन से लन्दन में रहा, पला-बढ़ा और पढ़ा-लिखा है। उसकी माँ अपने काले बालों और आँखों को छोड़कर पूरी यूरोपियन है। इन दोनों की भाषा अंग्रेज़ी है। मेरी नहीं है। मैं इन दोनों से सिर्फ़ अंग्रेज़ी में ही बात कर सकता हूँ। हिन्दुस्तानी में वे असहज हो जाते हैं। इसलिए मैं हीरा के दृष्टिकोण को योरोप दृष्टिकोण मानता हूँ लेकिन अब सवाल उठता है कि क्या दृष्टिकोणों को भी देशों में बाँटा जा सकता है?

यूरोपियन दिमाग़ होने के बावजूद एशियाई देशों या कहना चाहिए तीसरी दुनिया में उसकी काफ़ी दिलचस्पी है और उसके शोध का यही विषय है। उसने रिसर्च, एकेडेमिक्स और 'एक्टिविज़्म' में पूरा भेदकर रखा है। कहता है उसका काम समाज को समझना-समझाना है, बदलना नहीं है। मैं कहता हूँ अगर बदलना नहीं है तो समझने, समझाने का क्या फ़ायदा है? वह कहता है यह काम राजनेताओं का है, लीडरों का है, 'एक्टिविस्ट' का है मेरा नहीं है। मेरे लिए यही ख़ुशी की बात है कि योरोप में पलने बढ़ने के बावजूद वह शोषितों, पीड़ितों में रुचि लेता है। क्योंकि अब तो प्रायः युवाओं ने अपने अलावा और किसी के बारे में कुछ सोचना ही बन्द कर दिया है।

9

उस अनुभव को बताने के लिए नई भाषा का आविष्कार करना पड़ेगा क्योंकि इस जानी-पहचानी भाषा में जो कुछ भी कहा जाएगा वह शायद पूरा न पड़े। कुछ ऐसा हुआ था जिसकी कल्पना भी नहीं की जा सकती या कम-से-कम मैं नहीं कर सकता था। और इस अनहोनी ने मेरे हवास गुम कर दिए थे; लगता था सब कुछ, आँखों को छोड़कर पत्थर का हो गया है। ज़ुबान खुल नहीं रही थी और जिस्म में कोई हरकत नहीं बची थी। पत्थर के जिस्म में हवा आ-जा रही थी, जिसकी आवाज़ किसी तेज़ आँधी की आवाज़ जैसी लग रही थी तो किसी बड़े विशाल रेगिस्तान में आसमान को छूने वाले बवंडर बनाती उठती है और उसके गर्म से अनसुनी भयानक आवाज़ें निकलती हैं।

मुझे इस तरह खड़े देखकर गुलशन ने कहा–"भइया पहचाने नहीं...ये...ये सल्लो की बेटी है रहमतुन और भइया ये रहमतुन की लड़की है नाज़ो।"

मैं अब भी कुछ बोलने की स्थिति में नहीं था क्योंकि नाज़ो सौ फीसदी सल्लो थी। वही सल्लो, वही सल्लो जिससे...मैंने चश्मा उतारकर साफ़ किया। फिर आँखों पर लगाया।

गुलशन बोला–"देखो भइया नाज़ो अपनी नानी से कितना मिलती है..."

मैं फिर भी कुछ नहीं बोला।

गुलशन ने कहा–"रहमतुन का आदमी बकरीदी केसरियापुर में आपके खेत जोतता है...अब भइया उधर खेती में इतना गुज़र होता नहीं...आपने कहा था न कि खाना पकाने के लिए किसी को ले आऊँ तो भइया ये माँ बेटियाँ बावर्चीखाना देख लेंगी।"

मैं फिर भी ख़ामोश था। मैं लगातार सल्लो यानी नाज़ो को देख भी नहीं सकता था। हालाँकि वह मेरी आँखों में देख रही थी।

"ठीक है, ठीक है।" कहकर मैं मुड़ा और सीढ़ियाँ चलता अपने कमरे में आ गया। मेरी समझ में नहीं आ रहा था कि मैं कुर्सी पर बैठूँ या बिस्तर पर लेट जाऊँ या बालकनी में जाकर खड़ा हो जाऊँ या कुछ न करूँ? मेरी साँसें तेज़ चल रही थीं और मैं कमरे के बीच में इस तरह खड़ा था जैसे कोई मूर्ति।

धीरे-धीरे मैं अतीत में जाने लगा।

तीस साल का फ़ासला पलक झपकते में तय हो गया। आसमान पर तारोंभरी रात है। तारे इतने साफ़ और क़रीब नज़र आ रहे हैं कि उन्हें हाथ बढ़ाकर तोड़ा जा सकता है। बहुत धीमे-धीमे पछुवाँ हवा चल रही है। सल्लो मेरे बराबर लेटी है। चाँदनी रात में उसके अलसाये शरीर का हर कोण मेरे सामने है। साँसों का उतार-

चढ़ाव। हवा में पसीने की पागल कर देनेवाली गन्ध समा गई है और आसमान से एक तारा टूटता है तो धरती में जाने कहाँ समा जाता है। साँसों की गति तेज़ हो जाती है। उसके माथे पर पसीने की बूँदें चमक रही हैं। वह चढ़ाई के अन्तिम छोर है जहाँ साँसों का सरगम अपनी कलात्मक ऊँचाइयों को छू रहा है। फिर वह मुस्कुराकर शान्त हो जाती है और हम दोनों की साँसों का सरगम एक ही लय और ताल में धीरे-धीरे अपनी दिशा खोज लेता है।...अस्पताल के गलियारे में सल्लो लेटी है...टी.बी. के अन्तिम छोर पर पहुँची। हड्डियों का ढाँचा। वह मेरा हाथ पकड़ती है तो छोड़ती नहीं। उसकी माँ आ जाती है तब भी नहीं।...सल्लो को बेड मिल गया है। फल, जूस की बोतल और दवाएँ...मैं चलने लगता हूँ तो वह कहती है–'अब फिर कभी न मिलेंगे।' मुझे लगा दिल की हरकत बन्द हो जाएगी...सल्लो को नहीं मालूम था कि वह मुझसे मिलेगी...फिर मिलेगी...नाज़ो के रूप में।

मैं पूरी ज़िन्दगी सल्लो का अपराधी रहा और आज भी हूँ। वह रात...उस आखिरी रात...वह जानती थी मैं कुछ नहीं कर सकता। खाना पकानेवाली बुआ की भतीजी सल्लो के लिए एम.ए. पास डिप्टी साहब का इकलौता लड़का क्या कर सकता है इसके सिवाय कि उससे अपनी हविस पूरी करे। सल्लो की कानपुर के रिक्शेवाले से शादी,...लड़की का जन्म...दूसरी बार गर्भ ठहरना...गर्भ गिरना...ग़रीबी...खाने का अभाव...टी.बी. और मौत।

हम सब कितने बुज़दिल हैं, डरपोक हैं। हम सब नहीं साजिद तुम, सिर्फ़ तुम...और तुम अपने को आदर्शों का देवदूत मानते हो? तुम यहाँ आ गए हो जहाँ से तुम्हारे अपराधों की शुरुआत होती है। तुम डूब मरो...कहाँ? तुम नहीं मरोगे पूरा जीवन जिओगे और बड़ी-बड़ी ऊँची बातें करते रहोगे। लेकिन मैं कर ही क्या सकता था? 'द नेशन डेली' की नौकरी का लालच छोड़ देते और सल्लो से शादी कर लेते लेकिन अब्बा और अम्मी जान? ठीक है साजिद...तुम्हारे जैसे लोग हज़ारों अपराधों का बोझ उठाए इस धरती पर बोझ बने रहते हैं। तुम भी बने रहो।

नाज़ो के रूप में सल्लो क्या मुझसे जवाब माँग रही है? हाँ इस लड़की की आँखों में तो ऐसी ही तेज़ी है जैसी सल्लो की आँखों में थी। ऐसी आँखें जो अन्दर तक भेदती चली जाती हैं और लोहे के पर्दों के भी पार हो जाती हैं। नाज़ो ने मुझे बहुत ध्यान से देखा था। क्या उसे वह पुराना प्रेम-प्रसंग पता है? क्या उसे किसी ने बताया होगा? लेकिन कौन बता सकता है? अगर उसकी माँ को पता हो तो हो और माँ ने बताया हो तो बताया हो, और कौन बता सकता है। लेकिन माँ को कैसे पता चला होगा?

''भइया इन लोगों को रहने के लिए कौन-सी जगह दी जाए?'' गुलशन ने आकर पूछा।

"देखो बगिया में एक छप्पर पड़ा है न?"

"हाँ, है।"

"इन दोनों से कहो अभी वहीं रहें...वहाँ एक कोठरी और बनवा दी जाएगी। काफ़ी होगा।"

"भइया पैसा का पूछ रही थी...तनख्वाह का मिली?"

"पैसा...क्या दिया जाता है आजकल?"

"चार-पाँच सौ और खाना-कपड़ा।"

"ठीक है...पाँच कह देना।"

"भइया खर्चे-पानी के लिए कुछ अभी दै देव?"

"ये लो" मैंने सौ का नोट बढ़ा दिया।

"रात में क्या पकेगा भइया।"

"जो चाहे पकवा लेना...और तुम यहाँ से जाओ।"

इतनी ठंडी आवाज़ में मैंने गुलशन से कभी कुछ नहीं कहा था। वह चौंक गया और फ़ौरन चला गया। मैं कमरे में खड़ा रह गया। बिल्कुल इस तरह जैसे अपने ऊपर कोई इख़्तियार न हो मेरा। फिर एक अजीब और अनजानी भावना मेरे अन्दर भरती चली गई और बाक़ी सब कुछ एक झटके के साथ बाहर निकल गया। अब इतनी समझ भी न बची कि मैं क्या करूँ। मैं जिधर देख रहा था उधर कुछ नहीं था। न आवाज़ें थीं न सड़क पर चलने वाले ट्रकों का शोर सुनाई दे रहा था। पता नहीं कितनी देर मैं खड़ा रहा और सुरसुरी से आई और अपने ऊपर क़ाबू पाने की कोशिश करने लगा। ये था क्या? मैं समझ नहीं पाया।

मैं ख़ासतौर पर उसकी आँखों में आँखें डालने से इतना घबराने लगा हूँ कि वह सामने आ जाती है तो मैं अगर मुमकिन होता है तो किसी बहाने से हट जाता हूँ। लेकिन कमरे में जाता हूँ, तो वहाँ उसकी आँखें पीछा नहीं छोड़तीं। बाहर के कमरे में बैठ जाता हूँ और सामनेवाले सहेन में उखड़ी हुई लाल ईंटों पर धूप और छाँव को देखता रहता हूँ। हाँ कोई आ जाता है तो घबराहट कम होती है। खाने के वक़्त नाज़ो ही तख़्त पर दस्तखान बिछाकर खाना लगाती है। मैंने कह रखा है कि जब पूरा खाना लगा दिया जाए तब ही मुझे बुलाया जाए। लेकिन बीच-बीच में गरम चपातियाँ लेकर नाज़ो ही आती है...और मैं जल्दी से निवाला निगल लेता हूँ क्योंकि डरता हूँ कहीं गले में फँस न जाए। कई बार सोचा कि नाज़ो को खाना लगाने से मना कर दूँ लेकिन ये ख़याल आया कि पता नहीं उसकी माँ रहमतुन क्या सोचे।

कभी-कभी जब इस बात का यक़ीन होता है कि नाज़ो से आँखें चार न हो पाएँगी तो मैं उसे देख लेता हूँ और जितना देखता हूँ उतनी ही हैरत बढ़ती जाती है,

क्योंकि उसकी शक्ल उसका अन्दाज़ उसका जिस्म, उसके कपड़े उसकी उम्र और यहाँ तक कि छोटे-मोटे काम करने के अन्दाज़ बिल्कुल सल्लो जैसे हैं। सल्लो की तरह खाना खिलाते वक़्त वह अपना सिर ढँक लेती है। प्लेट में दाल डालने या सब्ज़ी निकालने के लिए चम्चा बाएँ हाथ में पकड़ती है। अगर उँगली जलें तो उसे फ़ौरन मुँह में डाल लेती है। इस तरह चलती है जैसे सल्लो चला करती थी, दोनों हाथ बराबर से आगे-पीछे आते-जाते हैं और उनकी लय में कोई फ़र्क़ नहीं आता। नाज़ो उन्हीं रंगों के कपड़े पहनती है जो रंग सल्लो को पसन्द थे। कानों में छोटे-छोटे चाँदी के वैसे ही बुंदे लटकते हैं और हाथ की पतली उँगलियों में कुछ नहीं पहनती। दाहिनी पैर की एक उँगली में चाँदी का या पता नहीं किस सफ़ेद 'मैटल' का कुछ चमकता रहता है। सफ़ाई का भी उतना ख़याल रखती है जितना सल्लो रखती थी और हँसने का अन्दाज़ तो पूरी तरह सल्लो जैसा ही है। सफ़ेद चमकते हुए दाँत अपनी आभा दिखाते हैं, एक गाल में गड्ढा पड़ता है और थोड़ा आगे को झुक जाती है।

ऐसा लगता है जैसे वह कपड़े पहने हुए है लेकिन मैं उसका पूरा शरीर देख रहा हूँ। बिल्कुल वही जिस्म जो चाँदनी रात में तपकर अपने आलोक में दमकता था और जिसका एक-एक रोयाँ बोलने लगता था, जो साँसों के उतार और चढ़ाव के बीच अपने आयाम खोलता चला जाता था।

मैं सोचता हूँ यह जिस्म मेरा परखा हुआ है, बरता हुआ है, मैं उसे अच्छी तरह जानता हूँ और मानता हूँ। हाँ ये बात दूसरी है कि उस वक़्त मैं बाइस साल का था और आज पचपन साल का हूँ। लेकिन ज़ालिम समय की मार ने मेरी याददाश्त को हल्का नहीं किया है बल्कि सब कुछ अब काफ़ी 'डिटेल' में याद आता है।

कभी-कभी मुझे यक़ीन हो जाता है कि मैं अपने बारे में कुछ नहीं जानता। मुझे यह पता ही नहीं था कि सल्लो मेरे दिल और दिमाग़ में इतनी जगह बना चुकी है कि तीस साल बाद भी उसकी जगह बढ़ रही है और मेरे न चाहने के बावजूद वह मेरे ऊपर छा गई है। वह अब नहीं है लेकिन मेरे वजूद में वह न सिर्फ़ ज़िन्दा है, बल्कि पल-बढ़ रही है, फल-फूल रही है और विकसित हो रही है। तीस साल मैं उसे भूले रहा या बहुत कम याद आई तो यह अपने आपसे धोखा किया था। अब वह सच्चाई सामने आ रही है। यही वजह है कि मैं नाज़ो से डरने लगा हूँ। लगता है कि पता नहीं क्या हो? पता नहीं तीस साल तक सल्लो को भुलाए रहने का पश्चात्ताप कैसे करना पड़े?

दोनों माँ-बेटियों ने घर का काम बाँट लिया है। आज क्या पकेगा? पूछने का काम रहमतुन करती है। खाना दोनों मिलकर पकाती हैं। झाड़ू देने का काम चूँकि मेहनत का है इसलिए यह नाज़ो के ज़िम्मे है। मुझे खाना खिलाने का काम भी उसी के जिम्मे है। चूँकि मैं सिर कुझाए खाना चुपचाप खाता रहता हूँ इसलिए वह भी

चुपचाप अपना काम करती रहती है। पीछे छप्पर के साथ एक कच्ची छत और पक्की ईंटों वाला कमरा बन गया है। सामने छप्पर तो था ही। ये इन दोनों के रहने के लिए काफ़ी है। कभी-कभी केसरियापुर से नाज़ो का पिता बकरीदी आ जाता है और मौसम या फ़सल के हिसाब से सौग़ात ले आता है। वह पक्का किसान है और आज भी नहीं बदला है जबकि आज के किसान वे किसान नहीं रहे हैं जो एक ज़माने में हुआ करते थे।

रहमतुन ने एक दिन बताया कि नाज़ो गाँव के स्कूल में चौथी तक पढ़ी है। पढ़ने का उसे शौक था लेकिन फिर बड़ी होने लगी तो बाप ने स्कूल जाने से मना कर दिया था। रहमतुन ने यह जानकारी शायद इसलिए दी होगी कि अब अगर मैं नाज़ो के पढ़ने का कोई इंतज़ाम कर दूँ तो अच्छा हो। मैंने फिलवक़्त तो इस बात का जवाब नहीं दिया था क्योंकि नाज़ो के बारे में कुछ भी तय करने से, यहाँ तक कि सोचने से भी मैं हिचकिचाता था, थोड़ा या बहुत सँभलकर सोचता था। मैंने शायद यही कहा था कि चलो देखते हैं। हो सका तो कुछ किया जाएगा। जब मैं रहमतुन से यह बात कर रहा था तो बरामदे के खम्भे के पीछे नाज़ो खड़ी सुन रही थी। इसका तो यही मतलब है कि वह पढ़ना चाहती है लेकिन अब स्कूल तो जा नहीं सकती हाँ ये हो सकता है कि दसवीं का इम्तिहान दे और पास हो जाए तो आगे पढ़ सकती है। ये सोचकर मैं फिर कुछ डर गया। मेरा तजरुबा तो ये रहा है कि किसी और को आगे बढ़ाने की कोशिश में कभी-कभी समीकरण बदल जाते हैं और वह भी हो जाता है जिसकी उम्मीद नहीं की जाती।

10

यहाँ सूरज ज़मीन से कुछ ज़्यादा क़रीब है क्योंकि जितनी सीधी, तीखी और तेज़ किरणें यहाँ पड़ती हैं उतनी दिल्ली में नहीं पड़तीं। लगता है अप्रैल में सूरज इतना नीचे आ गया है तो मई-जून में तो ज़मीन पर ही उतर आएगा और किसी चौराहे पर खड़ा होकर लोगों को ललकारने लगेगा और उससे डरकर लोग अपने घरों की कोठरियों में बैठ जाएँगे। सूरज की ऐसी तेज़ किरणें जो जिस्म के अन्दर घुसकर सब कुछ सोख लेती हैं, मैंने कहीं और नहीं देखीं। लगता है जिस्म को निचोड़ लिया है। अन्दर कुछ बचा ही नहीं है बस तेज़ गर्म हवा थपेड़े मार रही है। एक गर्मी बाहर है और दूसरी अन्दर है जो आपस में मिलने के लिए कोशिश करती रहती हैं।

सामनेवाला पक्का आँगन ही नहीं पूरा घर दहकने लगता है, दीवारों से गर्मी उबलती है और कमरों को गरम कर देती है। गर्म हवा के थपेड़े जिन्हें लू कहते हैं ग्यारह बजे से शुरू हो जाती है और सूरज डूबने तक अपना करिश्मा दिखाते रहती

है। मैं ये समझ नहीं पाता कि आख़िर यहाँ इतनी ज़्यादा गर्मी क्यों पड़ती है क्योंकि दिल्ली में भी ये महीने आते हैं। वहाँ भी लू चलती है, सूरज की किरणें पड़ती हैं लेकिन फिर भी ऐसा नहीं है। ये गर्मी तो लगता है आपके हाथ-पैर बाँधकर डाल देती है। आप इसके ग़ुलाम बन जाते हैं। बैंक जो यहाँ से सिर्फ़ आधा किलोमीटर है, मीलों दूर लगता है और पूरे दिन घर से निकलने का दिल नहीं चाहता। क्या इसकी वजह मेरी उम्र है? लेकिन दिल्ली में भी तो मेरी यही उम्र थी, पर दिल्ली में क्या मौसमों का पता चलता था? क्या लगता था कि गर्मी आ गई है? ए.सी. ज़िन्दाबाद। मौसमों का नामोनिशान मिट गया है। घर ए.सी., गाड़ी ए.सी., ऑफ़िस ए.सी., क्लब ए.सी. और शॉपिंग मॉल ए.सी.। अब तो इमारतें बनाने के नक्शे के साथ ही साथ सेन्ट्रल एयरकंडीशनिंग के नक्शे भी बनने लगते हैं। कोई बड़ी इमारत ऐसी बनती ही नहीं जो सेन्ट्रली एयरकंडीशन न हो। और तो और पुरानी इमारतों को–संसद तक को एयरकंडीशन कर दिया गया है। लेकिन एक बात है इस एयरकंडीशनिंग में कितनी बिजली लगती होगी? इतनी बिजली पैदा करने के लिए कितना कोयला, कितना पेट्रोल, कितना डीज़ल लगता होगा? मेरे पास आँकड़े नहीं हैं लेकिन ये आँकड़े ज़रूर हैं कि गर्मियों के दिनों में गाँवों, क़स्बों, छोटे शहरों से आठ-आठ घंटे बिजली गायब रहती है। ये माना जाता है कि लोगों की आदत पड़ गई है। ये तो तय है ही है कि हम लोगों में ग़ज़ब की सहनशीलता है और तब ही तो ये देश चल रहा है। वैसे सहनशीलता का सीधा सम्बन्ध मजबूरी से बनता है लेकिन ऐसे दूरदराज़ के सम्बन्ध जोड़ने पर देश का विश्वास नहीं है।

सुबह नौ बजे लाइट चली जाती है और शाम चार बजे आती है। पूरा दिन इस तरह गुज़रता है कि गुलशन कुर्सी को कभी अन्दरवाले बरामदे में, कभी सायबान के नीचे, कभी कमरे के अन्दर रखने की राय देता रहता है। वह पूरे घर में सूँघता फिरता है, जहाँ थोड़ी बहुत हवा आ रही होती है, वहाँ कुर्सी डाल देता है और मैं पसीने में तर कपड़े पहने कुर्सी पर बैठकर कुछ पढ़ने की कोशिश करता रहता हूँ। कभी लैपटॉप खोल लेता हूँ तो कभी अख़बार उठा लेता हूँ। ख़ासतौर पर दोपहर का खाना खाने के बाद तो गर्मी का हमला इतना तेज़ हो जाता हैं कि बचाव की कोई सूरत नज़र नहीं आती और घड़ी को बार-बार देखने के बावजूद वक़्त तेज़ी से नहीं गुज़रता।

जिस तरह यहाँ सूरज की किरणें सीधी पड़ती हैं उसी तरह चाँद और तारों की रोशनी भी सीधी आती है। पता नहीं कितने साल बाद चारपाई पर आँगन में लेट रहा हूँ। गुलशन ने एक चारपाई की अदवाइन बड़ी मेहनत से कस डाली है। इसी चारपाई को आँगन में बिछा दिया जाता है। गुलशन भी आँगन में लेटता है। चारपाई पर लेटकर आकाश में तारे देखना तो में भूल ही गया था। दिल्ली में न तो कभी आँगन

में लेटता था और न आसमान में तारे ही दिखाई पड़ते थे। तारे कल्पना की उड़ान तेज़ कर देते हैं क्योंकि उनके देखते हुए आप जो सोचते हैं वह सब चमकीला हो जाता है। उनके सहारे जहाँ चाहें देख सकते हैं, जहाँ चाहें जा सकते हैं। और चाँद के आकार से दिनों का पता लगता है। उसके रंग और स्थिति से, उसकी गति और रोशनी से न जाने कितनी जिज्ञासाएँ जन्म लेती हैं। कभी-कभी सोचता हूँ हमारे आसपास इतना कुछ है हमें ख़ुश कर देने के लिए कि उसका हिसाब ही नहीं लगाया जा सकता।

हवा बन्द हो जाती है तो मच्छरों का हमला शुरू होता है। अभी कुछ दिन पहले गुलशन ने मच्छरदानी लाकर लगाई है लेकिन पता चला कि मच्छरों का आकार छोटा हो गया है और वे मच्छरदानी से भी अन्दर आ जाते हैं। इसलिए मच्छरदानी का कोई फ़ायदा नहीं है। रात में जब बिजली आ जाती है तो गुलशन के साथ अपनी चारपाई बरामदे में कर लेता हूँ क्योंकि वहाँ छत का पंखा है। जब लाइट चली जाती है तो चारपाई फिर आँगन में निकालनी पड़ती है। ऐसा कभी-कभी तो रात में कई बार करना पड़ता है और फिर मच्छरों के काटी जगह पर खुजली होती है तो कम-से-कम घंटा आधा घंटा परेशान करती है।

गुलशन ने एक बार कहा कि मैं दिल्ली से ए.सी. क्यों नहीं मँगवा लेता। मुझे हँसी आ गई। जहाँ बिजली न आती हो, जहाँ वोल्टेज बहुत ही 'लो' हो वहाँ ए.सी. क्या करेगा?

"अच्छा तो एनवर्टर लगवा लीजिए।" उसकी राय थी।

"बिजली नहीं आती तो चार्ज कैसे होगा!"

"अरे, सबके घर में लगा है।"

"कुछ दिन परेशान होकर देखो।" मैंने कहा।

"क्यों?"

"अरे इसीलिए तो यहाँ आए हैं?"

"इसीलिए आए हैं?"

"हाँ, इसीलिए।"

"ये बात हम समझे नहीं।"

"ज़रूरी नहीं कि सब कुछ समझ ही जाओ।"

यहाँ सोने-जागने का वक़्त बिजली के रहने न रहने से तय होता है। खाना खा लीजिए बिजली जानेवाली है। नाश्ता कर लीजिए बिजली आ गई। मोबाइल चार्ज कर लीजिए नहीं तो बिजली चली जाएगी। पता ही नहीं था कि बिजली की इतनी अहमियत हो सकती है ज़िन्दगी में।

"अच्छा तो जनरेटर लगवा लीजिए।" गुलशन आधी रात के वक़्त नीद में डूबी

आवाज़ में कहता था।

"ठीक है, कल दिन में बात करेंगे।"

"बीस-पच्चीस हज़ार का आता है।"

"पैसे की तो कोई बात नहीं है।"

"हाँ आपको पैसे की क्या कमी है।"

"जनरेटर लगवा लें...तो ए.सी. भी चलेगा।"

—हाँ 'चलेगा'। वह चारपाई पर बैठ गया। चारपाई चरमराई और जाने क्यों हवा का एक उड़ता-सा झोंका आ गया। कान के पास भनभनाते मच्छर कुछ दूर चले गए। चाँदनी ज़्यादा ही छिटकी हुई लगने लगी।

"दिल्ली वाली कोठी भी यहाँ ले आएँ?" मैंने कहा।

"अब फिर ये बात हमारी समझ में नहीं आई।"

"चलो लेट जाओ...बिजली जल्दी नहीं आएगी।"

"अब नींद उचट गई है। तमाखू खा लेते हैं।" वह हथेली पर चूना और तम्बाकू घिसने लगा।

"पता नहीं पहले ज़माने में लोग कैसे रहते होंगे।" वह बोला।

"आदत पड़ गई होगी...तुम्हारी भी पड़ जाएगी।"

वह कुछ डरी-डरी सी हँसी हँसने लगा।

"अच्छा चाय बनाएँ?"

"क्या बजा है?"

"साढ़े तीन।"

"चलो बनाओ...बनते-बनते चार बज जाएगा...चाय का वक़्त हो जाएगा।"

वह चाय बनाने उठ गया। मैं टहलने लगा। पीछे वाले आँगन में रहमतुन और नाज़ो के पलंग बिछे हैं। धुँधल के में साफ़ नहीं दिखाई पड़ रहे हैं। सामनेवाले अहाते में लाइन से कई चारपाइयाँ पर मजीद, सकूर, रासिद और उनके परिवार पसरे पड़े हैं। आसमान अब भी तारों के बोझ से धरती के पैरों पर झुकने के लिए मजबूर दिखाई पड़ता है। हवा चलने लगी है क्योंकि लाली फूटती नज़र आ रही है।

"आज कुइयाँ की सफ़ाई करनेवाले आएँगे?" मैंने गुलशन से पूछा।

"हाँ, त्रिपाठी जी कह तो रहे थे...आज सफ़ाई होगी। पाइप डाला जाएगा। पर भइया इससे तो अच्छा है बड़ी मशीन से बोरिंग करा लीजिए। वहीं पर करा लीजिए जहाँ पर कुइयाँ है...इतना पैसा कुइयाँ की सफ़ाई में लग रहा है। अभी पिछली बार तो पम्प चलानेवाले ने कहा था कि नीचे से बोदा निकल रहा है...पैप में फँसता है...आज देखिए क्या होता है।" गुलशन बोला।

"देखो कुइयाँ को तो ठीक कराना ही है।"

"अरे पूरे शहर के कुएँ तो बन्द पड़े हैं। तालाब सूखे पड़े हैं।"

"हाँ तालाब भी गए।"

"पानी शहर में भरता है।"

"अब यह तो बरसात में पता चलेगा।"

"शहर के नालों की सफ़ाई बीस साल से नहीं हुई।"

वह बोला–"चाय पीकर आप टहलने जाएँगे?"

मैं चौंक गया। हाँ टहलने तो जाना है। दिल्ली में यह मेरा रोज़ का दस्तूर था कि चाय पीने के बाद 'डियर पार्क' में टहलने जाता था लेकिन यहाँ कहाँ जाऊँ?

"सामने अहाते में टहलूँगा।"

"हाँ, पार्क-वार्क तो यहाँ है नहीं।"

"एक पार्क बनवाया जाए शहर में?" मैंने कहा और हँसने लगा।

"अरे क्या बनवाइएगा शहर में...ज़मीन ही कहाँ है। आठ-आठ दस-दस मील तक कॉलोनी कट गई हैं...प्लाट बिक रहे हैं...जगह ही कहाँ है?"

11

रात में दिन का हिसाब लगाता हूँ। रोज़ रात एक ही हिसाब निकलता है। दिनभर इधर-उधर के छोटे-मोटे कामों में लगा रहा। दोपहर सो गया। शाम को सूरज ढलने के बाद कुछ लोग आ गए। रात नौ बजे तक महफ़िल जमी रही। उसके बाद रात का खाना खाया। कुछ टी.वी. पर समाचार सुनने की कोशिश की। कुछ पढ़ा और सो गया या सोने की कोशिश करता रहा। महफ़िलों में पुराने दोस्तों के अलावा कभी-कभी स्थानीय पत्रकार आ जाते हैं, कभी कॉलेज के अध्यापक चले आते हैं। कभी स्थानीय छोटे स्तर के नेता आ जाते हैं। कभी कोई व्यापारी मंडल का सदस्य आ जाता है। कभी-कभार एक आद सरकारी कर्मचारी टपक पड़ते हैं। शहर के बारे में, ज़िले के बारे में, देश के बारे में, राजनीति पर, साहित्य पर, सिनेमा पर चर्चा होती है और मैं अपने आपको सिमटता महसूस करने लगता हूँ।

शहर में नेताओं का दबदबा है, बड़े सरकारी कर्मचारियों का रोब-दाब है और अलग-अलग तरह के माफिया सरगनों की तूती बोलती है। पिछले चार दशक में माफिया शब्द हमारी भाषा में जितना प्रचलित हुआ है उतना कोई और शब्द शायद नहीं हुआ है। माफिया के बाद घोटाला शब्द आता है और उसके बाद भ्रष्टाचार का नम्बर आता है। माफिया के अर्थ व्यापक हो गए और उसकी अकल्पनीय श्रेणियाँ भी बन गई हैं जो बातचीत में स्पष्ट होती रहती हैं। भू-माफिया के साथ शिक्षा माफिया, दवा माफिया, मेडिकल माफिया, जंगल माफिया, ट्रांसपोर्ट माफिया, न्याय

माफिया, ठेकेदार माफिया, मोरंग माफिया, मछली माफिया जैसे तमाम माफिया सक्रिय हैं यानी सब कुछ का अपराधीकरण हो गया है। राजनीति का तो बहुत पहले ही हो गया था। व्यापार भी माफिया की गिरफ़्त में आ गया था लेकिन अब पूरा जीवन माफिया की गिरफ़्त में है। इन सब माफिया गिरोहों को संरक्षण राजनीतिक माफिया से मिलता है। यही वजह है कि शहर में राजनीति का बोल बाला और सच्चाई का मुँह काला है। यही वजह है कि शहर में हर धनवान आदमी राजनीति में आना चाहता है ताकि न सिर्फ़ अपने धन को सुरक्षित रख सके बल्कि और अधिक धन कमा सके। माफियाकरण इस ज़िले की कोई अपनी अलग विशेषता नहीं है। यह तो मिनी भारत है। देश में जो कुछ है वह यहाँ भी दिखाई पड़ता है।

कुछ भी अपनी जगह पर नहीं है जो कुछ है सब बिगड़ा हुआ है, टूटा हुआ है, मरम्मत की हदों से गुज़र गया है और उस पर तुर्रा यह कि किसी को कोई फ़र्क़ नहीं पड़ता। एक दिन शहर की सफ़ाई के बारे में बात हो रही थी तो एक मित्र ने कहा– अरे साहब शहर साफ़ हो जाएगा तो हम रहेंगे कहाँ? हमें तो गन्दगी में रहने की इतनी आदत पड़ गई है कि सफ़ाई में दम घुट जाएगा और हम मर जाएँगे।' किसी तरह के सुधार के बारे में लोगों को कोई विश्वास नहीं है क्योंकि वे हर काम के पीछे छिपा कोई बुरा पक्ष निकाल लेते हैं और सुधार को नकार देते हैं। किसी भी अच्छी या नई बात पर हँसते हैं, उसका मज़ाक़ उड़ाते हैं और उसे सिरे से ख़ारिज कर देते हैं।

अपनी इस दुनिया में वे अपने को बिल्कुल सही समझते हैं। उनका पक्का विश्वास है कि हम जो कर रहे हैं वह सौ फीसदी सही है और उसे बदलने की कोई ज़रूरत नहीं है। हमारे बाप-दादा यही सोचते आए हैं जो हम मान रहे हैं।

रात में दिन का हिसाब लगाता हूँ तो पाता हूँ कि ऐसा क्या कर रहा हूँ जिसका कोई मतलब है? फिर क्या किया जाए? कुछ लोगों की यह राय है कि यहाँ से अख़बार निकालूँ। मुझे पत्रकारिता का लम्बा अनुभव है और शहर से कोई अच्छा अख़बार निकलेगा तो उसका स्वागत होगा। वैसे आजकल हालत ये है कि हर राष्ट्रीय हिन्दी अख़बार का ज़िला/जनपद संस्करण है जिसमें ज़िले के समाचार छपते हैं और ज़िले तक पढ़े जाते हैं। इन अख़बारों के पास बड़ी पूँजी है लेकिन फिर भी वे अपने शहरी संवाददाता के लिए विज्ञापन जुटाने का 'टारगेट' तय करते हैं। 'टारगेट' पूरा करने की कोशिश में संवाददाता को उन लोगों की मदद लेनी पड़ती है जो 'शक्तिशाली' हैं या दूसरे शब्दों में माफिया हैं। इस तरह अख़बार भी घूम-फिर कर उसी चक्र में फँस जाते हैं जहाँ शहर फँसा हुआ है।

बहुत सोचने के बाद मैंने तय किया कि मैं दिन में दो घंटे कॉलेज के लड़कों को अंग्रेज़ी पढ़ाया करूँगा। कोई फीस नहीं लूँगा। फ्री कोचिंग की जाएगी। मेरे इस

विचार पर तरह-तरह की प्रतिक्रियाएँ सुनने को मिलीं। किसी ने कहा फ्री अंग्रेज़ी पढ़ने के लिए इतनी भीड़ हो जाएगी कि उसे सँभालना मुश्किल हो जाएगा। इतने लोगों की तो बैठने की जगह भी न होगी। और अगर आपने कुछ को मना किया तो लोग सिफ़ारिशें करेंगे और जिसकी बात न मानेंगे उससे बुराई हो जाएगी। नेता और अफ़सर तक सिफ़ारिश करने चले आएँगे। किसी ने कहा कि लड़कों को पढ़ाएँगे तो क्या लड़कियों को भी पढ़ाएँगे? अगर लड़कियाँ भी आईं तो छेड़-छाड़ शुरू हो जाएगी। हो सकता है लड़कों में लड़ाई भी हो जाए। चाकू चल जाना तो मामूली बात है। अगर कोई दुर्घटना हो गई तो पुलिस केस बन जाएगा। आप कहाँ-कहाँ बयान, गवाही देते फिरेंगे। किसी ने दाय दी कि नाममात्र के लिए ही सही फीस रखना ज़रूरी है। मुफ़्त की चीज़ के लिए लोग गम्भीर नहीं होते और कभी आएँगे, कभी न आएँगे। ऐसी कोचिंग से क्या फ़ायदा होगा? यह भी कहा गया कि शहर में अंग्रेज़ी कोचिंग क्लास चलानेवाले तो बहुत नाराज़ हो जाएँगे क्योंकि आप बिना फीस लिए कोचिंग चलाएँगे। शहर के सभी लड़के आपकी कोचिंग में आ जाएँगे। उनका धंधा चौपट हो जाएगा। आपका तो कुछ नहीं है पर उनके खाने के लाले पड़ जाएँगे।

"और कुछ हो या न हो...साले शिक्षा विभाग वाले आ जाएँगे।" पंडित ब्रह्मगुप्त मुँह चबाते हुए बोले।

"क्यों?"

"अरे आप नहीं जानते भाई...ये साले मधुमक्खी हैं...जहाँ से कुछ मिलने की आशा होती है..."

मैं पंडित ब्रह्मगुप्त को देखने लगा। हबीब भाई के पक्के यार हैं पंडितजी। किसी ज़माने में मुकदमों की पैरवी किया करते थे, आजकल एक प्राइवेट बस चलवाते हैं।

"आप जानते नहीं साजिद मियाँ...यहाँ के हालात। जो है लूटने-खसोटने को तैयार बैठा है...और फिर...बिजलीवाले आ जाएँगे...कहेंगे...ये तो 'कॉमर्शियल' काम हो रहा है...कनेक्शन तो घरेलू 'यूज़' के लिए है।" हबीब भाई बोले।

"मतलब आप कुछ दूसरों के फ़ायदे के लिए भी नहीं कर सकते?" मैंने कहा।

"अरे छोड़िए भइया...लोग अपनी-अपनी जान बचाए बैठे हैं।" पंडित जी ने कहा।

रात में दिन का हिसाब लगाता हूँ। तारों और चाँद की गवाही में अपने से सवाल पूछता हूँ, हम ऐसे क्यों हैं? हम क्यों हर काम का, हर चीज़ का, हर बात का नकारात्मक पक्ष ही देखते हैं? क्या हममें सच्चाई और ईमानदारी पर विश्वास नहीं

है? हम ये क्यों नहीं मानते कि कुछ अच्छा किया जा सकता है? हम सबको चोर, बेईमान, उठाईगीर क्यों समझ बैठे हैं? हम कभी अन्दर क्यों नहीं झाँकते? हमारे अन्दर उदासीनता कैसे आ गई है। हम क्यों नहीं मानते कि बदलाव आना चाहिए। चीज़ों को, स्थितियों को बदलना चाहिए। हम हर हालत में अपनी ज़िन्दगी से सन्तुष्ट क्यों रहते हैं? इसके लिए क्या कोई ज़िम्मेदार है? क्या हमारी राजनीति? क्या हमारी व्यवस्था? क्या अंग्रेज़ का शासन? क्या सामन्तवाद और जातिवाद के मिले-जुले प्रभाव?

हर तरह के ख़तरों का सामना करने के लिए तैयार होकर मैंने तय कर लिया कि अंग्रेज़ी की कोचिंग शुरू कर देनी चाहिए। जो रुकावटें आएँगी उन्हें देखा जाए। और फिर अगर कुछ न किया और यहाँ उसी तरह ज़िन्दा रहा, उकताया हुआ, निराश और असन्तुष्ट जैसा दिल्ली में रहता था तो यहाँ आने का मतलब ही क्या है। क्लास शुरू करने की न तो कहीं घोषणा की गई। न पर्चे छपवाए गए। न लाउडस्पीकर पर एलान कराया गया। जान पहचानवालों से बता दिया कि ऐसा किया जाएगा और अगर उनके जाननेवालों में कोई छात्र हो तो उसे बता दें।

एक दिन तीन लड़के झिझकते कुछ सहमे-सहमे से आए। ये तीनों स्थानीय इंटर कॉलेज में हाई स्कूल में इंग्लिश लेकर परीक्षा देनेवाले थे। क्लासें शुरू हो गईं। चूँकि तीनों का स्तर एक था इसलिए यह तय करने में कोई दिक़्क़त नहीं आई कि कैसे पढ़ाया जाए।

मैं लैपटॉप पर ई-मेल चेक कर रहा था कि बिल्कुल अप्रत्याशित ढंग से नाज़ो कमरे के अन्दर आ गई। ऐसा आमतौर पर होता न था। जिस कमरे को मैंने काम करने का कमरा बनाया था वहाँ गुलशन के अलावा और कोई इस तरह बग़ैर बताए, अचानक नहीं आता था। मैंने सिर उठाकर नाज़ो को देखा। वह शायद अभी नहाकर और साफ़-सुथरे कपड़े पहनकर आई थी। मैंने फ़ौरन उस पर से नज़रें हटा लीं कि कहीं मेरी चोरी पकड़ न ली जाए।

बगैर किसी भूमिका के वह बोली-"भइया, आप लड़कों को पढ़ाते हैं। हमें भी पढ़ा दिया कीजिए।"

"हाँ।" मैं दूसरी तरफ़ देखते हुए बोला।

"हमने पाँचवीं पास की है। हमारे पास किताबें हैं।" वह बोली।

"तुम्हारा स्कूल में नाम लिखवा दें?"

"अब इस उमर में छठे में क्या जाएँगे..."

"मैं बात काटकर बोला-तुम्हारी क्या उम्र है?"

"सत्तरा पूरे होने वाले हैं।"

"बूढ़ी हो गई हो।" मैंने मज़ाक़ किया। वह खिल-खिलाकर हँस पड़ी। मैं काँप गया क्योंकि वह सौ फीसदी सल्लो की हँसी थी। मैं ग़ौर से उसके चेहरे को शायद पहली बार देखने लगा।

"इधर आओ।" मैंने उसे पास बुलाया। वह क़रीब आ गई।

"तुमने अपनी नानी को तो न देखा होगा?" मैंने पूछा।

"नहीं देखा।"

"तुम अपनी नानी से मिलती हो...मिलती नहीं हो...तुम अपनी नानी हो..." मैंने कहा।

"हाँ, सब यही कहते हैं।"

"बिल्कुल वही चेहरा...वैसे ही बाल...वही हँसी...वैसा ही डील डौल...मुझे यक़ीन है तुम्हारे हाथों की लकीरें..." फिर मैं डर गया और चुप हो गया क्योंकि सल्लो जैसी क़िस्मत...मतलब उतनी खराब क़िस्मत नाज़ो की क्यों हो।

"मैं तुम्हारी नानी को पढ़ाना चाहता था।" मैंने किसी अपराधी की तरह कहा।

"अच्छा...फिर पढ़ाया?"

"नहीं...उसकी शादी हो गई थी।" मैं ख़ामोश हो गया और वह रात बोलने लगी जब वह शादी तय हो जाने के बाद रात के अँधेरे में मेरे पास आई थी और मेरी मर्दानगी ने मुझे ललकारा था कि अगर तुम इस लड़की से प्यार करते हो तो हिम्मत दिखाओ...सामने आओ...इसे एक रिक्शेवाली की पत्नी बनाया जा रहा है। सल्लो ने मुझसे कोई 'डिमांड' नहीं की थी। वह शायद जानती थी कि मैं बुज़दिल हूँ और मुझसे किसी तरह की आशा करना बेकार है।

"आप क्या सोचने लगे..." नाज़ो ने कहा।

"जाओ और अपनी किताबें ले आओ।" मैंने कहा और वह ख़ुशी से उछल पड़ी। वह बिजली की तेज़ी से सीढ़ियाँ उतरती नीचे चली गई। मैंने सोचा, यह तो मैं पहले भी देख चुका हूँ। सल्लो इसी तरह सीढ़ियाँ उतरती थी। अब पता नहीं कि नाज़ो सीढ़ियाँ चढ़ रही है या उतर रही है।

मैंने अपने और नाज़ो के बीच जो मज़बूत दीवार खड़ी की थी वह बिना आवाज़ किए दरकने लगी थी लेकिन ये मेरे लिए आसान न था कि मैं अपने और नाज़ो के रिश्ते को सल्लो के माध्यम से समझने की कोशिश करूँ। क्या सल्लो के लिए मेरे मन में जो आकर्षण था, प्यार था वह सीधे-सीधे नाज़ो तक पहुँच गया है? क्या सल्लो के प्रति 'कुछ न कर पाने' और उसे बर्बादी की तरफ़ जाते देखते रहने की जो ग्रंथि है वह मुझे नाज़ो के माध्यम से खुलती दिखाई दे रही है? यह भी तय है कि इस उम्र में तमाम शारीरिक अनुभवों से गुज़र जाने के बावजूद नाज़ो मुझे एक चुनौती लगती है। उसका यौवन तर्क और बुद्धि रूपी कवच के टुकड़े-टुकड़े करने

के लिए काफ़ी है। उसकी चंचल निगाहें 'छाप-तिलक सब छीनने' की क्षमता रखती है। उसका सन्दली जिस्म 'विश्वामित्र' की 'साधना' को भंग कर सकता है। मेरी क्या औक़ात है। यही सबसे बड़ा डर है लेकिन मैंने जानबूझकर ये मुसीबत अपने सिर ली है।

गली में अच्छी-ख़ासी भीड़ है। सामने अतहर का घर दिखाई दे रहा है जिसके सामने चबूतरे पर आठ-दस लोग कुर्सियों पर बैठे हैं। दो-चार के हाथ में चाय की प्यालियाँ भी नज़र आ रही हैं। मैं और उमाशंकर वहाँ पहुँचे तो सबसे पहले हाजी मुनीरुद्दीन नज़र आए जिनका चेहरा दमक रहा था।

"आओ आओ...बैठो साजिद मियाँ।"

माहौल कुछ जश्न वाला लग रहा था। अतहर मियाँ आज हज के लिए रवाना होने वाले हैं। घर के अन्दर अभी तैयारियाँ चल रही हैं। बाहर सब इंतज़ार कर रहे हैं। कुछ देर बाद वे हज पर जानेवालों की तरह नहाये-धोये अहराम पहने निकले। उन्हें देखते ही हाजी मुनीरुद्दीन ने ज़ोर का नारा लगाया-"नार-ए-तकबीर" और बाक़ी लोगों ने मिलकर जवाब दिया-"अल्लाहो अकबर।" पूरा माहौल गर्मा गया। अतहर की दाढ़ी भी मेहँदी से रंगी हुई है। एहराम से इत्र की तेज़ ख़ुशबू आ रही है। अतहर ने ज़ोर से कहा-"अल्लाहुम्मा लब्बैक," और जवाब में फिर नारा लगा। अतहर के गले में फूलों के हार पहनाए जाने लगे।

"देखो अपना मुख़्तार भाई भी आया है।" उमाशंकर ने मेरे कान में कहा।

"इस वक़्त तो सही हालत में होगा।"

"होना चाहिए...नहीं तो सुबह से चालू हो जाता है।"

"तुम्हें याद है इन दोनों में-अतहर और मुख़्तार में दाँत-काटी दोस्ती हुआ करती थी।"

"हाँ याद है।" उमाशंकर हँसा। उसकी हँसी में गुजरे ज़माने की खनक थी।

'अल्लाहो अकबर' के नारे जोर-जोर लग रहे थे। लोग बढ़-बढ़कर अतहर के गले में फूलों के हार डाल रहे थे। कुछ लोग अतहर से अपने लिए दुआ करने के वायदे ले रहे थे। कुछ उसके हाथ में पर्चे पकड़ा रहे थे। सब की ख़्वाहिश थी कि अतहर मक्का मोअज़्ज़मा में उनके लिए दुआ माँगे। मुरादे पर्चों पर लिखी थीं ताकि अतहर भूल न जाए। लोग एक-दूसरे को हटा रहे थे। बढ़-बढ़ अतहर से गले मिल रहे थे।

किसी ने मेरे हाथ में भी एक हार दे दिया। मैंने बढ़कर अतहर के गले में हार डाला तो उउसने गले से लगा लिया। वह काफ़ी भावुक लग रहा था। नारों की गूँज और तेज़ हो गई थी।

"हज़रात सब लोग ग़रीबख़ाने पर चलिए। वहीं से सब को रुख़सत किया जाएगा।" हाजी मुनीरुद्दीन गला फाड़कर चिल्लाए।

"ये क्या है?" मैंने उमाशंकर से पूछा।

"सब लोग जो हज करने जा रहे हैं। हाजी मन्ना की कोठी पर मिलेंगे और वहीं से असली विदाई होगी। आज के दिन हाजी जी खिचड़ा और खीर की दावत देते हैं। वहीं से हज पर जानेवाले मोटरों पर बैठकर लखनऊ हवाई अड्डे जाएँगे।"

"तो हाजी साहब ने अपनी पक्की 'पोज़ीशन' बनाई हुई है।" मैंने कहा।

"हाँ क्यों नहीं।" उमाशंकर ने कहा।

मुख़्तार हम लोगों के पास आ गया।

"यार मुख़्तार भाई अगले साल तुम हज पर चले जाव।" उमाशंकर ने कहा।

वह हँसने लगा। उमाशंकर ने ठीक ही कहा था। लगता था कि वह सुरूर में है। मैं सोचने लगा यार ये कौन-सी प्रक्रिया हैं जिसने अतहर को धार्मिक और मुख़्तार को पियक्कड़ बना दिया है।

"आपके पास हमें आना था।" मुख़्तार ने मुझसे कहा।

"हाँ-हाँ बताओ।"

"चश्मा टूट गया है...तीन सौ रुपए लगेंगे।"

मैंने जेब से पैसे निकालकर उसे दिए और वह बिना कुछ कहे पीछे मुड़ गया और तेज़ी से बाहर निकल गया।

उत्तेजना बढ़ गई थी। नारों पर नारे लग रहे थे। अतहर के लिए आगे बढ़ना मुश्किल हो रहा था। आवाज़ें, पर्चे, हाथ चूमना, नारे लगना, धकमपेल, हार-फूलों से अब उसका चेहरा दिखाई नहीं पड़ रहा था।

अतहर एक सामान्य-सा आदमी है। शहर में एक दुकान है। मकान है। साधारण आमदनी और साधारण रुतबा है लेकिन इस वक़्त जब वह हज करने जा रहा है तो लगता है कि वह शहर का विशिष्ट नागरिक है। यह विशिष्टता उसे धर्म प्रदान कर रहा है। विशिष्टता कौन नहीं पसन्द करता? यह हमारे अहंकार की सन्तुष्टि का एक रूप है और इससे उत्साहित और आन्दोलित होते हैं। यह विशिष्टता हमें इसलिए मिलती है कि हमारे धर्म के माननेवालों का ऐसा विश्वास है कि हम जो करने जा रहे हैं वह धार्मिक दृष्टिकोण से अत्यंत प्रशंसनीय है।

"अगर ये भीड़ यहाँ न होती?" मैंने उमाशंकर से पूछा।

"भाई साहब धर्म को धर्म तो भीड़ ही बनाती है। आप क्या समझते हैं सिद्धान्त बनाते हैं?"

"ठीक कह रहे हो...हर धर्म यह चाहता है कि वह फैले। मतलब उसके अधिक अनुयायी हो। क्यों?"

''जितने ज़्यादा माननेवाले होंगे उतना बड़े प्रदर्शन की क्षमता होगी।'' उमाशंकर ने कहा।

''प्रदर्शन शक्ति का प्रतीक है...शक्ति सत्ता की प्रतीक है और सत्ता यथास्थितिवाद की प्रतीक है।'' मैंने कहा।

''क्या ये कहा जा सकता है कि धर्म यथास्थिति को बनाए रखना चाहता है?'' उमाशंकर ने पूछा।

''ये उसका सबसे बड़ा काम है...यह उसके अस्तित्व का सवाल है।''

हम वहाँ से खिसकने ही वाले थे कि गली में एक चमचमाती हुई क्वालिस इस तेज़ी से और इस तरह घुसी कि गली में किसी और गाड़ी के आने-जाने क्या आदमियों तक के निकलने की जगह न रही। चमकती हुई क्वालिस के पीछे एक जीप थी जिसके रुकने से पहले उस पर बैठे तीन-चार बन्दूकधारी कूदने लगे। इनमें से एक पुलिस की वर्दी में भी था। अचानक ये आवाज़ आई कि 'बड़े ख़ाँ' आ गए। कई लोगों ने फुसफुसाया, बड़े भाई ख़ाँ गए। अतहर सब को छोड़कर बड़े भाई ख़ाँ की तरफ़ बढ़े। लम्बे-चौड़े, सफ़ेद फलफलाती खूब चौड़ी शलवार और लम्बे कुर्त्ते में नपे-तुले क़दम रखते बड़े भाई ख़ाँ चंगेज़ ख़ाँ लगे। घनी, काली और ख़ौफ़नाक लगनेवाली मूँछों के नीचे उनके होंठों पर हल्की सी मुस्कुराहट थी और बड़ी-बड़ी बेरहम आँखों में सफ़्फ़ाकी का भाव था। बड़े भाई ख़ाँ ने अख़्तर को गले लगा लिया। जैसे मुर्ग़ी अपने चूज़े को दबाकर बैठ जाती है।

''ये कौन हैं?'' मैंने उमाशंकर से पूछा।

''यहाँ बतानेवाली बात नहीं है।'' वह फुसफुसाया।

बड़े भाई ख़ाँ के आने के बाद लोग 'रिचार्ज' हो गए थे। नार-ए-तकबीर और ज़ोर से लग रहा था। भाई ख़ाँ मूँछों के नीचे मुस्कुरा रहे थे। लगता था अब हीरो अतहर नहीं, बल्कि बड़े भाई ख़ाँ हैं।

हम दोनों धीरे-धीरे खिसकने लगे और पिछली गली से बाहर आ गए।

इतिहास में दो भाइयों के कई जोड़े मशहूर हैं। जैसे मुग़ल साम्राज्य के अन्तिम दौर में 'सैयद ब्रदर्स' का जल्वा था। वे 'बादशाहगर' अर्थात् 'किंग मेकर' कहे जाते थे। ख़िलाफ़त आन्दोलन के दौरान 'अली ब्रदर्स' का बड़ा नाम था। स्थानीय स्तर पर यानी इस शहर में 'खान ब्रदर्स' का डंका बजता है। बड़े भाई ख़ाँ और छोटे भाई ख़ाँ का रुतबा है, हैसियत है, दबदबा है, रोब है, जलाल है। इन दोनों भाइयों के क़िस्से किंवदंतियों की तरह मशहूर हैं। ये दोनों जिसे चाहें जड़-मूल से नष्ट कर सकते हैं और जिसे चाहें ताज पहना सकते हैं। इनकी सहृदयता, उदारता, धर्मपरायणता, मानवीयता के सैकड़ों क़िस्से हैं और इसी तरह इनकी निर्ममता, आतंक, बर्बरता, अपराध, हिंसा और घृणा के भी तमाम क़िस्से हैं। इनकी ताक़त

और प्रभाव, इनके रसूख़ और ऊपर तक पहुँच और काम करवा लेने की क्षमता को सभी मानते हैं। ये चाहें तो मिट्टी से तेल निकाल दें, ये चाहें तो सरसों को मिट्टी बना दें। ये चाहें तो अनहोनी को होनी कर दें। ये अपने लोगों के सुख-दुख में काम आनेवाले लोग हैं। ग़रीब आदमी का इलाज कराने पर आ जाएँ तो लाखों रुपया ख़र्च कर दें और नाराज़ हो जाएँ तो मिनटों में भले चंगे को मीठी नींद सुला दें। इनके नाम से लोग काँपते हैं, प्रशासन घबराता है, राजनेता इनके आगे-पीछे रहते हैं, मुल्ला पंडित इनकी शरण में रहते हैं। अपराधी इन्हें अपना पिता समझते हैं और ये व्यापारियों के माई-बाप हैं। हर दो नम्बर का काम करनेवाला इनसे लाइसेंस लेता है।

बड़े भाई ख़ाँ और छोटे भाई ख़ाँ किसी की बहू बेटी की तरफ़ निगाह उठाकर नहीं देखते। कलक्टर और एस.पी. से तू-तड़ाक कर लेते हैं मगर ग़रीब-से-ग़रीब घर की औरत से निगाहें नीची करके बातचीत करते हैं और उसे बहन या बेटी कहते हैं। दोनों शराब और पराई औरत को हराम मानते हैं। दोनों ने सिर्फ़ एक-एक निकाह किया है। बाक़ी अल्लाह अल्लाह ख़ैर-सल्ला।

कहते हैं बड़े भाई ख़ाँ और छोटे भाई ख़ाँ के पास डेढ़ सौ लाइसेंसी हथियार हैं जो उनके आदमियों के नाम हैं। ज़रूरत पड़ने पर वे डेढ़ सौ हथियार और आदमी ला सकते हैं। वैसे अगर ज़रूरत बड़ी हो तो यह तादाद बढ़ भी सकती है क्योंकि बाँदा और हमीरपुर के बीहड़ों में भी उनके अच्छे ताल्लुक़ात हैं।

बड़े भाई ख़ाँ को घड़ियों का शौक है। पाँच लाख से कम की घड़ी नहीं बाँधते। जहाँ जाते हैं महँगी-से-महँगी घड़ी ख़रीदते हैं और बदल-बदलकर घड़ियाँ बाँधते हैं। वैसे बड़ी सादगी से रहते हैं। उन्हें किसी ने सफ़ेद शलवार सूट और काली बास्कट के अलावा किसी दूसरे कपड़ों में कभी नहीं देखा है। छोटे भाई ख़ाँ को गाड़ियों का शौक है। नए से नए मॉडल की गाड़ी ख़रीदते हैं और हर साल गाड़ी बदल देते हैं। गाड़ी को बिल्कुल दुल्हन की तरह रखते हैं।

दोनों भाई रोज़े-रमाज़ के पाबन्द हैं। पाँचों वक़्त की नमाज़ पाबन्दी से पढ़ते हैं और तीसों रोज़े रखते हैं। रमज़ान में रोज़ कम-से-कम पचास लोगों के साथ रोज़ा खोलते हैं। शहर में जितना ख़ुम्स और ज़कात ये निकालते हैं उतना कोई और निकालता। बकरीद में दस बकरों की कुर्बानी कराते हैं। दोनों भाई तीन-तीन बार हज कर आए हैं और शहर से हर साल हज पर जानेवालों को उनकी गाड़ियाँ लखनऊ एयरपोर्ट पहुँचाती हैं।

"वैसे बड़े भाई ख़ाँ करते क्या हैं?" मैंने हबीब भाई से पूछा।

'देखिए वैसे उनका 'मेन' काम तो 'डिस्प्युटेड प्रॉपर्टी' ख़रीदना और बेचना है। आसपास छह सात ज़िले में जो भी 'डिस्प्युटेड प्रॉपर्टी' होती है उसे बड़े भाई ख़ाँ

ख़रीदते हैं। 'डिस्प्युट' ख़त्म कराने के बाद करोड़ों में बेच देते हैं। वैसे आजकल लखनऊ में फ्लैट बनवा रहे हैं। 'लेदर' का भी बहुत बड़ा काम है उनका और फिर ख़ुदा जाने पैसा कहाँ-कहाँ से आता है। दो बार आपके ही क्षेत्र से एम.एल.ए. रह चुके हैं। जितनी पार्टियाँ मुमकिन थीं ज्वाइन कर चुके हैं और छोड़ चुके हैं। लेकिन हर पार्टी से साज़-बाज़ चलती रहती है क्योंकि 'बाहुबली' माने जाते हैं और आज की राजनीति बाहुबलियों के बग़ैर चल नहीं सकती।'

"क्या क्रिमिनल रिकॉर्ड।"

"आजकल उसे कोई 'क्रिमिनल' नहीं मानता। जैसे 'फ्रीडम मूवमेन्ट में' जेल जाना बहुत सम्मान और इज़्ज़त की बात मानी जाती थी वैसे ही आज 'क्रिमिनल, होना इज़्ज़त की बात है। दोनों भाइयों पर क़त्ल, फ़ौजदारी, अपहरण, डकैती के दसियों मुक़दमे हैं। दो बार जेल भी जा चुके हैं। मुसलमानों में बहुत लोकप्रिय हैं। दलित हिन्दुओं में कुछ पैंठ है।"

12

केसरियापुर का मकान ऐसा लगा जैसे किसी बूढ़े रिश्तेदार की सालों-साल उपेक्षा करते रहने के बाद उसकी तरफ़ ध्यान दिया गया हो और वह शिकायत, कृतज्ञता और अपेपन से स्वागत कर रहा हो। टीन का जर्जर फाटक खोला गया तो मैं गाड़ी लेकर अन्दर गया। फाटक अपनी बदहाली का रोना रोते हुए बन्द हो गया और पीछे लँगड़ाते हुए अशरफ ने अपने अंगौछे से चेहरा साफ़ किया और चुँधियाई आँखों से इधर-उधर देखा। सामने टीन के शेड में बैठे तीन-चार लोग उठकर खड़े हो गए और गाड़ी की तरफ़ बड़े सम्मान से बढ़े। मैं उन्हें पहचानने की कोशिश करने लगा और नाकाम रहा। अशरफ ने कहा–"सलाम भइया..."

"हाँ सलाम...कहो कैसे हो अशरफ मियाँ?"

"अरे अब इस उमर में कैसे होंगे।" उसने अँगौछे से फिर मुँह पोंछा।

"अभी तुम इतन नहीं बुढ़ा गए हो चाचा..." गुलशन ने कहा जो मेरे साथ आया था।

उम्र भी बड़ी चीज़ है हमारे देश में। अभी भी उम्र का सम्मान होता है लेकिन सम्मान करनेवालों की तादाद घटती जा रही है हाँ ज़्यादा उम्र हो जानेवाले कुछ-कुछ उसी तरह अपने को गौरवान्वित महसूस करते हैं जैसे पहले किया करते थे।

"अशरफ मियाँ पुराना चावल ही अच्छा माना जाता है।" हबीब भाई ने हँसते हुए कहा। हबीब भाई और त्रिपाठी जी भी साथ आ गए थे।

"अरे पुराना चावल, पुराना सिरका, पुरानी शराब...जो भी पुराना है वह सर्वोत्तम है।" त्रिपाठी जी ने कहा।

सब हँसने लगे।

"चलो भइया पहले हाथ मुँह धो लेव।" अशरफ बोला।

"अरे गाड़ी में ए.सी. है..न धूल न धक्कड़...अशरफ चचा अब वह ज़माना गया जब केसरियापुर आवे म आदमी धूल म सन जाते रहे।" गुलशन ने कहा।

"अब भइया य सब हमका का मालुम...हमारे टाइम में..." अशरफ वाक्य अधूरा छोड़कर चुप हो गया।

पुराना टीन के सायबान के पीछे लम्बे-चौड़े और ऊँचे बरामदे और उसके पीछे लम्बे-लम्बे कमरे जिनके बीच से घर के अन्दर जानेवाला पुराना चहाड़-सा दरवाज़ा। अचानक ख़याल कौंध गया कि मैं यहाँ रह चुका हूँ। एम.ए. करने के बाद जब मैं नौकरी की तलाश में हताश हो गया था तो फार्मिंग को पेशा बनाने की इच्छा के तहत यहाँ रहा था। पुराने दिन फ़िल्म की तरह एक क्षण में आए और निकल गए।

सायबान के नीचे कुर्सियों पर हम लोग बैठ गए। गुलशन ने गाड़ी में से पानी के थर्मस उतारे और हमने पानी पिया। सामने तख़्त पर या पलंग पर कुछ लोग बैठे थे। कुछ सामने फ़र्श पर खम्भों से टेक लगाए बैठे थे। कुछ खड़े थे और कुछ लोग नीम के पेड़ की छाया में बने कच्चे चबूतरे पर बैठे थे।

इससे पहले भी मैंने नोटिस किया है कि हमारा समाज न केवल जातियों में बँटा समाज है बल्कि प्राय: हर जाति को अपनी सामाजिक स्थिति का और उसके अनुसार अपने सामाजिक आचरण का ज्ञान भी है। हज़ारों साल के रिवाज़ों और वर्ण व्यवस्था ने सबके लिए जगहें निश्चित कर दी हैं। हाँ ये बात ज़रूर है कि आज़ादी के बाद उनमें कुछ बदलाव आया है लेकिन फिर भी कमोबेश वही स्थिति है जो पहले थी।

बातचीत धान की तैयार खड़ी फ़सल और मज़दूरों के न मिलने पर होती रही। उसके बाद गेहूँ की जल्दी बुआई के फ़ायदे और नुकसान गिनवाये जाते रहे। धीरे-धीरे बातचीत बँटाईदारों पर आ गई। मैं जब यहाँ एक साल रहा था तो ज़्यादातर ज़मीन बँटाईदारों द्वारा जोती-बोई और काटी जाती थी। मैंने ख़ुद गेहूँ की खेती करने का असफल प्रयास किया था। उसके बाद फिर वही बँटाईदारी का मामला चालू हो गया था। मुझे तो यह भी नहीं मालूम था कि अनाज कितना होता है। साल में एक बार अशरफ दिल्ली आकर कुछ हज़ार रुपए देता था और हिसाब देने की कोशिश करता था तो मैं रोक देता था क्योंकि उन दिनों मेरे पास इतना वक़्त नहीं था और कुछ हज़ार का हिसाब समझने में कोई दिलचस्पी भी नहीं थी।

कुछ पुराने बँटाईदारों के नाम मुझे याद थे लेकिन उनमें से ज़्यादातर मर चुके थे और उनके बेटे उन्हीं ज़मीनों पर बँटाईदारी कर रहे थे। कुछ जिन्दा थे और बहुत ज़्यादा बूढ़े हो गए थे। लगता था जान तोड़ काम ने उनकी उम्र को घटा दिया था।

ज़्यादातर बँटाईदार दलित थे क्योंकि उनके पास या तो अपनी ज़मीन थी ही नहीं या बहुत कम थी।

अशरफ़ के बेटों ने चाय बना ली थी। चाय में चीनी बहुत दिल खोलकर डाली गई थी इसलिए पूरी प्याली पी पाना मुश्किल था। बहरहाल ग्लूकोस के बिस्कुट और चाय ने थोड़ी राहत दी।

अब बातचीत का विषय यह हो गया था कि मेरे घर लौट आने के बाद क्या इंतज़ाम होगा? मैंने साफ़ कह दिया कि वही होता रहेगा जो होता आया। बँटाईदार बने रहेंगे। हाँ ये ज़रूर होगा कि अनाज बेचा नहीं जाएगा, क्योंकि अब उसका इस्तेमाल किया जा सकता है। बात सुनकर बँटाईदारों ने चैन की साँस ली। शायद उनके दिमाग़ में यह होगा कि अब मैं खुद खेती कराना चाहता हूँ या कम-से-कम अधिया के बजाए चौथाई पर देना चाहता हूँ क्योंकि अब ट्रैक्टर से जुताई और थ्रेशर से मड़ाई होती है। लेकिन मैं तो कुछ और ही सोच रहा था।

''भइया खेत देख लेव।'' अशरफ ने कहा।

यह भी एक 'रिचुअल' है। मैं जब-जब आया तब-तब अशरफ ने खेत देखने पर ज़ोर दिया। जैसे यह बताना चाहता हो कि खेत उड़ नहीं गए हैं, अपनी जगह पर मौजूद हैं। हम खेत देखने जाने ही वाले थे कि एक कुछ लम्बे क़द और दुबली काठी वाला एक आदमी आ गया और उसने सलाम किया।

''भइया ये रहमतुन के आदमी हैं।'' अशरफ ने बताया।

रमतुन के आदमी का मतलब नाज़ो का बाप। मैंने उसे ग़ौर से देखा। चेहरे पर झुर्रियों का जाल-सा बुना था।

''तुम क्या करते हो?''

वह हँसने लगा और बोला-''आप हमें चीन्हे नहीं...'' उसकी बात काटकर अशरफ ने कहा-''आपकी ही ज़मीन जोतते हैं।''

''तुम्हारा नाम तो...'' मुझे उसका नाम याद नहीं था। न ये याद कि उसे पहले कब और कहाँ देखा था। लेकिन मैं सीधे-सीधे नाम नहीं पूछना चाहता था। यह ज़ाहिर नहीं करना चाहता था कि उसका नाम मुझे नहीं मालूम।

''ये बकरीदी कहे जाते हैं...बकरीद के महीने में पैदा हुए थे।'' अशरफ ने बताया।

सब बाहर निकले। ज़मीने किधर हैं, वहाँ कैसे जाते हैं इसका थोड़ा अन्दाज़ा मुझे था लेकिन अशरफ ने दूसरी तरफ़ चलने का इशारा किया।

''क्यों सामनेवाली गली से क्यों नहीं चलते।'' मैंने कहा।

''भइया उधर कीचड़ बहुत है...गन्दगी भी है।''

गाँव बदल गया है। बेढंगे क़िस्म के पक्के कमरे और कुछ ऐसे मकान दिखाई

पड़े जिन पर प्लास्टर नहीं किया गया था लेकिन मकानों के सामने अब उतने जानवर नहीं नज़र आए जितने पहले दिखाई पड़ते थे।

"बड़े पक्के मकान बन गए हैं।"

"अब जेके पास चार ठो पैसा आ जाता है...एक ठो पक्का कमरा डाल लेत है।" अशरफ ने कहा।

अशरफ का लड़का मेरे पास आया और बोला–भइया रोटी कैसी बनेंगी?"

हबीब भाई ने उसे अपने पास बुलाया और बोले–मियाँ तुम इधर आओ। रोटी-बोटी के बारे में साजिद मियाँ तुम्हें कुछ न बता सकेंगे। ऐसा करो कि कुछ मोटी रोटियाँ बेर्रे की बनवा लेना। दो-चार गेहूँ की हो जाए और सुनो, बेसन है? अगर हो तो बेसनी रोटी बनवाओ...लेकिन उसमें प्याज काटकर ज़रूर डलवाना...एक दो हरी मिर्च भी...और सुनो लससन की चटनी के बग़ैर मज़ा न आएगा।"

"हाँ अब खाना होगा।" त्रिपाठी जी बोले।

खेतों पर आए तो फिर तीस साल पहले का समय रोशन हो गया। ये चौबिगहा है। ये रायदीन वाली कुलिया है। ये बांका नम्बर है। ये धनही है। उस ज़माने के लोगों की याद–ख़ासतौर पर बिन्देसरी की याद आई। उस रात की याद आई जब वह मेरे पास थी और शोर मच गया था। कहाँ होगी आजकल बिन्देसरी? एक अधेड़, मोटी और सामान्य शक्ल सूरत की चिड़चिड़ी औरत हो चुकी होगी जो अपनी लड़कियों की शादी को लेकर चिन्ता में डूबी रहती होगी या कुछ और होगा। अब मैं किससे पूछूँ कि वह कहाँ है? पूछने की हिम्मत होती तो पूछा जा सकता था क्योंकि उसका छोटा भाई तो यहीं गाँव में ही होगा।

कुछ खेतों से धान कट चुका था और कुछ में खड़ा था। फ़सल अच्छी थी। अब समय पर कट जाए तो और अच्छा हो। मैं खेतों को देखकर सोचने लगा यह ज़मीन किसकी है? कहा तो यही जाता है, रिकार्ड में तो यही है कि यह ज़मीन मेरी है लेकिन क्या ऐसा हक़ीक़त में है? लेनिन का नारा याद आया–'लैंड टु द टिलर'–यानी जोतने वाली की है ज़मीन। तो फिर मेरी कैसे हो गई? और फिर सवाल ये है कि यह ज़मीन मैंने अर्जित नहीं की है। मैंने अपनी मेहनत और कमाई से यह ज़मीन नहीं प्राप्त की है। यह मुझे पुरखों से विरासत में मिली है। पुरखों को कहाँ से मिली थी? कैसे मिली थी? बताते हैं कि मेरे परदादा नहीं बल्कि सगड़दादा अलिम थे। कभी शहरकाज़ी हुआ करते थे। उन्हें किसी मुग़ल सम्राट ने यह गाँव 'मददेपाश' यानी जीविका पालने के लिए दिया था। यह ज़मीन उसी ज़मींदारी का बचा खुचा हिस्सा है। वैसे ज़मीन और सम्पत्ति कौन लोग प्राप्त करते हैं? कैसे करते हैं? इतिहास हमें बताता है कि ईरान का सम्राट नादिरशाह लुटेरा और डाकू था। हमारे देश में ऐसे महाराजाओं की कमी नहीं है जो लुटेरे या डाकू थे। लूटते-लूटते वे सत्ता तक पहुँच गए थे। सम्पत्ति

पर अधिकार ज़माने के लिए अतिरिक्त शक्ति और नाजायज़ तरीके के इस्तेमाल किए गए होंगे। बाद में सब पवित्र होता चला गया होगा। सत्ता सब कुछ कर सकती है। सत्ता अधर्म को धर्म और पाप को पुण्य में बदल सकती है। सत्ता अन्याय को न्याय और हिंसा को अहिंसा बना देती है।

"यार साजिद मियाँ आपकी ज़मीन सोना है।" हबीब भाई ने मुझसे कहा।

"हाँ ये ठीक है...दोमट है...पानी का इंतज़ाम ठीक हो जाए तो सोना उगलेगी।" त्रिपाठी जी बोले।

अब मैं इन दोनों से क्या कहता है कि मुझे ऐसा सोना नहीं चाहिए। अगर मैं कह देता तो मज़ाक़ बन जाता। कभी-कभी सच्चाई मज़ाक़ का पात्र बना देती है। मैं ख़ामोश रहा।

"अरे आजकल तो ट्रैक्टर किराए पर मिलते हैं। पूरे रकबे को जुतवाकर लाही छिड़कवा दी जाए तो कम-से-कम एक लाख रुपए की लाही होगी।" त्रिपाठी जी ने कहा।

"अरे भाई ये सब्ज़ियाँ लगाने का ज़माना है...दस हज़ार का बीघा तो अरवी का जाता है।"

"पर भइया उसमें देखभाल तो करनी पड़ती है।" अशरफ बोला।

"अरे अशरफ भाई पैसा आएगा तो देखभाल भी हो जाएगी।"

अशरफ मेरा मुँह देखने लगा। उसे लगा शायद मैं भी लाखों रुपए के नाम पर 'हाँ' कर दूँगा। लेकिन मुझे यह थोड़ा सा 'आइडिया' था कि खेती में लाखों कमाना मेरे बस की बात नहीं है।

वापस लौटकर आए तो खाना तैयार था। तख़्त पर खाना लगा दिया गया। अशरफ ने पता नहीं कहाँ से लाकर एक मुर्ग़ा भी काट दिया था।

"वाह यार अशरफ मियाँ...ये तो कमाल हो गया।" हबीब भाई खाने को देखकर बोले।

"अब गाँव में तो आप जानत हो गोस्त कहाँ मिलता है।" अशरफ के दोनों लड़के खड़े पंखा झल रहे थे। मक्खियाँ ज़रूरत से ज़्यादा थीं और पंखे की हवा भी उन पर कोई असर नहीं डाल रही थी।

"और गाँव के हाल-चाल सुनाओ।" मैंने अशरफ से कहा।

"का हाल-चाल हैं वही जो थे।"

"अरे अशरफ भाई आँगनबाड़ी तो तुम्हारे गाँव में भी खोली गई होगी?" त्रिपाठी जी ने कहा।

"हाँ है।" अशरफ के एक लड़के ने कहा।

"केन्द्रीय सरकार की योजना है..."

"हाँ सुना तो मैंने भी है...कहीं पढ़ा भी है।"

"आपने जो पढ़ा है वह तो पढ़ा है...देखना हो तो खाने के बाद आपको आँगनबाड़ी दिखाकर लाते हैं।" त्रिपाठी जी हँसकर बोले।

"हाँ...लेकिन उसमें हँसने की क्या बात है?" मैंने कहा।

"उसमें हँसने की ही बात है।" कहकर त्रिपाठी जी ज़ोर से हँसे।

"अरे छोड़ो यार त्रिपाठी जी...मुर्ग़ा खाओ...और खाने के बाद चैन से चारपाई पकड़ो...ये आँगनबाड़ी का शोशा क्यों छोड़ दिया तुमने?" हबीब भाई बोले।

"अब देखिए हबीब भाई तो हैं ज़मींदार आदमी इन्हें सरकारी योजनाओं से क्या लेना-देना।"

"हाँ यार ये सब माया है पंडित जी...आप तो माया को हमसे ज़्यादा जानते हो।"

"हाँ माया तो है पर चलकर देख लेते हैं।"

"यार देखिए, आप लोग जाइये...मैं तो यह खाना-खाने के बाद चारपाई पकड़ूँगा।" हबीब भाई बड़ी बेतकल्लुफी से बोले।

"हम आपको कष्ट नहीं देंगे हबीब भाई आप आराम करो हम देख आएँगे।"

"आँगनबाड़ी बच्चों के वेलफेयर का प्रोग्राम है न?" मैंने त्रिपाठी जी से पूछा।

"सर ऐसा बढ़िया प्रोग्राम है काग़ज़ पर कि आप देख लें तो दंग हो जाए...पर काग़ज़ पर ही दंग होंगे...व्यवहार में देखेंगे तो शर्म आएगी..."

"हाँ अब हमारे देश में दंग और शर्म के एक ही अर्थ हैं।" मैंने कहा।

"ये तो श्रीमान जी आपने सूत्र वाक्य कह दिया।" हबीब भाई हँसने लगे।

सब हँसने लगे।

मैंने पूछा–"त्रिपाठी जी ज़रा 'डिटेल' में बताओ।"

"भाई साहब आप तो पत्रकार हैं...आपको तो सब पता होगा।"

"हम घोटालों के पत्रकार हैं। आँगनबाड़ी को लेकर पचास हज़ार करोड़ का घोटाला हो जाए तो हमें सब मालूम हो जाएगा। वैसे कुछ नहीं जानते।"

ताला। आँगनबाड़ी के दरवाज़े पर ताला बन्द था। मैं कभी-कभी सोचता हूँ हमारी राष्ट्रीय चिह्न बन्द ताला होना चाहिए। शेर की तीन मूर्तियों की जगह एक बन्द ताला होना चाहिए। यह देश की अस्मिता को अच्छी तरह प्रदर्शित करेगा।

"परधान जी के घर से चाबी लाएँ क्या?" अशरफ के लड़के ने कहा।

"परधान जी के घर?

"हाँ उनकी बहूरानी ही तो देखती है न?" वह बोला।

मिड डे मील, देकर चली गई होंगी...अब वो कल ही आएँगी...भाई साहब बस

पूरे शासन का ज़ोर 'मिड डे मील' पर रहता है...और उसी के नाम पर सब घपले होते हैं...ऊपर से नीचे तक बन्दरबाँट होती है।''

''चलो चलें।''

–हम वापस लौटे।

''आप तो बड़े-बड़े नेताओं, अधिकारियों को जानते होंगे...क्या उन्हें ये सब पता नहीं है।''

''सब पता है।''

''फिर...''

''त्रिपाठी जी बुनियादी सवाल का उत्तर न देकर जब लीपापोती की जाएगी तो यही होगा। मैं कहता हूँ 'मिड डे मील' बच्चों को उनके घर में क्यों न मिले? वे उसके लिए सरकारी योजनाओं पर निर्भर क्यों रहे?'' मैंने कहा।

''हर योजना के साथ यही हो रहा है।''

''क्योंकि हर योजना ऊपर से लादी गई है...लोगों को शामिल किए बग़ैर।''

''हमसे अच्छे तो हबीब भाई रहे। लम्बी ताने सो रहे होंगे।''

''अब गाँव में कल बड़ा शोर मचेगा।'' अशरफ का लड़का बोला।

''क्यों? काहे का शोर।'' मैंने पूछा।

''यही के आप आँगनबाड़ी आए थे।''

''हाँ शोर तो मचेगा।'' त्रिपाठी जी बोले।

''मेरे आने से क्या मतलब?''

''अरे आप दिल्ली में रहते हैं...इतने बड़े अख़बार में काम करते हैं...इतने बड़े अफ़सरों, नेताओं को जानते हैं अख़बार में लिख देंगे।''

''उससे भी क्या होना है।''

13

अरहर की दाल हम लोगों की जान है। हम जो अरहर की दाल खाकर पले और बढ़े हैं। हम जिन्होंने अरहर की दाल खाकर खाना खाना सीखा है। हमने जो पहली बार अरहर की दाल में पड़े रोटी के टुकड़े अपनी उँगलियों से उठाकर खाए थे। अरहर की दाल से पेट ही नहीं बल्कि हमारी आत्मा और नियत सेर होती है। हम अरहर की दाल के आगे संसार का स्वादिष्ट से स्वादिष्ट खाना छोड़ देते हैं। हम अरहर की दाल का ही विस्तार हैं। वह हमारी दूसरी माँ है।

अरहर की दाल चखते ही मैं पचास साल पीछे चला गया और न चाहते हुए भी मैंने नाज़ो से पूछा–ये अरहर की दाल किसने पकाई है?''

"हमने पकाई है।" वह बहुत गर्व से बोली।

"ज़रा गुलशन को बुलाकर लाओ।"

वह गुलशन को बुलाने चली गई और मैंने अरहर की दाल के ऊपर तैरते तले हुए लहसुन के दो तीन टुकड़ों और तली हुई एक लाल मिर्च के टुकड़े अपनी प्लेट में डाल लिए। अरहर की दाल चाहे जितनी अच्छी पकी हो अगर लहसुन का बघार नहीं दिया जाता तो बात नहीं बनती।

"ज़रा ये दाल खाकर देखना।" मैंने गुलशन से कहा।

"क्या है इसमें?"

"अरे एक तुम दिल्ली में अरहर की दाल पकाया करते थे और एक ये दाल है।"

"दिल्ली में ऐसी अरहर की दाल नहीं मिलती।"

"ये क्या बकवास कर रहे हो।"

"हाँ-हाँ भइया अल्ला क़सम ये तो आपके खेतों की अरहर है।"

"तो उससे क्या हुआ?"

"ये कल्हारी गई है।"

"क्या मतलब?"

"भड़भूँजे ने इसे हल्का-सा भूँजा है।"

"अब ये सब मैं नहीं जानता...लेकिन तुम ऐसी दाल पकाना सीख लो...नाज़ो तुम्हें सिखा देगी।"

गुलशन मुँह बनाता हुआ चला गया।

ये सब इतनी तेज़ी से हुआ कि मैं समझ ही नहीं सका। पिछले कई महीने से मैंने अपने और नाज़ो के बीच जो फ़ासला बनाया था वह न सिर्फ़ ख़त्म हो गया बल्कि नाज़ो अचानक इतनी तेज़ी से मेरे क़रीब आ गई कि अब मैं पूरी तरह उसके चार्ज में हूँ। उसे मेरी आदतें मालूम हैं, मुझे कब क्या चाहिए; कॉफी कब पीता हूँ, चाय कब पीता हूँ खाने में क्या पसन्द है, दवाएँ कौन-कौन सी लेता हूँ। किन काग़ज़ों को किन फाइलों में रखता हूँ सब पता है। गुलशन को मेरे निजी कामों से फुर्सत मिल गई है। अब उसका एक ही काम बचा है। वह बैठक वाले सायबान में बैठा तम्बाकू खाया करता है और थूका करता है। मजीद मियाँ से उनकी नोक-झोंक चलती है।

मुझे बिल्कुल अन्दाज़ा नहीं था कि नाज़ो पढ़ाई में न सिर्फ़ बहुत दिलचस्पी लेगी बल्कि वह इतनी ज़ेहीन होगी कि हाई स्कूल का पूरा कोर्स तीन महीने में ख़त्म कर देगी। मैंने उसे पढ़ाया ही नहीं है सिखाया भी है। मैंने उससे कह दिया था कि देखो पढ़ाई का मतलब रटाई नहीं है। अंग्रेज़ी रटो पर समझो और बोलो। पहले तो

उसे इस बात पर यक़ीन नहीं हुआ था कि वह अंग्रेज़ी बोल सकती है। अंग्रेज़ी बोलने वाली बात पर अविश्वास से हँसती थी। लेकिन धीरे-धीरे जब सीधे-साधे वाक्य बोलने लगी तो उसका आत्म-विश्वास बढ़ता चला गया।

कभी-कभी यक़ीन नहीं आता कि गाँव में पली-बढ़ी लड़की जिसने कभी कोई शहर नहीं देखा है, जिसे मध्यवर्गीय परिवारों में रहने का कोई अनुभव नहीं है, जिसे किसी ने कुछ न सिखाया है और बताया है वह कैसे इतनी समझदार हो गई है। कैसे उसने धीरे-धीरे अपने लिए ऐसी जगह बना ली है जो बहुत मुश्किल से बनती है। उसे मेरी दवाओं के नाम याद हैं। दवा ख़त्म होने के दो दिन पहले ही बता देती है कि वह दवा ख़त्म होनेवाली है। कपड़ों की अल्मारी भी उसके चार्ज में है। धोबी को कपड़े देने, उसका हिसाब रखने का काम; कपड़ों में बटन टाँकने और उहें क़रीने से रखने में माहिर हो गई है। ग़ज़ब का 'कॉमन सेन्स' है उसका। एक बार किसी चीज़ को देखकर समझ लेना उसे अच्छी तरह आता है। मेरी पसन्द या नापसन्द को भाँप लेती है और मेरे मिज़ाज को पहचानती है। कब मुझे क्या अच्छा या बुरा लगता है, इसका अन्दाज़ा भी खूबी से लगा लेती है।

जानने और समझने की अपार इच्छा है उसके अन्दर और यही वजह है कि हज़ारों सवाल उसके दिमाग़ में चक्कर लगाते हैं पर वह सही वक़्त पर और सही तरह पूछती है। बच्चों जैसी जिज्ञासा का समाधान करना अच्छा लगता है। शहरों के बारे में, दूसरे देशों के बारे में वह जानना चाहती है। विज्ञान के चमत्कार उसे हैरान कर देते हैं। मोबाइल उसके पास नहीं है लेकिन इस्तेमाल करना जानती है।

यह सब मुझे अच्छा लगता है लेकिन डर भी लगता है। नाज़ो का रंग रूप निखर रहा है। आत्मविश्वास बढ़ रहा है। जिसकी चमक चेहरे पर आ गई है और मेरे लिए वह सल्लो का प्रतिरूप है। सल्लो से जुड़े जो सुख और अनुभव हैं उन्हें पाने की इच्छा स्वाभाविक है। अभी ऐसा भी नहीं है कि मैं उम्र के उस मोड़ पर पहुँच गया हूँ जहाँ 'सेक्स' केवल आँखों तक सीमित हो जाता है। कभी-कभी उसे सल्लो न समझने की अपार इच्छा को दबाना बहुत तकलीफ़देह हो जाता है।

शाम की कोचिंग में लड़कों की तादाद पाँच हो गई है। एक दिन शाम को दयाराम नामक एक लड़का आया जो मौजमाबाद के पास किसी गाँव में रहता है। दयाराम ने बताया कि बारहवीं पास है। कई साल नौकरी की तलाश में रहा और नौकरी न मिली। अब उसने सोचा है कि वह गाँव में स्कूल खोल दे। चूँकि दलित गाँव है इसलिए सब कुछ ठीक रहेगा। दयाराम ने यह भी बताया कि उसके एक जाननेवाले के पास गाँव से मिली थोड़ी सी ज़मीन है जहाँ स्कूल खोला जा सकता है। बातचीत से पता चला कि कमी कुछ थोड़े से पैसों की ही है कि छप्पर वग़ैरह डाला जा सके

और स्कूल शुरू हो जाए। इस तरह की योजनाओं से जैसाकि मैं उत्साहित होता हूँ, हो गया और दयाराम से वायदा कर लिया कि मैं स्कूल में उसकी मदद करूँगा। दयाराम चूँकि उमाशंकर के माध्यम से आया था इसलिए इसकी सम्भावना न थी या कम थी कि वह 'फ्रॉड' होगा और फिर फ्रॉड भी होगा तो मेरा क्या ले जाएगा? बहरहाल तय पाया कि मैं गाँव देखने जाऊँगा। उमाशंकर साथ जाएँगे और वह ज़मीन देखी जाएगी जहाँ स्कूल खोला जाएगा।

कुइयाँ साफ़ करने का अभियान जो कुछ ठंडा पड़ गया था अब फिर तेज़ हो गया है। पी. डब्ल्यू. डी. के इंजीनियर ने नया और बड़ा पम्प सेट भेज दिया है जो नीचे से बोदा, कीचड़ और कंकड़ पत्थर घसीट सकता है। इस पम्प को बड़ी हैवी मोटर चलाती है जो डीज़ल से चलती है और एक ट्रक पर फिट है। मोटर ग़ज़ब का डीज़ल खाती है। ख़ैर जो कुछ भी हो मैं तैयार हो गया था। मोहल्लेवालों के लिए यह तमाशा बन गया था। बच्चे-कच्चे और चाय की दुकान पर बैठनेवाले निट्ठल्ले क़िस्म के लोग तमाशा देखने आ गए।

मोटर चली तो उसमें से ऐसी आवाज़ आई जैसे दस इंजन स्टार्ट हो गए हों। पता नहीं कितना धुआँ मोटर ने उगला और फिर पम्प कुइयाँ में डालकर स्टार्ट किया गया। बड़ी अटपटी आवाज़ें निकलती रहीं और फिर पाइप से काला लगभग सूखा कीचड़ निकलने लगा।

चूँकि जुमेरात का दिन था। मार्केट बन्द थी इसलिए उमाशंकर आ गए थे। हम लोग अहाते में कुर्सियाँ डाले बैठे थे।

"तुमने भी हिम्मत नहीं हारी साजिद भाई।"

"अरे यार कुछ रह क्यों जाए। ये कसक क्यों बनी रहती कि ऐसा करा देते तो ऐसा हो जाता।" मैंने कहा।

"देखो कीचड़ निकालने के बाद मोटर पानी भी खींच ले तो कुछ बात बने।" उमाशंकर ने कहा।

"यार इसी उम्मीद पर तो ये सब करा रहा हूँ।"

"कुइयाँ से कितने साल बाद पानी निकालने की कोशिश हो रही है?" उमाशंकर ने पूछा।

"अब्बा की ज़िन्दगी में ही नल आ गया था। और शायद उसके बाद से ही कुइयाँ का इस्तेमाल बन्द हो गया गाा। ये समझ लो शायद 64-65 की बात होगी।"

बार-बार पाइप फँस जाता था और इंजन ज़्यादा धुआँ फेंकने लगता था। अचानक हाजी मुनीरुद्दीन आ गए।

"भइया आप भी कमाल करा रहे हैं। पूरे शहर से कुएँ गायब हो गए हैं और

आप हैं कि कुइयाँ के पीछे पड़े हैं।''

''हाजी साहब ताज़ा पानी पिया कीजिए।''

''ताज़ा पानी।'' हाजी साहब की आँखें चमक गईं।

''हाँ अब ताज़ा पानी कहाँ मिलता है।'' त्रिपाठी जी ने कहा।

''मुझे याद है दादा जान खाना खाने से पहले ताज़ा पानी मँगवाते थे।'' मैंने कहा।

''हाँ भइया...अब वो सब कहाँ रहा...क्या-क्या लोग थे।'' हाजी जी बोले।

लड़के शोर मचाने लगे। कुइयाँ से काला गाढ़ा पानी निकलने लगा था। उसमें एक अजीब तरह की बदबू थी जो चारों तरफ़ फैल रही थी।

''चलो पानी तो निकला।'' उमाशंकर ने कहा।

मशीन देर तक चलती रही लेकिन पानी काला ही निकलता रहा। ऑपरेटर ने आकर बताया कि इंजन बहुत गरम हो गया है। अब कुछ दिन छोड़कर फिर पानी निकाला जाए तो अच्छा होगा।

''सोते सूखे तो नहीं हैं?'' मैंने ऑपरेटर से पूछा।

''अभी तो कह नहीं सकते...अगली बार जब खीचेंगे तो पता चलेगा। अगर सोते काम कर रहे हैं तो दस-पन्द्रह दिन बाद फिर जो पानी निकलेगा वह इतना काला नहीं होगा।'' उसने कहा।

14

''हेलो...यस...यस अहमद आई कैन हियर यू...बताओ क्या हाल हैं।'' मैंने कहा।

''हाल...ठीक तो नहीं हैं...''

''क्यों क्या हुआ।''

''वो मेरी पैर वाली प्रॉब्लम बढ़ गई है।''

''ओहो!''

''हाँ डॉक्टरों ने रीढ़ की हड्डी का ऑपरेशन बताया है।''

''ओहो!''

''हाँ ऑपरेशन के लिए भाई साहब के पास यू. एस. जा रहा हूँ।''

''ओहो...कब?''

''अगले हफ़्ते फ्लाइट है।''

''ऑपरेशन कब है?''

''अभी तो टेस्ट वग़ैरह होंगे। ऑपरेशन की 'डेट' तय नहीं की है।''

''मैं किस तरह तुम्हारी मदद कर सकता हूँ।''

‘‘थैंक यू साजिद...अगर कोई ज़रूरत होगी तो बताऊँगा। कुछ देर ठहरकर वह बोला–‘‘हाँ एक बात है?’’

‘‘क्या?’’

‘‘यार हो सके तो दिलबर का कुछ पता लगाओ।’’ उसकी आवाज़ कुछ भारी हो गई। कुछ ठहरकर वह बोला–‘‘मैं ऑपरेशन के बाद उसे देखना चाहता हूँ। मैं तस्व्वुर में उसकी तस्वीर बनाता रहता हूँ...सिर्फ़ तस्व्वुर में...’’

मैं सन्नाटे में आ गया। बोलता भी तो क्या कहता। वह फ़ोन पर लम्बी साँस लेकर बोला–‘‘तुमसे ही मैं ये सब कुछ कह सकता हूँ या शकील से...शकील आजकल ‘पॉलीटिक्स’ में ऊपर से नीचे तक डूब गया है...’’

‘‘तुम अकेले जा रहे हो? जहाज़ पर बैठ सकोगे? लम्बी फ्लाइट होगी।’’

‘‘जो क़िस्मत में लिखा है...उससे कहाँ बच पाऊँगा...’’ उसने कहा।

हम दोनों एक दूसरे की पूरी ज़िन्दगी से वाक़िफ़ हैं। हॉस्टल की ज़िन्दगी से लेकर एक दूसरे की घरेलू ज़िन्दगी तक हम जानते हैं। अहमद क्या था और क्या हो गया।

‘‘मैं तुम्हारे साथ चलूँ?’’ मैंने कहा।

‘‘नहीं...अगर ज़रूरत होती तो मैं बता देता...’’

‘‘तुम जानते हो मैं बिल्कुल फ्री हूँ।’’

‘‘हाँ तुमने बताया था...क्या अनु तुम्हारे साथ नहीं है?’’

‘‘नहीं...वह मेरे साथ नहीं आई।’’ मुझे मालूम है कि अहमद अनु को पसन्द नहीं करता है। वजह हमेशा से यही रही है कि वह चाहते हुए भी अनु के क़रीब इसलिए नहीं आ सका था कि उसका ‘क्लास’ अनु के ‘क्लास’ से बहुत ऊँचा है। साधारण निम्न मध्य वर्ग की हिन्दी मीडियम स्कूल में पढ़ी एक साधारण लड़की और कहाँ पुश्तैनी ख़ानदानी रईस।

‘‘क्यों नहीं आई?’’ उसने पूछा।

‘‘बताया भी नहीं।’’

‘‘ओहो...तुम ख़ुश हो?’’

‘‘हाँ हूँ...तुम्हें सल्लो याद है?’’ मैंने कहा।

‘‘कौन लड़की जिससे तुम...जब यूनिवर्सिटी में थे तो ‘इन्वाल्व’ थे?’’

‘‘हाँ वही।’’

‘‘वह तो...तुमने बताया था मर गई थी।’’

‘‘नहीं वह ज़िन्दा है।’’

‘‘क्या बकवास कर रहे हो।’’ वह हँसा।

‘‘उसकी ‘ग्रैड डॉटर’ नाज़ो यहाँ है...सौ फीसदी अपनी नानी जैसी।’’

"अच्छा...हाँ ऐसा होता है।" वह बोला।

"बस समझ लो कि हर तरह से सल्लो है।"

"तो तुम्हारा..."

"नहीं...अब तक नहीं..."

"मतलब इरादा है।"

"कह नहीं सकता..."

"तुम तो अभी 'हेल्दी' और 'यंग' हो।"

"हाँ पचपन साल का 'हेल्दी' और 'यंग'।"

वह हँसने लगा।

"अपने यू.एस. के नम्बर ई-मेल कर देना और ऑपरेशन के बाद फ़ोन..."

"ऑपरेशन के बाद..." वह उदासी से बोला।

"हाँ हाँ यार...डरने की क्या बात है।"

"आठ घंटे का ऑपरेशन होगा।"

"अरे यार आजकल सर्जरी में कमाल हो रहा है।"

"हाँ तुम शकील को फ़ोन करके बता देना।"

"श्योर। और सुनो...मैं चाहता हूँ तुम्हारे यू.एस. जाने से पहले रोज़ तुमसे फ़ोन पर बात किया करूँ...बताओ तुम कब 'फ्री' होते हो।"

"मैं तो दिनभर 'फ्री-ही रहता हूँ। चलना-फिरना मुश्किल होता जा रहा है। कमर में बेतहाशा दर्द रहता है और बड़ी स्ट्रांग 'पेन किलर' खानी पड़ती है।" अहमद बोला।

अहमद से बात करने के बाद मैं बेतरह उदास हो गया। उसके साथ ऐसा क्यों हुआ? इस सवाल का कोई जवाब नहीं है। बेश्तर सवाल ऐसे होते हैं जिनका जवाब हमारे पास नहीं होता लेकिन अपने अहंकार के चलते उनका जवाब तलाश कर लेते हैं। ये जवाब सन्तोष तो नहीं देते, हमें आश्वस्त नहीं कर पाते लेकिन हमारे अहंकार की तुष्टि हो जाती है। हम अपने को बौद्धिक मानने लगते हैं। यह बुद्धि का चक्कर ही निराला है। सूफी-सन्त मानते थे बुद्धि से समाधान नहीं हो सकता। ज्ञान, विज्ञान, तर्क में वह शक्ति नहीं है कि जिससे मनुष्य या समाज की किसी समस्या का समाधान हो सके। वे प्रेम को बुद्धि से बड़ा मानते थे। 'सिराज' और 'औरंगाबादी' का शेर है-

वो अजब घड़ी थी कि जिस घड़ी लिया दर्स नुस्खाए-इश्क़ का।
जो किताबे अक़्ल थी ताक़ पे, सो वही धरी की धरी रही।।

प्रेम का पाठ पढ़ने के बाद अक़्ल की किताब की ज़रूरत ही न पड़ी। क्या ये सच है? इतना तो तय है कि मनुष्य को संचालित और आन्दोलित करने की जितनी

ताक़त भावना और संवेदना में है उतनी बुद्धि में नहीं है। बुद्धि के साथ एक बड़ी समस्या यह भी है कि वह हमें 'गणित' का पाठ पढ़ा देती है। वह हमें 'नफा' और 'नुकसान' के धरातल पर ले आती है। और जैसे ही हम 'लाभ-हानि' पर आते हैं वैसे ही संवेदनाएँ समाप्त हो जाती हैं। बहरहाल हक़ीक़त यह भी है कि पश्चिम बुद्धि का उपासक है और पूर्व ने प्रेम की साधना पर बल दिया है। पर अब पूर्व के साथ समस्या यह है कि न तो वह बुद्धि का उपासक बन सका है और न प्रेम के मार्ग पर आगे बढ़ा है। यही वजह है कि पूर्व गर्त में चला गया है।

यह पता ही नहीं चला कि कब कमरे में अँधेरा हो गया। बाहर शाम हो गई थी। अचानक कमरे की बत्ती जली और देखा नाज़ो चाय लिए सामने खड़ी है।

"आज आपने आराम नहीं किया।" वह चाय रखते हुए बोली।

मैं उसे देखने लगा। वह चाय मेज़ पर रखकर जाने लगी तो मैंने उससे कहा– "तुम यहाँ बैठ जाओ।" वह स्टूल लाने के लिए पीछे मुड़ी तो मैंने कहा–"कुर्सी पर ही बैठ जाओ।" वह आमतौर पर स्टूल पर ही बैठा करती थी।

उसने हैरत से मेरी तरफ़ देखा और झिंझकते हुए कुर्सी पर बैठ गई। मैं ख़ामोशी से चाय पीता रहा।

वह बैठी रही। मैं उसकी तरफ़ देख भी नहीं रहा था। पर एक-एहसास था कि वह बैठी है। मैं चाय पीता रहा। वह बैठी रही। वह इतनी हैरान लग रही थी कि बिल्कुल ख़ामोश थी।

दयाराम हमें मुंशीपुर गाँव ले गया। उमाशंकर साथ गए। मुंशीपुर दूसरे गाँवों की तुलना में पिछड़ा हुआ और दरिद्र इसलिए लगा कि गाँव न होकर वह पुरवा है और ज़्यादातर दलित आबादी है जो शहर में मज़दूरी और फ़सल पर खेती सम्बन्धी मज़दूरी करते हैं। दयाराम की समस्या और समाधान दोनों ही ठीक नज़र आए। जिस आदमी की ज़मीन पर स्कूल खोला जाना था वह भी आया और उसने अपनी सहमति दे दी। दरअसल ज़मीन का यह टुकड़ा बंजर और इतना टेढ़ा-मेढ़ा था कि उसकी शायद और उपयोगिता न थी। गाँव के तीन-चार परिवारों की औरतें वहाँ कंडे पाथती और रखती थीं।

उमाशंकर का कहना था कि स्कूल बनाने के लिए दयाराम को पैसा न देकर सामान देना ज़्यादा ठीक होगा। मजदूरी की रक़म भी उसे नहीं देनी चाहिए। अब चूँकि उमाशंकर ही मेरे और दयाराम के बीच का सूत्र थे इसलिए उनकी बात मानना ठीक था। और यह बेहतर भी लगा कि सामान ही दिया जाए।

भट्ठे वाले को पैसा दिया गया और उसने स्कूल बनाए जानेवाली जगह पर ईंटें भेज दी। अब आशा थी कि जल्दी ही काम शुरू हो जाएगा। पहले कमरा बनेगा और

उसके आगे छप्पर या 'एस्बेस्टस' का शेड डाल दिया जाएगा। दयाराम बच्चों से कुछ फीस लेगा वह उसकी अपनी होगी।

सब काम सन्तोषजनक तरीके से आगे बढ़ रहा था कि एक दिन दयाराम आया और उसने बताया कि नेताजी ने स्कूल बनाने से रोक दिया है।

"ये नेता जी कौन हैं?"

"नेता दुलीराम हैं..."

"कौन हैं ये नेता दुलीराम?"

"एम.एल.ए. रहे हैं पहले...अब तो नहीं है।"

उमाशंकर को फ़ोन किया वह भी आ गया। उसने बताया दुलीराम दलित नेता हैं और वह उस इलाक़े को अपना प्रभाव क्षेत्र मानते हैं।

"भई देखो...ज़मीन नेता जी की नहीं है। पैसा नेता जी नहीं लगा रहे हैं...तुम्हें नेता जी कुछ दे नहीं रहे हैं...फिर नेता जी यह हुक्म कैसे दे सकते हैं कि स्कूल नहीं बनेगा। और फिर स्कूल सरकारी नहीं है..."

दयाराम ख़ामोश हो गया। उसने इस सवाल का जवाब नहीं दिया।

"बताओ न...बात क्या है?"

"नेताजी ने मल्लू को मना कर दिया है कि ज़मीन न दे।"

"मल्लू कौन! वही जिसकी ज़मीन है?"

"हाँ वही।"

"तब तो..." मैं ख़ामोश हो गया।

"पहले कैसे तैयार हो गया था?" उमाशंकर बिगड़कर बोले।

"अब क्या बताया जाए?" दयाराम ने असहाय ढंग से कहा।

उमाशंकर नेता दुलीराम को मोटी-मोटी गालियाँ देने लगे। उन्होंने कहा कि साला कल का लौंडा एक बार धुप्पल में एम.एल.ए. बन गया तो जाने अपने को क्या समझने लगा। फिर उन्होंने कहा कि वे शहर के सबसे बड़े दलित नेता बाबू रामदीन से बात करेंगे।

"बाबू रामदीन तुम्हारी बात मानेंगे और अपनी बिरादरी के दुलीराम की बात न मानेंगे?" मैंने कहा।

"अरे साजिद मियाँ अब क्या बताएँ..."

"छोड़ो मैं न तो खुद किसी झगड़े में पड़ना चाहता हूँ और न तुम्हें डालना चाहता हूँ।" मैंने कहा।

"अरे झगड़ा कैसा साजिद मियाँ...ये तो कोई बात न हुई।"

"यार देखो...सीधी बात है...वह दुलीराम का प्रभाव क्षेत्र है...और वहाँ वह कुछ ऐसा नहीं होने देना चाहता जो उसके प्रभाव को कम करे।"

"तो बोलो...तुम क्या कहते हो?" उमाशंकर ने दयाराम से कहा।

"अब क्या कहें...आप तो जानत हैं..."

"देखो ये भी मजबूर है...ग़लती मेरी ही है..."

"क्या?"

"तुम जानते हो...हमें सोच-समझकर हाथ डालना चाहिए था।"

कुछ देर बाद दयाराम चला गया। अब मसला यह था कि जो ईंटें वहाँ पहुँच गई हैं उन्हें वापस कैसे लाया जाए और कहाँ रखा जाए।

हम बैठे इस मसले पर बात कर रहे थे कि सामने से अशरफ आता दिखाई। वह सीधा मेरे पास आया और सलाम करके बोला–"परधान ठाकुर दुमड़ा सिंह आपके पास आए हैं।"

फाटक से तीन चार लोग अन्दर आते दिखाई दिए। बीच में एक अधेड़ उम्र का लम्बा तड़ंगा आदमी था। उसके पीछे चार लोग थे। एक ने बन्दूक टाँग रखी थी। यह अन्दाज़ा लगाते देर नहीं लगी कि बीच में चलनेवाला ही परधान ठाकुर दुमेड़ा सिंह हैं।

"सलाम भइया...अरे आप गाँव आए हमें जानकारी न मिली...कौनो से कहेलवा दिए होते...अब देखो भइया चार पीढ़ियों से आपकी ताबेदारी में हूँ। मल्लू मियाँ और डिप्टी साहब तो हमारे ज़मींदार रहे हैं...हम तो आपको भी अपना जमींदार ही मानते हैं...पीढ़ियों के सम्बन्ध थोड़े बदलते हैं...अब भइया आप फिर केसरियापुर चलो..." परधान दुमड़ा सिंह बोलते चले गए।

"ठाकुर साहब अब तो आते रहेंगे।"

"अरे आप भइया उधर ही रहो..ताजी हवा मिलेगी...इतना बड़ा चौरा पड़ा है आपका।"

"हाँ जाड़े में उधर ही रहेंगे...और आप अपना हाल सुनाओ?"

"भइया आप आँगनबाड़ी भी गए रहो...वही टैम पुतहू बच्चन का खाना-पीना देके घर खाना खाए आई रहैं...यही बीच आप आए और लौट गए...हमका बड़ा दुख हुआ भइया।"

"ठाकुर साहब फिर कभी देखेंगे।"

"अरे हम आपको ले चलेंगे..."

इसी तरह की कुछ और बातों के बाद परधानजी चले गए। मैंने अशरफ से पूछा–"क्या मामला है? ठाकुर साहब कैसे आए थे?"

"अरे भइया...बात वही है...आप आँगनबाड़ी गए थे और वह बन्द रहे...यह बात ठाकुर साहब को पता चली तो हमें बुलाया...सब पूछा...फिर बोले भइया से मिलने जाना है तुम भी चलो।"

एक दिन में दो प्रमाण मिल जाना बड़ी बात है। परधान ठाकुर दुमेड़ा सिंह और नेता दुलीराम ने साफ़-साफ़ सन्देश दिया है कि उनके प्रभाव क्षेत्रों में दख़ल देने की ज़रूरत नहीं है। उनके क्षेत्रों में जो कुछ भी होगा वही करेंगे और वही जाँचे और परखेंगे। बाहर के किसी आदमी को यह इजाज़त नहीं है कि दख़ल दे। ये लोग नए युग के ज़मींदार हैं। इनके हाथ में संविधान की ताक़त है, ये लोकतंत्र के नुमाइन्दे हैं। भारत सरकार इनके माध्यम से गाँवों तक पहुँचती है। विकास की सारी योजनाओं के सूत्र इनके हाथों में हैं। यही आँगनवाड़ी चलाते हैं, यही मनरेगा संचालित करते हैं, यही स्वास्थ्य केन्द्रों की निगरानी करते हैं, यही ग्रामीण बैंकों के संचालक हैं और यही एम.एल.ए. या एम.पी. के दाहिना हाथ माने जाते हैं। प्रशासन इनके प्रभाव में है। वह जानता है कि इनके बिना कुछ नहीं हो सकता। यही लोग पुलिस और जनता के बीच 'संवाद' का माध्यम बनते हैं। संवैधानिक ताकत के अलावा इनके पास 'बाहुबल' भी है। अपनी जाति बिरादरी या अपने गुंडों के माध्यम से ये अपने हित साधते हैं। इनके पास पैसा है क्योंकि विकास के नाम पर करोड़ों रुपए की बन्दरबाँट में ये पहली कड़ी माने जाते हैं। इन लोगों को 'बाईपास' करके आप कहाँ जाएँगे? फिर...फिर...दिल्ली रूपी शर्मगाह के दरवाज़े तो तुम्हारे लिए खुले हैं।

15

हीरा का जवाब आया। मैंने उसे दोनों अनुभव-आँगनबाड़ी और स्कूल वाला लिखकर भेजे थे। एशियाई समाजों के विशेषज्ञ डॉ. हीरा अली के लिए यह बहुत रोचक सामग्री रही होगी। आक्सफोर्ड से पी.एच.डी. करना और 'फील्ड' में अपना सिर टकराना दोनों का गहरा रिश्ता बनता है। हीरा ने लिखा था—भारतीय सामाजिक संरचना काफ़ी जटिल है। एक तरफ़ यह नज़र आता है कि समाज विखंडित है। टूटा-फूटा है। उसमें दरारें पड़ी हैं। ऐसी दरारें जो बड़ी मुश्किल से भरी जा सकती हैं लेकिन दूसरी तरफ़ यह समाज बहुत मज़बूत समाज है। 'नेशन' के स्तर पर कमज़ोर है और जातीय स्तर पर बहुत मज़बूत है। ऐसे समाज में राष्ट्रीय आन्दोलन तो सफल हो सकते हैं लेकिन देश की आन्तरिक समाज व्यवस्था को तोड़ने या बदलने वाले आन्दोलन बहुत समय तक सफल नहीं होते क्योंकि समाज का आधार ही वह व्यवस्था है जिसे बदलने का प्रयास किया जाता है। राष्ट्रीय आन्दोलन क्योंकि किसी बाहरी (भारत के सन्दर्भ में ब्रिटिश) सत्ता के विरोध में था इसलिए उनका सफल हो जाना सरल था। जातीय सत्ता या व्यवस्था को बदलने के आन्दोलन बहुत समय लेते हैं और जल्दी परिवर्तन की आशा नहीं करनी चाहिए।

मेरे अनुभवों के बारे में उसने लिखा था कि धैर्य के अलावा कोई दूसरा रास्ता नहीं है। उसने यह भी लिखा था कि मेरी कोशिश पूरी तरह 'ग्रास रूट' लेविल पर नहीं होनी चाहिए। मैं अगर शहर में कुछ करता हूँ तो शायद उसका अधिक प्रभाव पड़ेगा और वह सरल भी होगा। गांधी जी का उदाहरण देते हुए उसने लिखा था कि गांधी के प्रारम्भिक आन्दोलन भारतीय समाज की अंतर्वस्तु को बदलने के लिए बल्कि विदेशी सत्ता के ख़िलाफ़ थे।

रात में खाने के बाद कॉफी देने नाज़ो आई तो मैं लैपटॉप पर काम कर रहा था। वह अक्सर बड़े ग़ौर से 'लैपटाप' को देखा करती थी। पर शायद उसकी हिम्मत नहीं पड़ती थी कि कुछ पूछ सके। आज उसने पूछ ही लिया–यह क्या है? आप इस पर क्या करते रहते हो?''

''यह जादू का पिटारा है।'' मैंने हँसकर कहा।

''जादू का पिटारा?''

''हाँ...तुम कौन-सा जादू देखना चाहती हो?''

''हमें नहीं मालूम।'' वह अविश्वास से हँसी।

''तुमने लन्दन का नाम सुना है?''

''हाँ जहाँ हीरा भइया और नूर भाभी हैं।'' वह बोली।

''ये तुम्हें किसने बताया?''

''गुलशन चाचा ने।''

''चलो ठीक...तुम लन्दन देखना चाहती हो?''

''कैसे देख सकते हैं जब तक वहाँ न जाएँ।''

''वहाँ जाएँ बग़ैर भी देख सकती हो...वह कुर्सी लेकर यहाँ बैठ जाओ।''

वह कुर्सी लेकर मेरे पास बैठ गई।

''अब इस पर्दे पर देखना...ये लन्दन शहर है...ये इमारतें हैं...ये वहाँ के बाग़ हैं...''

''ये तो फ़िल्म जैसा है।''

''हाँ...लेकिन सच है।''

वह बड़े ध्यान से देखती रही। झुककर स्क्रीन देखने की वजह से वह मेरे बिल्कुल क़रीब आ गई और उसका चेहरा दमकने लगा। उसके जिस्म की ख़ुशबू मुझे मिलने लगी।

''अच्छा देखो...तुने हीरा भइया की बात की थी।''

''हाँ।''

''तुमने उनको कभी देखा है?''

''नहीं।''

''उनसे बात करोगी?''

''बात? फ़ोन पर?''

''नहीं...आमने-सामने।''

''आमने-सामने।'' वह आश्चर्य से बोली।

''हाँ...तुम उन्हें देख पाओगी...और वो तुम्हें।''

''नहीं।'' वह अविश्वास से हँसी।

''देखो...'' हीरा कम्प्यूटर पर ही बैठा था। एक मिनट बाद हमारी बात होने लगी।

''हीरा...ये नाज़ो है...जानते हो कौन?''

''नहीं...लेकिन देख रहा हूँ।''

''इसकी नानी सल्लो थी...''

''आई डोंट नो।''

''चलो छोड़ो...इससे बात करो।'' मैंने नाज़ो को कैमरे के सामने अपनी कुर्सी पर बिठा दिया।

''ये स्क्रीन पर...हीरा भइया हैं।''

''अरे नहीं।'' वह बोली।

हीरा हँसने लगा।

''बोलो।'' मैंने नाज़ो से कहा।

''हीरा भइया हिन्दी समझते हैं?''

''हाँ बोलो...'' हीरा ने कहा।

''अरे हाँ...हीरा भइया आप यहाँ कब आएँगे।'' नाज़ो बोली।

''जाड़े में आ सकता हूँ...आई एम नॉट श्योर...ओ.के. ओ.के. मैं हिन्दी बोलता हूँ...मुझे पक्का पता नहीं है।''

''अरे ये तो कमाल है।'' वह बोली।

''नाज़ो...यही नाम है न तुम्हारा।''

''जी यही नाम है।''

''ये सब सच है...साइंस और टेक्नोलॉजी ने...''

वह कुछ देर इधर-उधर की बातें पूछती रही। फिर मैंने 'स्काई पैक' बन्द कर दिया।

''अब बताओ।'' मैंने नाज़ो से कहा।

''तुम इसे चला कर देखोगी?'' मैंने कहा।

''नहीं...बड़ी देर हो गई। अम्माँ जाग रही हैं।''

वह चली गई और देर तक उसके अन्तिम वाक्य पर सोचता रहा।

एक नाला है जो शहर की अस्मिता का प्रतीक है। आधे शहर की गन्दी नालियाँ जो लोगों के घरों से निकलती, गलियों में प्रवाहमान होती नाले तक पहुँचती हैं, नाला ऐतिहासिक कहा जा सकता है क्योंकि शहर में अनादि काल से है, सृष्टि निर्माण के पहले भी था। इतना ऐतिहासिक होने के कारण ही नगरपालिका पर्याप्त पैसा होने और जनता के दबाव के बावजूद नाले को छूती तक नहीं।

नाले को न छुए जाने का दूसरा कारण यह है कि कुछ लोगों ने निश्चित रूप से प्रभावशाली लोगों को यह लगता है कि नाला बनने में नुकसान है, मतलब ज़मीन चली जाएगी या दुकान टूट जाएगी आदि, इसलिए ड्रेनेज सिस्टम नहीं बना है। अब शहर की आबादी कई सौ गुना बढ़ गई है। क़रीब के देहातों से लोग बड़ी संख्या में शहर आ गए हैं क्योंकि गाँवों में न तो रोज़गार है, न स्कूल हैं और न अस्पताल हैं जिनकी ज़रूरत किसी को भी पड़ सकती है। इसके अलावा 'ग्रास रूट लेविल डेमोक्रेसी' ने गाँवों को बुरी तरह बाँट दिया है और बड़ी भारी दुश्मनियाँ पैदा हो गई हैं। इस सन्दर्भ में हत्याएँ होना तो आम बात है। दूसरी तरफ़ गाँव में चोरी-डकैतियाँ बढ़ गई हैं और सुरक्षा का कोई इंतज़ाम नहीं है, इसलिए गाँव से शहर की तरफ़ पलायन तेज़ी से हुआ है।

ऐसी स्थिति में नाले पर अत्यधिक भार पड़ गया है। दूसरी तरफ़ नगरपालिका स्थानीय राजनीति और प्रशासनीय दबाव के कारण एक तरह से निष्क्रिय पड़ी हुई है। नाले की सफ़ाई बरसों से नहीं हुई है या हुई है तो केवल काग़ज़ों पर हुई है। लेकिन अफ़सोस कि नाला काग़जों पर नहीं बहता। बहरहाल जब स्थिति यह हो गई कि जब बरसात में सड़कों और मोहल्लों में पानी भरा रहने लगा तो लोगों का ध्यान नाले पर गया।

नगरपालिका द्वारा वर्षों से उपेक्षित नाला जनता द्वारा उपेक्षित नहीं था। जनता नाले का उपयोग नई-नई तरह से कर रही थी। एक उपयोग यह था कि नाले पर काठ की गुमटियाँ डालकर दुकानें खोल दी गई थीं। चूँकि नाला सड़क के किनारे से बहता था इसलिए नाले पर बनी गुमठियों की दुकानें अच्छे किराए पर उठती थीं। गुमठी लगाने वाले प्रायः मुसलमान थे। शहर में मुसलमानों की चालीस प्रतिशत आबादी होने के कारण नगरपालिका का अध्यक्ष कभी-कभी कोई मुसलमान हो जाता था और उसके सामने समस्या यह होती थी कि यदि नाले की सफ़ाई के लिए गुमठियाँ हटाई गईं तो मुसलमान नाराज़ हो जाएँगे और उसे अगले चुनाव में मुस्लिम वोट नहीं मिलेगा इसलिए नगरपालिका प्रायः नाले की सफ़ाई को टालती रही, लेकिन टालने की भी हद होती है। नगरपालिका जब सरकारी नियंत्रण में आई तो यह आदेश दिया गया कि गुमटियों को हटा दिया जाए ताकि नाले की सफ़ाई हो सके।

सरकारी हुक्म के आगे किसकी चलती है। गुमटियाँ तोड़ी जाने लगीं। लेकिन

नाले के बराबर एक ज़मीन के मालिक हाजी मुनीरुद्दीन ने नाले को पाटकर अपनी ज़मीन का हिस्सा बना लिया था। इस कलात्मक सोच के नतीजे में नाले पर तीन दुकानें निकल आई थीं और उनकी छत पर मस्जिद का निर्माण हो गया था।

हमारे महान देश में प्राय: धर्म स्थल ऐसी सार्वजनिक ज़मीनों पर बनाए जाते हैं जो विवादास्पद होती हैं। धर्म स्थल बनने के बाद विवाद ख़त्म हो जाता है क्योंकि धर्म स्थल को तोड़ने का मतलब होता है दंगा-फसाद। और प्रशासन प्राय: दंगे फसाद से परहेज़ करता है। वैसे भी हमारा धर्म प्रधान देश है। हम सब की धर्म पर बड़ी आस्था है। विशेष रूप से यह आस्था और बढ़ जाती है अगर धर्मस्थल सार्वजनिक जगहों पर बने हों और उसके नीचे बनी दुकानों से आमदनी भी हो रही हो।

बहरहाल कोई तीन साल पहले नाले की गुमटियाँ तोड़ दी गई थीं ताकि नाले की सफ़ाई हो सके लेकिन ज़ाहिर है जिन गुमटियों के ऊपर मस्जिद है उन्हें कैसे तोड़ा जा सकता था? वे बरक़रार रहीं। तीन साल तक लोग प्रतीक्षा करते रहे कि नाले की सफ़ाई होगी लेकिन पता नहीं ऐसी क्या अड़चन थी कि सफ़ाई नहीं हो रही थी। चौथे साल बरसात आने से पहले बड़ी-बड़ी मशीनें आ गईं और नाले से कीचड़ वग़ैरह निकालकर सड़क पर ढेर किया जाने लगा जिससे आधी सड़क बन्द हो गई। आने-जानेवालों को तकलीफ़ हो गई लेकिन किसी पर कोई असर नहीं पड़ा। नाले से निकला कूड़े के बड़े-बड़े ढेर बहुत आराम से आधी सड़क घेरे पड़े रहे। धीरे-धीरे वे सूख गए। उन पर बड़ी गाड़ियाँ चलने लगीं और वह कूड़ा जो नाले से निकाला गया था नाले के अन्दर जाने लगा। रोचक बात यह है कि किसी ने कुछ न किया और लाखों रुपया लगाकर नाले का जो कूड़ा निकाला गया था वह नाले में फिर पहुँच गया।

जनता का पैसा किसी का पैसा नहीं है। यह माले-मुफ़्त है जो हमारे देश में बेदर्दी से बहाया जाता है और इसकी बारिश में अफ़सर, नेता और ठेकेदार नहाते हैं। हमने लोकतंत्र के साथ-साथ 'विकास' का भी एक विरला स्वरूप विकसित किया है जो कम ही देशों में देखने को मिलेगा।

एक ज़माना वह था जब नाज़ो से बात करने के लिए मेरे पास सीमित या बहुत सीमित विषय हुआ करते थे। और आज यह स्थिति है कि इतने विषय हैं कि सब पर बात ही नहीं हो पाती है। उसका हाईस्कूल का फार्म भरा दिया है। तैयारी पूरी है और यह विश्वास है कि कम-से-कम फर्स्ट डिवीजन में पास हो जाएगी। उसके बाद? इन्टर करेगी और फिर बी.ए. करना चाहिए। बी.ए. के बाद सोचता हूँ उसे बी.एड. करा दिया जाए ताकि किसी अच्छे स्कूल में टीचर लग जाए। मेरी इस

योजना पर वह अविश्वास से हँसती है और कहती है–''हम इतनी दूर की बातें नहीं सोचते।''

''दूर की बातें तो ज़रूर सोचना चाहिए। जो आज सोचेगी वह कल होगा।''

वह अविश्वास से हँसती है।

वह सुबह चाय लेकर आती है तो अक्सर दस-पाँच मिनट बात होती है। कभी मैं उसे अख़बार में कुछ पढ़ने के लिए कहता हूँ और किसी शब्द के अर्थ पूछकर उसे परेशान करता हूँ वैसे उसे मैंने आक्सफोर्ड की एडवांस डिक्शनरी दे दी है जिससे वह मदद लेती रहती है। अब उसकी बोल-चाल और पहनावे-उढ़ावे में फिर फ़र्क़ आ रहा है। उसमें आत्मविश्वास बढ़ रहा है और इसके साथ-साथ चेहरे पर एक नई तरह की चमक लगातार बढ़ती जा रही है। वह लगातार सल्लो की याद दिलाती है। पता नहीं मैं उसके साथ वैसे ही शारीरिक सम्बन्ध बनाना चाहता हूँ जो सल्लो के साथ थे या नहीं। वैसे नाज़ो में ग़ज़ब का आकर्षण है और ताम्बे में ढला उसका सुडौल जिस्म बड़े-बड़े को हिला और डिगा सकता है। मेरी क्या औक़ात है। कभी ऐसा भी हुआ है कि उसके शरीर के ताप को मैंने महसूस किया है लेकिन यह उस पर ज़ाहिर कभी नहीं किया। कभी-कभी लगता है कि वह मेरी कलाकृति हैं, शाहकार बनाने की कोशिश कर रहा हूँ। रोज़ नए रंग भरने का जतन करता हूँ और रोज़ कुछ नई लाइनें, नए आकार लेती हैं। अब मैं ये तो नहीं चाहता कि शाहकार टूट जाए। वैसे उसने अब तक कोई ऐसे संकेत तो नहीं दिए हैं कि वह मेरे 'नज़दीक' आने से डरती है या परहेज़ करती है। अगर कभी कहता हूँ तो शरमा कर हाथ मिला लेती है। 'शेक हैंड' का मतलब और कैसे समझाया जा सकता है।

उसने इंटरनेट अच्छी तरह सीख लिया है। कभी-कभी मेरा 'लैपटॉप' ले जाती है और अपनी माँ रहमतुन को मक्का मदीना दिखा देती है। गुलशन और हीरा की बात करा देती है। सवालों के जवाब खोज लेती है और अनजानी दुनिया को जानने का सुख पाती है। मैं यहाँ के उक्ता देनेवाले माहौल में कुछ अच्छा महसूस करता हूँ।

एक दिन नाज़ो के पैर की उँगली में चमकती हुई चीज़ के बारे में मैंने पूछा–ये क्या है?''

''ये बिछुआ है।'' वह हँसकर बोली।

''क्यों पहनती हो?''

''अच्छा लगता है।''

''कहाँ से लिया था।''

''खुरजी के मेले से।''

''क्या ये उतर भी सकता है?''

"हाँ-हाँ, उतारकर दिखाएँ?"

"नहीं मैं उतारूँगा...तुम अपना पैर मेरी गोद में रख दो...मैं..."

"नहीं...मैं आपके ऊपर पैर कैसे रख दूँ।"

"मैं कह रहा हूँ न।"

"नहीं हमें शरम आती है।" वह जाने के लिए मुड़ी लेकिन उसकी चाल में अजीब तरह का उल्लास था।

16

अंग्रेज़ी पढ़ने वालों की भीड़ बढ़ती जा रही थी। दो महीने पहले तक सात थे अब बारह हैं। कमरे में न तो ज़्यादा कुर्सियाँ रखने की जगह है और न कुर्सियाँ हैं। लड़के कहते हैं हम ज़मीन पर बैठकर पढ़ लेंगे या खड़े-खड़े पढ़ लेंगे लेकिन मुझे यह गवारा नहीं है। और यह भी गवारा नहीं है कि कुछ सीखने वालों को सीखने का मौक़ा न मिले। यह मेरे उसूल के ख़िलाफ़ है। नतीजे में प्लास्टिक की कुर्सियाँ मँगा ली हैं जो मुझे बिल्कुल नापसन्द हैं। कमरे के बजाय खुले में क्लास होती है। गुलशन ने बाँस वग़ैरह में तार बाँधकर बाहर दो बल्व जलने का इंतज़ाम कर दिया है।

अंग्रेज़ी की जगह हिन्दी पढ़ाए जाने की क्लास होती तो क्या इतने लोग आते? शायद नहीं। कम आते। क्यों? पुरानी कहावत है-'पढ़े फारसी बेचे तेल/ये देखो क़ुदरत के खेल।' तो सवाल ये है कि हिन्दी पढ़कर क्या होगा? बड़े ज़ोर शोर से यह बात की जाती थी कि जल्दी ही हिन्दी को ज्ञान-विज्ञान की भाषा बना दिया जाएगा लेकिन हुआ क्या है? आज हिन्दी न तो ज्ञान की भाषा है और न विज्ञान की भाषा है। यही नहीं हिन्दी की सामाजिक प्रतिष्ठा क्या है? अंग्रेज़ी आज भी शासक वर्ग और उच्च वर्ग की भाषा है। अंग्रेज़ी ज्ञान का फाटक है और हिन्दी ज्ञान का छेद है। फिर कोई हिन्दी क्यों पढ़े? हिन्दी जाननेवाले को वह सम्मान क्यों मिले जो अंग्रेज़ी वालों को मिलता है। यही नहीं हिन्दी पिछड़ रही है। आज हिन्दी की वह स्थिति नहीं है जो चालीस साल पहले थी। बड़े शहरों की देखा देखी आज छोटे शहरों और कस्बों में अंग्रेज़ी माध्यम पब्लिक स्कूल क्यों अपना एकाधिकार जमा चुके हैं। आज हिन्दी माध्यम स्कूलों में ग़रीब से ग़रीब आदमी अपने बच्चों को नहीं पढ़वाना चाहता।

"आप से एक ज़रूरी बात करनी थी।" उमाशंकर ने कहा।

"हाँ...क्या बात है।"

"बात तो यार थोड़ी अजीब सी ही है।"

''क्या है क्या?''

''भइया शहर में बड़ी अफ़वाहें फैलाई जा रही हैं।'' वह बोला।

''क्या?'' मैंने पूछा।

''तुम्हारे यहाँ किसी नौकरानी की कोई लड़की भी है?'' उमाशंकर पास आकर फुसफुसाया।

मैं एकदम से चौंक गया।

''क्या मतलब?''

''बताओ न?''

''हाँ...नाज़ो है...बकरीदी की लड़की।''

''यार साजिद मियाँ उसे गाँव भेज देव।''

''क्या?'' मेरी आवाज़ भर्रा गई।

''हाँ उसे गाँव भेज दो।''

''लेकिन क्यों?''

''शहर में चर्चा है कि आप...और वो लड़की।''

''क्या बकवास है...''

''अरे हम जानते हैं बकवास है पर आप लोगों की जबान तो बन्द...''

''ये तुम्हें कैसे पता चला?''

''देखो एक दिन कचहरी गया था...वहाँ एक वकील के बस्ते पर बैठा था। वहीं इशारों-इशारों में चर्चा हो रही थी।'' वह बोला।

''कौन कर रहा था?''

''अरे तुम जानते नहीं...तीन-चार लोग थे।''

''देखो जैसे मैं लड़कों को पढ़ाता हूँ वैसे ही उसे पढ़ा रहा हूँ। उसे हाई स्कूल का इम्तिहान दिलवा रहा हूँ...आगे भी पढ़वाऊँगा।'' मैंने सख्ती से कहा।

''आपकी सब बात ठीक है...पर लोग...''

''लोगों की ऐसी की तैसी।'' मैंने गुस्से में कहा।

''गुस्सा न करो साजिद मियाँ...कुछ दिन के लिए ही उसे गाँव भेज दो।''

''यार क्या बकवास है...ये उसकी ज़िन्दगी का सवाल है और मैं अफ़वाहों के आगे हथियार डाल दूँ?''

''अब देखो जैसी तुम्हारी मर्ज़ी...पर बात गम्भीर है।''

''होगी गम्भीर...फाँसी लगा देंगे?''

''नहीं फाँसी-वाँसी तो कौन लगा सकता है...बस साले चोर हैं...अफ़सरों की दलाली करते हैं।''

''यार उमाशंकर पता ये लगाओ के इसके पीछे कौन है?''

"देखो बात...पास पड़ोस से निकलती है।"

"तो हाजी मुनीरुद्दीन?"

"कह नहीं सकते...पर ये तो तुम कहा करते थे न कि हाजी जी ने मल्लू मंज़िल के पच्चीस लाख लगा दिए हैं।"

"ओहो...तो मुझे यहाँ से भगाने की तैयारी है।"

"अब ये भी न समझो..."

कुछ देर बाद उमाशंकर चला गया और मैं सोच में डूब गया। क्या मैं कुछ ग़लत कर रहा हूँ? क्या मुझे यह कोशिश नहीं करनी चाहिए कि नाज़ो की ज़िन्दगी बन जाए? क्या नाज़ो पर मेरी बुरी नज़र है? क्यों लोग ऐसा समझते हैं? और हाजी जी को क्या मिल जाएगा मुझे बदनाम करके? उस बेचारे को शायद नहीं मालूम कि मेरी ज़िन्दगी में ऐसा बहुत कुछ है जो...

"क्या खाना न खाएँगे?" गुलशन ने कहा और मैं चौंक गया। दो बजनेवाले थे।

कई दिन इसी परेशानी में बीते कि क्या करूँ? नाज़ो को गाँव भेजने का मतलब होता उसे बर्बाद कर देना और यहाँ रखने का मतलब है अपने को बदनाम होने देना। लेकिन मेरे साथ उसकी भी बदनामी है जो ज़्यादा महँगी साबित हो सकती है। उसकी शादी होनी है और गाँव देहात में लड़कियों के बारे में ऐसी बात उड़ जाती है तो शादी में दिक़्क़त आती है। इन हालात में पता नहीं कैसे मुझे ज्याँ-जाक रूसो की आत्मकथा मिल गई और मैं एक झटके में उसे फिर से पढ़ गया। इन हालात में रूसो ने रास्ता दिखाया। मेरा आत्मविश्वास लौटा और तय किया कि जो कुछ मुझे सही लगता है वही करूँगा और किसी तरह के 'प्रेशर' के आगे नहीं, झुकूँगा। जो चाहे जो सोचे। लोग चाहें तो मेरे ऊपर हँसें या चाहें तो बहिष्कार कर दें। मैं जो ठीक मानता हूँ, करता रहूँगा।

मैंने अपना पूरा ध्यान क्लास पर देना शुरू कर दिया। कुछ और कुर्सियाँ मँगवा लीं और बजाय एक घंटे के डेढ़ घंटे पढ़ाना शुरू कर दिया। इस बीच शाम की महफ़िलें जमती रहीं। 'पथिक' जी का आना बढ़ गया और उनके माध्यम से नए-नए लोगों ख़ासतौर पर शहर के कवियों, लेखकों और शायरों से परिचय होने लगा। मुझे दिल्ली के कॉफी हाउस में बिताये वे दिन याद आ गए जब मैं लेखक बन जाने की कामना करता था और लेखकों-कवियों के बच उठना-बैठना था। अब वे सब बहुत प्रतिष्ठा पा चुके हैं। हालाँकि उनसे कोई सम्पर्क नहीं है लेकिन उनकी यादें मेरे साथ हैं।

जाड़ों की सामान्य सुबह थी। मैं चाय पीकर अख़बार पढ़ रहा था कि गुलशन दो बड़े बैग लिए सीढ़ियाँ चढ़ता ऊपर आया और सामान्य-सी सुबह अचानक

ऐतिहासिक सुबह बन गई।

"ये क्या है?" मैंने बैगों की तरफ़ इशारा करके पूछा। गुलशन के मुँह में तम्बाकू और पान मसाला भरा हुआ था। वह बड़े जतन से बोला—"अनु दीदी आ गई हैं। उनका सामान है।"

मैं तकरीबन कुर्सी से उछल पड़ा।

"क्या?"

"हाँ..."

सीढ़ियों पर किसी के चढ़ने की आवाज़ आई। सामने अनु खड़ी थी। उसके चेहरे पर इतनी आत्मीय मुस्कुराहट थी जैसे कुछ हुआ ही नहीं है।

सामान रखकर गुलशन जाने लगा तो अनु ने कहा—"गुलशन भइया एक गिलास पानी और फिर चाय।"

गुलशन सिर हिलाता चला गया।

मैं अनु को देखने लगा।

"ऐसे क्या देख रहे हैं?" वह बोली।

"ये तुम ही हो?"

"नहीं मेरी आत्मा है जो आपके पास आई हैं।" वह हँसी।

"ये अचानक?"

"आपको फ़ोन करने की हिम्मत नहीं थी और यह तय कर लिया था कि आपके पास जाना है।"

"क्यों परिवार..." मैंने व्यंग्य से कहा।

"प्लीज़...उस सबको भूल जाइये।" वह बोली।

"तुम जानती हो तुमने मुझे कितना दुख दिया है?"

"हाँ जानती हूँ...खुद भी दुख उठाया है और बस ज़्यादा ताक़त नहीं बची है।" वह बोली।

"अब क्या सोचा है?"

"पूरी ज़िन्दगी का सामान लेकर आ गई हूँ।"

"हूँ।"

नाज़ो पानी और चाय लेकर आ गई।

"ये अनु दीदी हैं...और अनु ये नाज़ो है..."

"कितनी प्यारी लड़की है।" अनु नाज़ो की तरफ़ देखकर बोली।

"ये तुम्हें ऐसा गणित और कम्प्यूटर पढ़ा देंगी कि तुम बड़ी विद्वान हो जाओगी।" मैंने नाज़ो से कहा।

नाज़ो की आँखों में जिज्ञासा के अजीब भाव थे। वह समझ नहीं पा रही थी कि

अनु कौन है? मेरा उससे क्या रिश्ता है? वह क्या यहीं रहेगी? रहेगी तो क्यों? अगर कुछ दिन के लिए आई है तो क्यों आई है? यह कोई घूमने की जगह तो है नहीं? और मैं उसके साथ इतनी अपनाइयत का व्यवहार क्यों कर रहा हूँ।

"पानी और लाऊँ।" नाज़ो ने पूछा।

"नहीं...बस अब चाय।"

"स्टेशन से कैसी आईं? तुम्हें तो मेरा पता..."

अनु हँसने लगी उसके चेहरे पर वही सहजता और मासूमियत थी जो मैंने आठ साल पहले देखी थी।

"ये इतना मुश्किल तो नहीं है...मल्लू मंज़िल का नाम तो आपके मुँह से इतनी बार सुना था कि याद हो गया है।"

चाय पीकर अनु के चेहरे पर ताज़गी आई। उसने बाल खोलकर फिर से समेटे और पीछे बाँध लिए। काले, घने और मुलायम बाल एक अनुशासन में आ गए। वह कुर्सी पर सीधी बैठ गई और बोली–"अब मुझे कुछ कहना है।"

"कहो।"

"बीच में टोकना मत।" वह कभी मुझे आपसे सम्बोधित करती है और कभी तुम कहकर। जब ज़्यादा मूड में होती है तो तुम ही कहती है।

"देखो, डेढ़ साल पहले जब तुमने मुझसे यहाँ आने के लिए कहा था तो मैंने 'हाँ' कर दिया था लेकिन मैं नहीं आई। मैंने परिवार का बहाना किया था। तुम जानते हो परिवार से अब मेरा कोई वैसा सम्बन्ध नहीं है। पति को छोड़ चुकी हूँ–"क़ानूनी ढंग से। पिताजी और माताजी ने मेरी लम्बी बीमारी और न बच पाने के डर से सब कुछ मेरे ऊपर छोड़ दिया है। मैं जो चाहूँ कर सकती हूँ और करती रही हूँ। तुम्हें याद है मैं तुम्हारे ऑफ़िस आ गई थी और उसके बाद एक सिलसिला शुरू हुआ था–"हमारे तुम्हारे सम्बन्धों का। वे ऐसे सम्बन्ध बन गए थे कि मेरे लिए वही सब कुछ थे।"

"फिर तुम आईं क्यों नहीं।"

"तुम सवाल पूछ रहे हो।"

"ओ. सॉरी।"

"एक साल तक मैं अपने मन को टटोलती रही...तुम जानते हो सम्बन्धों के चक्कर में मैं बहुत भुगत चुकी हूँ...मरते-मरते बची हूँ...अब मैं सम्बन्धों-मतलब औपचारिक सम्बन्धों के बारे में सोचना नहीं चाहती। ये हिम्मत पहले कम थी लेकिन अब है...अब मैं बहुत विश्वास से कह सकती हूँ कि मेरे तुम्हारे बीच ऐसे सम्बन्ध हैं जिन्हें बताया नहीं जा सकता और ये सम्बन्ध किसी भी सम्बन्ध से मज़बूत हैं और ये मुक्त सम्बन्ध है और मैं सबसे ज़्यादा ख़ुशी तुम्हारे साथ पाती हूँ...तो

बताओ...उसे मैं क्यों छोड़ूँ?''

अनु देर तक बोलती रही और उसकी आवाज़ में मैं अपनी आवाज़ सुनता रहा।

''सीधी बातें समझना बड़ा मुश्किल काम है।'' मैंने सोचा।

''मैंने पापा और मम्मी को बताया है कि यहाँ के एक एन.जी.ओ. ने मुझे नौकरी दी है...मैं जा रही हूँ...इसके अलावा न मैंने कुछ बताया और न उन्होंने कुछ पूछा। ताऊ जी तो अब हैं नहीं जो हर काम में अपनी टाँग अड़ाया करते थे। ताऊजी का लड़का सुशील गाँव में ही है। खेती करता है।''

''चाय पियो चाय ठंडी हो रही है।'' मैंने कहा। वह चाय की प्याली उठाने के लिए झुकी तो उसके काले रेशमी बाल काले इन्द्रधनुष की तरह फैल गए।

17

जब से अनु आई है मेरे हौसले बुलंद हैं। मैं अपनी नैतिकता पर नुक्ताचीनी करनेवालों को खुली चुनौती देता हूँ। और पूछो कि यह औरत कौन है? कहाँ से आई है? इसका धर्म क्या है? इसकी जाति क्या है? इसके माता-पिता कहाँ हैं? यह विवाहित है कि अविवाहित है? यह क्या काम करती है? यहाँ क्यों आ गई है? आप का इससे क्या रिश्ता है? क्या आपके इसके साथ शारीरिक सम्बन्ध हैं? और हैं तो यह ग़लत क्यों नहीं है?

अबे, औरतों को दड़बे में मुर्गियों की तरह रखनेवालों तुम अपने को इन्सान कहते हो? जीवन भर अपनी औरतों के साथ बलात्कार करनेवालों तुम उन्हें अपनी पत्नी कहते हो और तुम्हें शर्म भी नहीं आती। बच्चों के बोझ और घुटन से उनकी असमय मृत्यु के ज़िम्मेदार लोगों तुम नैतिक हो? औरतों को लौंडी बनाकर रखनेवालों और उन पर शारीरिक मानसिक अत्याचार करनेवालों तुम अपने को गौरवान्वित महसूस करते हो? परम्परा, मर्यादा, नेकचलनी ने नाम पर औरत को बन्धक बनाने और खुद सरकारी साँड़ की तरह घूमनेवालों तुम अपने को आदर्श मानते हो?

नैतिकता है क्या? क्या ग़ैर बराबरी से बड़ी अनैतिकता कुछ हो सकती है? दो लोग ख़ुशी-ख़ुशी जो भी सम्बन्ध चाहें बनाएँ यही सबसे बड़ी नैतिकता है और झूठ बोलना, बेईमानी, पाखंड, भ्रष्टाचार, लोगों का हक़ मारना, आतंक ज़माना, हिंसा करना अनैतिक है जिसे आप सब नैतिक मानते हैं। ये जो समाज है—जहाँ भयंकर विषमता है, अमानवीय जीवन है—यह नैतिक है?

अनु को मल्लू मंज़िल में दो चीज़ें बहुत पसन्द आईं। एक कुइयाँ और दूसरे पिछवाड़े वाले आँगन की फुलवाड़ी जहाँ रहमतुन और नाज़ो ने किचन गार्डेन बनाया

है। कुइयाँ के बारे में उसकी राय थी कि जब साफ़ पानी निकलने लगा तो वह ख़ुद एक लोटा पानी खींचेगी। बचपन में कभी गाँव में उसने ऐसा किया था। फुलवारी और किचन गार्डेन के बारे में तो उसने रहमतुन को सैकड़ों मश्विरे दे डाले हैं। मुझे लगता था अनु ने अपने बचपन का जो हिस्सा गाँव मे गुज़ारा था उसकी बड़ी सुखद यादें उसके मन में हैं और उन यादों को भाषा देने का अवसर यहाँ मिला है। उसने रहमतुन से कई तरह की चीज़ें लगाने की बात की और वायदा किया कि वह निराई-गुड़ाई के काम में भी मदद करेगी।

मुझे बताये बग़ैर एक दिन अनु नाज़ो के साथ शहर का बाज़ार देखने चली गई। दोनों चौक में घूमती रहीं। लाठी मुहाल की सैर करती हुई लाला बाज़ार पहुँच गईं और वहाँ से रिक्शा करके कलट्टरगंज पहुँची। नाज़ो के लिए भी यह सब नया था। अनु में यह विशेषता है कि वह दूसरे आदमी की दिलचस्पी के अनुसार बातचीत आगे बढ़ाती है। उसने नाज़ो से उसकी पढ़ाई कम्प्यूटर सीखने और कपड़ों लत्तों के बारे में ऐसी बातें की कि दोनों में खूब पटने लगी। मैं भी यही चाहता था और यही उन हालात में ज़रूरी भी था।

जब आप अपनी प्रेमिका के साथ बिस्तर पर लेटे होते हैं तो स्पर्शों से भाषा बनती है, शब्द बेकार हो जाते हैं। इतने समय बाद जाड़े की एक ठंडी रात मैं और अनु एक दूसरे के साथ स्पर्शों की भाषा में संवाद कर रहे हैं। उसने स्पर्श से कहा—''यह वही जानी-पहचानी उँगलियाँ हैं न?'' मैंने स्पर्श से उत्तर दिया—हाँ बहुत दिनों तक...मैं...इन्हें तलाश कर रहा था...तुम्हें इन मोटी उँगलियों के हल्के स्पर्श कैसे लगते हैं?...उँगलियाँ नहीं ये बड़े और चौड़े हाथ लगता है मेरी हर कमी को पूरा कर देंगे...देखो मेरा रोयाँ रोयाँ जाग उठा है...एक स्पर्श ने कहा—इधर मुड़ जाओ ताकि मैं उस कोमलता का अनुभव कर सकूँ जो अद्वितीय है...मेरे हाथ तुम्हारे सीने पर उगे बालों के जंगल में सोने का हिरण तलाश कर रहे हैं...सोने का हिरण...जो चौकन्ना होकर अपनी बड़ी-बड़ी आँखों से इधर-उधर देखता है फिर काले जंगल की किसी गुफा में लापता हो जाता है...जल्दी क्या है हिरण को आश्चर्य से इधर-उधर देखने दो...आओ...एक स्पर्श ने दिशा बदल दी...अलग-अलग स्पर्श नए सुख की अपार सीमाओं को विस्तार देते हैं...स्पर्श एक नई सुगन्ध को जन्म देते हैं जो जानी-पहचानी है लेकिन हर बार नई लगती है...स्पर्श से, उँगलियों की गति से एक फूल, लाल दहकता हुआ सिर्फ़ दो पँखुड़ियों वाला ख़ुशबूदार फूल—इतना हल्का जितनी पवन, साँस की तरह वह फूल अपना महत्त्व सिद्ध कर रहा है...कोमल और लचीला—सकुचाता—डूबता उतराता और फिर डूबता चला जाता है। दूर तक फैली हरी घाटियों में लाल फूल हैं जो चिड़ियों की तरह फुदक रहे हैं...एक भौगोलिक

आश्चर्य है जो स्पर्श से सिहर उठता है...पत्थर की शिलाओं पर धीरे-धीरे संगीत लिखा जा रहा है...कोई जल्दी नहीं है आनेवाली पीढ़ियाँ धैर्य से स्पर्श के इस इतिहास को आत्मसात करेंगी...स्पर्श-भाषा ने समय के मस्तक पर आग भड़का दी है... ज्वाला जो कहीं बाहर से नहीं अन्दर से भड़कती है जैसे स्वयं अपना उदगम हो। पानी और आग एक-दूसरे के पूरक हैं...हम दोनों पसीने में तर छत की तरफ़ देख रहे हैं। मौन की भाषा में बातचीत कई स्तरों पर चलती रही। मौन की भाषा गर्म-गर्म आँसुओं की भाषा बन गई। अन्नू की नई भाषा, सजगता से जंगल में छिपे सोने के हिरण का पीछा कर रही थी...

सफ़ाई अभियान का 'ट्रेजिक एंड' मेरे सामने है। दलित गाँव में स्कूल खोलने की असफतलता को भी समझता हूँ। इसके साथ-साथ कोचिंग सेंटर की सफलता को भी देखना चाहिए। ये तीन उदाहरण क्या यह बताने के लिए काफ़ी नहीं हैं कि अगर कुछ हो सकता है तो सिर्फ़ अपने बलबूते ही हो सकता है। किसी चलते हुए 'पहिये' में पैर डालना बहुत ख़तरनाक साबित हो सकता है। इसलिए मेरा ध्यान कोचिंग सेंटर पर केन्द्रित हो गया है। लड़के बराबर आते हैं। जो ग़ैरहाज़िर रहते हैं उन्हें मैं निकाल देता हूँ। चूँकि फीस नहीं लेता इसलिए लड़कों का एक तरह से कोई दबाव नहीं बनता। पढ़ाई के दौरान बातचीत में इन लड़कों को, इनके परिवारों को, इनके गाँवों को समझने का मौका मिलता है। ये धीरे-धीरे खुलकर बात करने लगे हैं। इन्हें मेरी कोचिंग के महत्त्व का अन्दाज़ा हो गया है। इनमें से कुछ लड़के मुझे अपने गाँव आने को कहते हैं। मैं यह नियंत्रण बहुत ख़ुशी-ख़ुशी स्वीकार कर लेता हूँ क्योंकि वह मेरी 'कोचिंग' होगी, मैं जानकारियाँ लूँगा और नए परिवर्तनों को देखूँगा।

मैंने यह सोचा था कि अनु कोचिंग क्लास में गणित और कम्प्यूटर की शिक्षा भी जोड़ देगी लेकिन उसने साफ़ कहा कि वह मेरी तरह 'फ्री' पढ़ाने को तैयार नहीं है। चूँकि दिल्ली में उसकी आमदनी का अकेला ज़रिया गणित और कम्प्यूटर के ट्यूशन थे इसलिए वह यहाँ भी यही करना चाहती है। सवाल ये है कि वह पैसे नहीं लेगी तो उसका अपना ख़र्च कैसे चलेगा? मुझसे एक पैसा लेने को वह तैयार न थी। अनु ने एक दिन त्रिपाठी जी को साथ लिया और लखनऊ जाकर दो पी.सी. के पाट्र्स ख़रीद लाई। चूँकि वह कम्प्यूटर एसेम्बल करना भी जानती थी और उसे मालूम था कि बेसिक 'कम्प्यूटर स्किल' देने के लिए कैसे पी.ए. से काम चल जाता है इसलिए बड़ी कम्पनी के महँगे कम्प्यूटर ख़रीदने की ज़रूरत न थी। बग़ैर किसी प्रचार के यह बात पूरे शहर में फैल गई कि एक देवीजी लड़कियों के लिए गणित और कम्प्यूटर की कोचिंग करने जा रही है। अब तो लड़कियों का ताँता लग गया। सस्ती फीस और अच्छी पढ़ाई ने कमाल कर दिया। अब दिन में अनु अपनी क्लास लेती

थी और शाम को मेरी कोचिंग चलती थी। लगता था कि मल्लू मंज़िल स्कूल मे बदल गई है। अनु ने लड़कों को लड़कियों के साथ पढ़ाने से इनकार कर दिया था। उसका मानना था कि लड़कियों की 'फ्रीडम' ख़त्म हो जाएगी और वे जिस निर्भीकता से बैठती, पढ़ती और सवाल पूछती है वह ख़त्म हो जाएगी। अनु की बात मैंने मान ली थी। अनु को 'आस्सिट' करने का काम नाज़ो के ज़िम्मे आ गया था और उसे इस काम के पैसे मिलते थे। सीखने का मौक़ा अलग मिलता था। अनु के साथ नाज़ो की काफ़ी पट गई थी। क्लास में आनेवाली लड़कियाँ इन दोनों को अपने घर भी बुलाने लगी थीं। ये रोज़ का क़िस्सा हो गया था कि आज फलाँ मुहल्ले की लड़कियों ने बुलाया है तो कल दूसरे मोहल्ले की लड़कियों ने बुलाया है। मुझसे ज़्यादा लोग अन्नू को जानने लगे थे।

बहुत दिनों के बाद अहमद का ई-मेल आया। उसने लिखा—हाँ अब मैं इस लायक हो गया हूँ कि तुमको मेल कर रहा हूँ। पन्द्रह पन्द्रह दिन के गैप के बाद मेरे तीन ऑपरेशन हुए। हर ऑपरेशन से पहले डॉक्टरों ने मुझे बहुत डिटेल में समझाया कि ऑपरेशन कैसे होगा और वह क्यों किया जा रहा है। यार ये अच्छा है कि यहाँ डॉक्टर मरीज़ को 'कान्फीडेंस' में लेते हैं लेकिन यह मेरे लिए बड़ा डरावना था। मतलब आप बेहोश हों, आपके साथ डॉक्टर जो चाहें करें लेकिन आप होश में हों और वह सब बताया जाए जो होनेवाला है तो होश उड़ जाते हैं। ख़ैर तो ऑपरेशन के बाद मैं 'केयर सेन्टर' में आ गया हूँ। मुझे तीन महीने निगरानी में रखा जाएगा। देखा जाएगा कि 'प्रोग्रेस' कैसी है? उसके बाद तब निकल पाऊँगा। भाई साहब के घर में चूँकि सब काम करते हैं इसलिए वहाँ मैं नहीं रह सकता। अब भी मुझे हेल्प की ज़रूरत पड़ती है। दवाएँ और टेस्ट होते रहते हैं। 'हेल्प सेन्टर' एक नया 'कान्सेप्ट' है। यह अस्पताल नहीं है न ये ओल्ड होम या सीनियर सिटीज़न सेन्टर है। ये ऐसी जगह है जहाँ अस्पताल से फ़ौरन बाहर आनेवाले मरीज़ों को उस वक़्त तक रखा जाता है जब तक वे खुद अपनी मदद करने लायक नहीं हो जाते। उसके बाद कुछ अपने-अपने घरों को चले जाते हैं और कुछ 'होम्स' में चले जाते हैं। अब देखो मेरे साथ क्या होता है। मैं अभी 'व्हील चेयर' पर बाहर निकाला जाता हूँ। नर्स साथ रहती है। दवाएँ, देखभाल और बाक़ी सब कुछ के लिए लोग हैं। सेन्टर काफ़ी पुरफ़िज़ा जगह पर है। चारों तरफ़ पाइन के जंगल हैं पास ही एक बड़ी झील है। तुम्हारा क्या हाल है? तुम्हारा प्रयोग कैसा चल रहा है। यार तुमने भी ज़िन्दगी भर अपने लिए परेशानियाँ खड़ी की हैं और आज भी कर रहे हो। हाँ ये अजीब बात है कि तुम परेशान हुए नहीं। जबकि मैं परेशानियों से पूरी तरह बचता रहा लेकिन देखो क़िस्मत ने कहाँ लाकर खड़ा कर दिया। यार सोचता हूँ हम लोगों के हाथ में कितना कम

है? हम चाहे जितनी 'ताकत' क्यों न जमा कर लें, कमज़ोर बहुत कमज़ोर ही रहते हैं। हीर और नूर का क्या हाल है? वे इंडिया कब आ रहे हैं? और तुम लन्दन कब जा रहे हो? अपने कॉमन फ्रेंड हाजी शकील अंसारी का क्या हाल है? आजकल 'अपोज़ीशन' में बैठने का मज़ा ले रहा होगा। लेकिन यार इन लोगों का क्या है। मज़े ही मज़े हैं चाहें सत्ता में हों चाहें विपक्ष में। मुझसे ग़लती हुई जो राजनीति में नहीं गया पर यार मेरे साथ वही 'ड्रा बैक' है जो तुम्हारे साथ है। हम आधे मुसलमान हैं–यानी शिआ हैं...और तुम समझते हो लोकतंत्र में संख्या का बड़ा महत्त्व है। ख़ासतौर पर इंडिया जैसे मुल्क में जहाँ डेमोक्रेसी धर्म और जाति की रखैल हो गई है। ओहो, माफ़ करना मैं तुम्हारे एरिया में आ गया हूँ। यह सब सोचना और लिखना तो तुम्हारा काम है...मैं तो वैसे ही...

ई-मेल पढ़कर मैं हँसने लगा–'साला'।

18

"ये बताओ...ये नाज़ो कौन है?" अनु ने मुझसे पूछा। रात का खाना खाने के बाद हम लोग बरामदे में बैठे थे।

"क्या मतलब? तुम उसे जानती हो।"

"इसलिए तो पूछ रही हूँ।" वह बोली।

"मैं समझा नहीं।" मैंने कहा।

"मुझे लगता है इसकी लाइफ का सेन्टर प्वाइंट तुम हो।" वह बोली।

"कुछ साफ़-साफ़ पूछो।"

"अगर उसके जीवन में तुम्हारा इतना महत्त्व है तो तुम्हारे जीवन में उसके लिए क्या है?" वह बोली।

"तुम ये कैसे कह सकती हो?"

"सुबह तुम्हें चाय देती है और तुम उससे गपशप्प करते हो। उसके बाद तुम्हारे कपड़े निकालती है। बाथरूम में सब ज़रूरी चीज़ें चेक करती है। तौलिया, साबुन कपड़े सब निकालती है। फिर नाश्ता...उसके बाद तुम्हारे पास आकर दोपहर के खाने के बारे में पूछती है...मैंने उसकी आँखों में तुम्हारे लिए 'वह' देखा है..."

"देखो...तुमने जो देखा है वह ग़लत है।"

"इतनी आसानी से मुझे मत टालो।"

"देखो वह अट्ठारह-उन्नीस साल की लड़की है और मैं पचपन साल..."

"ये कोई आधार नहीं है।"

"तो तुम कहना क्या चाहती हो?"

"मैं कहना नहीं सुनना चाहती हूँ।" अनु बोली।

"अनु मैंने आज तक तुम्हें ऐसे बोलते नहीं देखा।"

"तो कुछ न पूँछू? ख़ामोश रहूँ?"

"नहीं ये कौन कहता है।" मैंने कहा।

"देखो मैं कहीं भी जा सकती हूँ...ये मत समझो..."

"ये तुम क्या बातें कर रही हो?"

ग़ुस्सा और दुख और आश्चर्य एक साथ मेरे अन्दर भरता चला गया।

"मैं ऐसे हालात में यहाँ नहीं रह सकती।"

"क्या हालात, कैसे हालात...प्लीज पता नहीं ये सब तुम अपने दिल में कब से लिए बैठी थीं और ज्वालामुखी फटा है।"

"मुझे सब कुछ साफ़ बताओ।" वह बोली।

"देखो...नाज़ो रहमतुन की लड़की है...और रहतुन की माँ थी सल्लो...वही सल्लो जिसके बारे में तुम्हें बता चुका हूँ।"

"तुम्हारा पहला प्यार।"

"अब जो चाहे कह लो।"

"क्यों पहला प्यार क्यों न कहें।"

"प्लीज़ सुनो...नाज़ो बिल्कुल सौ फीसदी अपनी नानी यानी सल्लो जैसी है। और..."

"ठीक है तो तुम्हें चालीस के बाद सल्लो मिल गई है।" वह बोली।

"बात तो सुनो..."

"वह बात काटकर बोली–"तुम्हें चाहिए था ये मुझे पहले बता देते।" उसकी आवाज़ में अपार दुख था।

"ऐसा कुछ नहीं अनु...कुछ नहीं है।"

"मैंने अपनी आँखों से देखा है कि वह जब तुम्हारे सामने आती है तो..."

"ये सब तुम्हारी...कल्पना है।"

"तुम उसे गाँव भेज दो।"

"गाँव।" मैं उछल पड़ा।

"हाँ...जहाँ वह रहती थी।"

"अनु तुम क्या कर रही हो...यहाँ रहना उसकी ज़िन्दगी का सवाल है।"

"नहीं ये तुम्हारी ज़िन्दगी का सवाल है।" वह बोली।

पता नहीं अनु ने ठीक कहा था या ग़लत लेकिन इस बात से मैं तड़प गया और काफ़ी मुश्किल से अपने आपको सँभाल पाया।

"देखो...वह हाई स्कूल का इम्तिहान देने जा रही है...फिर मैं चाहता हूँ वह इंटर

और बी.ए. करे...बी.एड. करे...मैं नहीं चाहता कि वह अपनी नानी की तरह किसी रिक्शेवाले से शादी करने के बाद टी.बी. से मर जाए या...''

''तो पूरी योजना बना रखी है तुमने?''

''प्लीज अनु रहम करो...देखो धीरे-धीरे मैं उसे अपने कामों से अलग कर दूँगा...प्लीज...''

अनु उठी और अपने कमरे में चली गई। मैं ठगा-सा बैठा रह गया। पता नहीं ये क्या था? एक गहरी उदासी और हताशा ने मुझे जकड़ लिया। लगा शायद पैरों में ताक़त नहीं है। न जाने कब तक मैं वैसे ही बैठा रहा। बिल्कुल शून्य के आसपास घूमता रहा।

कुछ देर बाद मैं यांत्रिक ढंग से उठा। गाड़ी निकाली और एक दिशा में चलानी शुरू कर दी। कुछ देर बाद रेत में गाड़ी रोक दी। सामने विशाल गंगा है। अपार गंगा, पवित्र गंगा, पौराणिक गंगा और सुन्दर गंगा–दूर तक सफ़ेद रेत–आगे बल खाता कई धाराओं में बँटा बहता पानी। मैं बैठ गया।

अपने आपसे कहा–चलो अच्छा ही हुआ अनु ने आज अपने दिल का ग़ुबार निकाल दिया। सब कुछ छोड़कर मेरे पास आई है। मुझे पूरा चाहती है। आधा-अधूरा नहीं। और नाज़ो बहुत समझदार है। ऐसी लड़कियों में बड़ी व्यवहारिक बुद्धि होती है। वह सब समझ चुकी होगी।

सूर्य देवता ने कृपापूर्वक गंगा पर सोना बरसाना शुरू किया तो मुझे याद आया क्लास का वक़्त हो गया है लड़के पहुँचने वाले होंगे।

पागलों को लोग पागल क्यों कहते हैं? इसलिए कि पागलों को पागल कहनेवालों की संख्या ज़्यादा है और समाज में संख्या का बड़ा महत्त्व है क्योंकि संख्या शक्ति का प्रतीक है लेकिन शक्ति और सच्चाई का कोई मेल नहीं है, पर फिर भी शक्ति तो शक्ति है। वह झूठ की ताक़त हो तब भी ताक़त ही रहेगी।

मुझे लोग पागल कहते हैं क्योंकि मैं कुइयाँ के पीछे पड़ा हुआ हूँ। लोग कहते हैं साजिद मियाँ जितना पैसा इस पुरानी, छोटी सी कुइयाँ पर ख़र्च कर रहे हैं उससे कम पैसे में तो दस 'ट्यूबवेल' लग सकते हैं। यह बात सच है। लेकिन 'ट्यूबवेल' और कुइयाँ में फ़र्क़ है इसे समझने पर कोई तैयार नहीं है। सस्ते में काम निकालने का फ़ार्मूला जादू की तरह सिर पर चढ़कर बोलता है। सस्ते में काम और इस तरह ज़्यादा फ़ायदा। फ़ायदे और नुकसान के बारे में लोग जितना सचेत हैं उतना शायद भगवान, ईश्वर अल्लाह के बारे में भी नहीं सोचते। फ़ायदे की मानसिकता जल्दी ही सीमा पार करने लगती है।

आज फिर पम्प लगा है। खर्चा सौ रुपए घंटा आ रहा है। बच्चों का खेल तमाशा

है और 'समझदार' लोग मेरी अक़्ल पर हँसते हुए निकल जाते हैं। कुछ समझाने लगते हैं। 'अरे आपको पानी ही चाहिए न? तो पानी तो आ रहा है। नल लगे हैं। एक प्लास्टिक की हज़ार लीटर की टंकी ख़रीद लीजिए। सुबह चार घंटे पानी आता है। टंकी भर जाएगी...दिनभर के लिए...' मैं किसी से बहस नहीं करता क्योंकि बहस प्रधान देश में बहस का कोई नतीजा नहीं मिलता। पहले मैं मानता था कि आदमी को बदलना, सच्चाई, ईमानदारी, नेकी की तरफ़ लाने का काम बहुत मुश्किल नहीं है। लेकिन अब मेरी धारणा बदल गई है। आदमी को बदलना संसार का सब से कठिन काम है और आदमी को बिगाड़ना सबसे सरल काम है क्योंकि आदमी ने–हमारे समाज ने–अपने नीचे बहुत सी बारूदी सुरंगें बिछा रखी हैं। धर्म, जाति, सम्प्रदाय, राष्ट्रीयता, रंग-नस्ल, विचारधारा, राजनीति, ईर्ष्या, अहंकार, घृणा, हिंसा और प्रतिद्वंद्विता की बारूदी सुरंगें हैं जिनमें चिंगारी डाली जा सकती है।

ख़ैर बात हो रही थी कुइयाँ की, तो आज पानी निकाला जा रहा है। पहले काला पानी निकलता रहा लेकिन बदबू में कभी आ गई है। अब चार घंटे बाद मटमैला पानी निकल रहा है। लगता है उसमें कुछ रेत भी है। मशीन ऑपरेटर का कहना है कि अब तक सोते का पानी आया नहीं है लेकिन दबाव बन रहा है। जैसे-जैसे पुराना गन्दा पानी बाहर आता जाएगा वैसे-वैसे सोते का पानी बढ़ेगा और फिर साफ़ पानी निकलेगा। मैं बहुत धैर्य से साफ़ पानी निकलने की आशा में कुर्सी डाले बैठा पानी का रंग देखता रहता हूँ।

अनु और नाज़ो को किसी ने जोड़े रखा है तो वह है फुलवाड़ी–यानी किचन गार्डेन। दोनों वहाँ साथ-साथ काम करती हैं और इस दौरान उनके पास नमक की शीशी होती है। लाल-लाल टमाटर तोड़कर उसे हाथ से साफ़ करके और नमक लगाकर दोनों इस तरह खाती हैं जैसे संसार में उससे मज़ेदार कुछ न हो।

अनु का दिल मेरे और नाज़ो के बारे में अब भी साफ़ नहीं है। वह अक्सर कहती रहती है कि मैं ख़ुद नहीं जानता कि मेरी ज़िन्दगी में नाज़ो कितनी 'इम्पारटेन्ट' है। मैं सोचने लगता हूँ कि क्या ऐसा हो सकता है कि आप न जानते हों और आपकी ज़िन्दगी में कोई ऐसा हो जो बहुत महत्त्वपूर्ण हो? ऐसा कैसे हो सकता है। अनु तरह-तरह के तर्क देती है। वह कहती है मैं सल्लो को अब तक भुला ही नहीं सका हूँ और नाज़ो सल्लो की प्रतिछाया है। वह यह भी कहती है कि नाज़ो को यह पता है कि आप उसे बहुत महत्त्व देते हैं और वह यह न बताती है और न ज़ाहिर करती है पर इसे 'इंज्वाय' करती है, एप्रीशियेट करती है। आपके सामने नाज़ो बिल्कुल बदल जाती है। उसके हाव-भाव, उसका चलना-फिरना सब बदल जाता है। मैं इन बातों पर ज़्यादा ध्यान न देकर अनु पर ध्यान देता हूँ। यह मानता हूँ कि वह मेरे जीवन

में अन्तिम और आवश्यक महिला है। उसके लिए पुराना आकर्षण है। दरअसल पुराना आकर्षण बहुत गहरा और गहन होता है। मैं जब अनु की तरफ़ देखता हूँ तो न जाने कितने ऐसे प्रसंग और दृश्य सामने आते हैं जो मेरे जीवन की उपलब्धि कहे जा सकते हैं।

पता नहीं ये कैसे और क्यों हुआ कि एक दिन दोपहर के खाने के बाद नाज़ो की माँ रहमतुन मेरे पास आई और दो एक छोटी-मोटी बातों के बाद उस मुद्दे पर आ गई जिस पर वह बात करने आई थी।

"भइया, नाज़ो के अब्बा आए थे।" वह बोली।

"गाँव में सब ठीक है न?"

"हाँ भइया, ख़ुदा के फ़ज़ल से ठीक है...भइया नाज़ो अब्बा कह रहे थे कि नाज़ो का रिश्ता..."

मैं चौंक गया। मुझे लगा ये क्या हो रहा है...मेरी एक अमूल्य कलाकृति को मेरे सामने ही जलाया जा रहा है। वह कहती रही—कई जगह से आया है। इनके बड़े भाई हैं कानपुर में उनका बड़ा लड़का है..."

"क्या करता है?" मैं बात काटकर बोला।

"चप्पल के कारखाने में कटर है।" वह बोली।

अच्छा तो फिर सल्लो वाली कहानी दोहराई जाएगी। मैं और सँभलकर बैठ गया। वही ग़रीबी, वही बच्चों पर बच्चे, वही बीमारी, वही टी.बी. और वही मौत। मेरा जी तो ये चाहा कि बुढ़िया को गालियाँ देकर भगा दूँगा लेकिन सोचा लड़की तो उन्हीं की है। माँ-बाप से ज़्यादा मेरे इख़्तियार कहाँ है। यह भी कमाल की बात है कि नाज़ो पर मेरा कोई इख़्तियार नहीं है जबकि मैं उसे...

"क्या पाता है?"

"भइया अच्छा ही पाता होगा...अब भतीजा है...पूछना-वूछना तो ठीक नहीं है।" वह बोली।

हाँ रिश्तेदारी की भेंट चढ़ाना चाहती हो नाज़ो को। मैंने सोचा।

"फिर भी कुछ तो आइडिया होगा?"

"भइया अपना घर है।"

"कहाँ?"

"हड्डी मोदाम मोहल्ला में।"

बिल्कुल वही कहानी...वही कहानी...वही सब कुछ होगा नाज़ो के साथ जो सल्लो के साथ हो चुका है। लेकिन वह ज़माना दूसरा था...तब मैं कुछ नहीं था। तब अब्बा और अम्मा हयात थे। सब कुछ उनके हाथ में था लेकिन आज ये नहीं हो सकता।

"घर में कौन-कौन हैं?"

"मशा अल्लाह से तीन भाई हैं, चार बहनें हैं...जेठ और जिठानी तो हैं ही हैं।" वह बोली।

"देखो...नाज़ो हाई स्कूल का इम्तिहान देने जा रही है।"

"भइया..." वह कराही और पीड़ा के साथ बोली–"भइया उसे हाई स्कूल न कराइये।"

"क्यों?"

"रिश्ता नहीं हो पाएगा भइया।" वह बोली।

"क्या मतलब?"

"भइया लड़का तो चौथी पास है।"

"तो लड़के की वजह से नाज़ो भी न पढ़े।"

"भइया हम लोगों के यहाँ इसको अच्छा नहीं मानते।"

"क्या?"

"लड़की का ज़्यादा पढ़ा होना।"

"तुम्हारे ख़ानदान में पढ़े-लिखे लड़के नहीं हैं?"

"कहाँ भइया...लड़का थोड़ा बड़ा हो जाता है तो काम पर लगा देते हैं...चार पैसे लाने लगता है।" वह बोली।

मेरी समझ में नहीं आ रहा था क्या कहूँ या गुस्सा आ रहा था, कह नहीं सकता।

"चलो देखते हैं...मैं नाज़ो का दुश्मन तो हूँ नहीं। जो कुछ होना चाहिए उसकी भलाई के लिए होना चाहिए।"

"हाँ ये तो है।"

"मैं कानपुर जाकर खुद लड़के को देखूँगा।" मैंने कहा।

"अरे ये तो बहुत अच्छा होगा भइया।"

"लेकिन नाज़ो को हाई स्कूल का इम्तिहान दे लेने दो।"

वह सोच में पड़ गई। कुछ देर ख़ामोश रही फिर उठकर चली गई।

19

हीरा का ई-मेल आया है। दीगर बातों के अलावा उसने नई और महत्त्वपूर्ण बात यह लिखी है कि नूर ने लाइब्रेरी की नौकरी छोड़ दी है जबकि अच्छी ख़ासी तनख़्वाह मिलती थी और आगे तरक्की की पूरी गुंजाइश थी। नौकरी छोड़ने के बाद उसने एक नया काम शुरू किया है। वह लन्दन में एशियन-मूल की उन घरेलू महिलाओं को किताबें उनके घर पहुँचाती है जो लाइब्रेरी नहीं आ सकतीं। नूर यह काम एक एजेंसी

के साथ मिलकर कर रही है। उसे वेतन नहीं मिलता। एजेंसी उसे सिर्फ़ पेट्रोल के पैसे देती है और वह दिनभर लन्दन के एशियाई रिहायशी इलाकों–हाउस हॉल, टूटिंग वग़ैरा का चक्कर लगाती रहती है।

मैं आज तक नूर को समझ नहीं पाया हूँ। आज से क़रीब पैंतीस साल पहले जब उससे मेरी शादी हुई थी तो दुबली-पतली, बेहद गोरी, काले बालों और बड़ी-बड़ी आँखोंवाली नूर मुझे इस तरह लन्दन घुमाती थी जैसे किसी बच्चे को संग्रहालय दिखाया जाता है। एक करोड़पति की अकेली लड़की होने का न तो उसके अन्दर गर्व था और न ही ज्ञान। मैं हैरान रह जाता था कि वह इतनी सहज कैसे है। वह मुझे अंग्रेज़ी सिखाती थी और मैं उसे उर्दू बोलना सिखाता था। अपने पिता, हीरों के व्यापारी इब्राहीम मिर्ज़ा के 'कैसेल' में भी वह वही थी जो पेनीश स्ट्रीट या पेटीकोट स्ट्रीट में हुआ करती थी। इसे दुर्भाग्य ही कहा जाएगा कि हम साथ न रह सके। हीरा के पैदा होने के बाद वह लन्दन गई तो लन्दन की हो रही। क्यों न होती, लन्दन उसकी जन्म भूमि है।

मैंने सोचा नूर के अन्दर यह सेवा भाव कहाँ से आया है? वह भारतीय मूल की है और जहाँ तक मैंने देखा, समझा या देखा है, भारत में सेवा नहीं बल्कि दान की परम्परा है। दान सामन्ती सोच का परिणाम है जहाँ दान देनेवाला अपने को दान लेनेवाले से श्रेष्ठ समझता है और कहीं-कहीं तो दान लेनेवाले को हेय दृष्टि से देखा जाता है। हिन्दू धर्म और इस्लाम अपने प्रचलित रूप में, जिसे भारत में देखा जा सकता है, सेवा को कोई महत्त्व नहीं देते। हिन्दू धर्म तो व्यक्तिगत मोक्ष पर विश्वास करता है। इस्लाम भी धार्मिकता-रोज़ा, नमाज़ पर तो बल देता है लेकिन व्यवहार में मानवता की सेवा पर विश्वास नहीं करता। मैंने आज तक भारत में हिन्दुओं को मुसलमानों या मुसलमानों को हिन्दुओं की सेवा करते नहीं देखा। हाँ धार्मिकता में लीन–वह भी केवल धार्मिक अनुष्ठानों में डूबा हुआ देखा है। लगता है वे मुक्ति का यही रास्ता मानते हैं। हाँ सिखधर्म में सेवा भाव देखा जा सकता है। यह सेवा मानव-मात्र के लिए है। इसमें धर्म, जाति, सम्प्रदाय की कोई अड़चन नहीं है।

नूर के केस में यह ज़ाहिर है यह सेवा भाव उसे योरोपीय ईसाई धर्म से मिला होगा। या अगर धर्म को इसमें से ख़ारिज भी कर दें तो यह योरोपीय मानवीयता की देन है। योरोपीय या ईसाई सेवा भाव को हमारे यहाँ धर्म परिवर्तन से जोड़ा जाता है। कहा जाता है ईसाई सेवा इसलिए करते हैं कि लोगों को ईसाई बना सके। मध्य प्रदेश के कुछ-कुछ इलाक़ों जेसे बैतूल और झाबुआ में लोगों को मैंने ऐसा कहता सुना था। मैंने उन लोगों से कहा था कि अगर ईसाई सेवा करके भोले-भाले आदिवासियों को ईसाई बनाते हैं तो हिन्दू या मुसलमान सेवा के माध्यम से आदिवासियों को हिन्दू या मुसलमान क्यों नहीं बना सकते? उनकी शिकायत का यह मतलब था कि

आदिवासी जिस दुर्दशा में हैं उसी में रहें पर उन्हें ईसाई न बनाया जाए। यह बात मेरी समझ में नहीं आई। पहली बात तो यह कि जीवन पहले आता है और उसके बाद धर्म आता है। पहली कोशिश उनका जीवन बचाने की होनी चाहिए। जहाँ तक उनका जीवन बचाने की बात है, यह सब जानते हैं कि उनका शोषण करनेवाले हिन्दू और मुसलमान व्यापारी हैं। जो शोषण कर रहे हैं वे जान क्या बचाएँगे और जान ही न बच पाएगी तो हिन्दू-मुसलमान होने का सवाल ही नहीं पैदा होता।

हीरा ने यह भी लिखा है कि वह अगले जाड़ों में इंडिया आना चाहता है। नूर को 'वेस्टर्न घाट' देखने की ख्वाहिश है। हीरा और नूर साउथ इंडिया के दीगर इलाकों में भी जाना चाहते हैं।

उमाशंकर के माध्यम से शहर के उर्दू कवियों और हिन्दी लेखकों की एक छोटी-सी जमात मल्लू मंज़िल की तरफ़ आकर्षित हुई है। 'पथिक' जी को तो मैं पहले से ही जानता हूँ। उनसे त्रिपाठी जी ने मिलाया था। शहर के कवियों, लेखकों और संस्कृति कर्मियों से पता चला कि शहर में शायरों, कवियों की अच्छी ख़ासी तादाद है। मुशायरे या कवि सम्मेलन तो नहीं नशिस्ते या बैठकें होती रहती हैं। हिन्दी-उर्दू वालों में अच्छी दोस्ती है जिसका श्रेय 'ग़ज़ल' को जाता है। शहर में दो बड़े साहित्यिक कैम्प हैं। पहला और पुराना ग्रुप 'साहित्य मंडल' कहलाता है जिसके सर्वे-सर्वा एक बुज़ुर्ग लेखक पंडित सुलभ वाजपेयी हैं। दूसरा ग्रुप 'साहित्य मंच' है जिसके कर्ताधर्ता बाबू बेनी प्रसाद 'सितम' हैं। बताया गया कि दोनों गुटों में ऐसी प्रतिद्वंद्विता है जैसी कभी अमेरिका और सोवियत यूनियन में हुआ करती थी। पंडित सुलभ वाजपेयी बाबू बेनी प्रसाद 'सितम' को शायर ही नहीं मानते। दूसरी तरफ़ 'सितम' साहब पंडित जी को जड़वादी, कट्टरपंथी और जातिवादी बताते हैं। दोनों की अलग-अलग टीमें हैं। जो 'यहाँ' है, वह वहाँ नहीं हो सकता और जो 'वहाँ' है वह यहाँ नहीं है वाला मामला है। 'सितम' साहब चूँकि दीवानी में क्लर्क थे इसलिए काफ़ी तेज़ तर्रार आदमी हैं। पत्रकारों और छोटे-मोटे अधिकारियों को पकड़ लेते हैं। अख़बार में अपनी गोष्ठियों की ख़बरें छपवा देते हैं। पंडित सुलभ वाजपेयी स्थानीय कॉलेज में पढ़ाते थे और अब दसियों साल से अवकाश प्राप्त हैं। उनके शिष्यों का एक बहुत बड़ा मंडल है जो ज़िले और आसपास के दूसरे ज़िलों में फैला हुआ है। पंडित सुलभ को प्रकांड पंडित माना जाता है। साहित्य के लगभग सभी शास्त्रों–विशेष रूप से अलंकार शास्त्र में वे प्रवीण हैं और अपने विरोधी गुट के कवियों की कविताओं में हर तरह का दोष निकालते रहते हैं।

'पथिक' जी की हैसियत वह है जो महायुद्धों में स्वीट्ज़रलैंड की थी। वे दोनों कैम्पो में बराबर से आते-जाते हैं। 'पथिक' जी नगरपालिका में वरिष्ठ बाबू हैं और

शहर का पूरा लेखा-जोखा उनकी उँगलियों पर रहता है। वे 'मंडली' भी हैं और 'मंची' भी।

उर्दू वाले इतने कम हैं और प्रभावहीन हैं कि वे न तो इधर के हैं और न उधर के हैं। उनका अपना ही आठ-दस कवियों का एक ग्रुप है जो तीसरे-चौथे महीने किसी के घर में नशिस्त कर लेते हैं और एक-दूसरे को अपनी ग़ज़लें सुना देते हैं। शायरों से ज़्यादा संख्या श्रोताओं की नहीं होती इसलिए नशिस्ते देर तक चलती हैं।

शहर में कोई रंगशाला नहीं है। दस लाख लोगों ने कभी कोई नाटक नहीं देखा है। उनके लिए फ़िल्मी रामायण से प्रभावित रामलीला के अतिरिक्त और कुछ नाटक नहीं है। न यहाँ कभी संगीत सम्मेलन होते हैं न कभी पुस्तकों की प्रदर्शनी लगती है। न यहाँ कोई पुस्तकालय हैं और न संग्रहालय हैं। न कोई पार्क है और न कोई ऐसा सार्वजनिक स्थान जहाँ आप घूम-फिर सकें। चूँकि सांस्कृतिक गतिविधियाँ नहीं हैं इसलिए संस्कृतिकर्मी नहीं हैं। कवियों और शायरों, अध्यापकों और विद्वानों की यहाँ कोई पूछ नहीं है क्योंकि वे संसार के सबसे बड़े लोकतंत्र में वोट नहीं दिलवा सकते।

बातचीत में हबीब भाई ने प्रस्ताव रखा–"यार एक बड़ा कवि सम्मेलन और मुशायरा कराया जाए।"

"चक्कर ये है कि उसमें 'मंडली' आएँगे तो 'मंची' विरोध करेंगे और 'मंची' आ गए तो 'मंडली' विरोध करेंगे।" उमाशंकर ने कहा।

"एक प्रॉब्लम फंड की होगी...साला पैसा कहाँ से आएगा?" इस बात पर कविवर, ब्रह्मगुप्त गुस्से में आ गए और मोटी-मोटी गालियाँ देते हुए उन्होंने शहर के चार-पाँच धनवान लोगों के नाम गिनवा दिए और कहा कि वे, यानी कविवर अगर एक इशारा कर दें तो पैसा अभी आधे घंटे के अन्दर पहुँचा देंगे और पैर छूकर आशीर्वाद माँगेंगे। चलने से पहले कहेंगे कि और कोई आदेश हो तो बताओ भइया।

हम सब बहुत समझदार लोग हैं। हम शब्दों को महत्त्व नहीं देते। हम बोलने वाले आदमी और शब्दों के बीच के रिश्ते को समझकर उनके अनुसार ही अपना अर्थ निकालते हैं। सबको पता है कि कविवर जो कह रहे हैं वह नहीं कह रहे। वे सिर्फ़ यह कह रहे हैं कि उनके महत्त्व को पहचाना जाना चाहिए और वे बड़े विशेष व्यक्ति हैं। किसी को यह मानने में क्या आपत्ति हो सकती है?

"चलो इस बारे में एक मीटिंग कर लेते हैं।" मैंने कहा।

"अरे मीटिंग से क्या होगा साजिद मियाँ। आप आदेश करो। हम सब आपकी बात सिर आँखों पर लेंगे...अगर आप आदेश कर देव तो साले शहर के सभी करोड़पतियों का ढेर लगा दें।" कविवर ने सौ प्रतिशत से ज़्यादा आत्मविश्वास से कहा। तो मीटिंग वाली बात टल गई। अब सवाल आया कि किन-किन शायरों

कवियों को बुलाया जाए।

"देखो शहर के सारे हिन्दी उर्दू के कवि हो जाएँगे।" हबीब भाई ने कहा।

"सब? अरे यह न कीजिएगा...आप जानते हैं आपके ज़िले में सौ कवि और शायर हैं।" कविवर बोले।

"फिर?"

"अरे बैठकर एक सूची बनाई जाएगी।" वे बड़े आत्मविश्वास से बोले।

'पथिक' जी ने गहरी नज़रों से कविवर को देखा। कविवर ने इशारा किया। 'पथिक' जी ने इशारे का जवाब दिया। दो इशारों में जाने कितनी बातें हो गईं।

"भाई साहब क्या दिल्ली से एक दो शुअरा आ सकते हैं?" पथिक जी ने पूछा।

"देखिए दिल्ली राजधानी है और प्रधानमंत्री रहता है इसका ये मतलब नहीं कि दिल्ली के शायर भी मुतक के बड़े शायर होंगे।" मैंने कहा।

"अरे यार अभी दिल्ली-विल्ली छोड़ो। यहीं कानपुर, इलाहाबाद दुई-चार ठो शायरन का बुला लेव।" हबीब भाई जब मौज में आते हैं तो अवधी पर भी आ जाते हैं।

"कहाँ होयेगा कवि सम्मेलन-मुशायरा?" किसी ने पूछा।

"यार देखो वैसे तो यहाँ भी हो सकता है। साजिद मियाँ के अहाते में शामियान लगवा दिया जाए तो दो सौ आदमी तो बैठ सकते हैं...बाक़ी अब प्रेक्षागृह है... डी.एम. से बात करना पड़ेगी..." त्रिपाठी जी ने कहा।

"हाँ ये ठीक है यार...यहीं रखा जाए।"

"साजिद भाई एक ज़माना था कि यहाँ बड़ा अदबी माहौल था। अच्छे अदबी रिसाले आते थे। अच्छा शेर कहनेवाले और अच्छी शायरी की दाद देनेवाले आपको कस्बों में मिल जाते थे। किताबें लिखीं और पढ़ी जाती थीं। ये सन् सैंतालीस के बाद या कहें ज़मींदारी ख़त्म होने के बाद सब कुछ उलट गया है।" हबीब भाई ने कहा।

"ठीक कह रहे हो हबीब भाई...अरे बड़े प्रकांड पंडित रहा करते थे कस्बों में..." त्रिपाठी जी ने कहा।

"ज़मींदारी टूटने से बड़ा फ़र्क़ पड़ा।" हबीब भाई बोले।

"तो क्या ज़मींदारी न टूटती?" मैंने कहा।

"टूटती पर ऐसे न तोड़ी जाती जैसे तोड़ी गई थी।"

"फिर कैसे टूटती?"

"सैकड़ों साल से चली आ रही प्रथा को जिस पर हजारों लोगों की ज़िन्दगी का दारोमदार था उसे बड़ी बेरहमी से ख़त्म किया गया।"

"भाई साहब ज़मींदार अत्याचार करते थे।"

"तो अत्याचार को ख़त्म करते।"

बहस बहुत रोचक हो गई थी। सब लोग बोलने के लिए उतावले हो रहे थे।

''अरे अत्याचार कैसे ख़त्म करते? अत्याचारी को ख़त्म किए बिना अत्याचार कैसे ख़त्म हो सकता है?'' त्रिपाठी जी ने कहा।

''पंडित जी यह बताओ क्या सभी ज़मींदार अत्याचारी थे?''

''अधिकतर थे।''

''देखो बात यह है कि हमारे लोकतंत्र में निर्णय जनता का समर्थन लेने के लिए होते हैं। सत्ता फ़ैसला ऐसा करती है कि चुनाव में वोट मिलें। ज़मींदारी ख़त्म करने के बाद कांग्रेस को कितना बड़ा समर्थन मिला था। धीरे-धीरे ज़मींदारी ख़त्म की जाती तो वह समर्थन न मिल पाता?'' मैंने कहा।

''मानते आप भी हैं कि प्रक्रिया ग़लत थी।'' पंडित कविराज बोले।

''हाँ ये तो है।''

''पाकिस्तान बनने से भी कस्बों पर असर पड़ा था।''

उमाशंकर ने कहा।

''अब तो सभी ये कहते हैं पाकिस्तान से मुसलमानों को नुक़सान ही हुआ है।'' पथिक जी बोले।

''हाँ वो तो ज़ाहिर है।''

हबीब भाई ने कहा।

20

पता नहीं मैं सो रहा था या जाग रहा था। कभी-कभी ऐसा होता है नींद और जागना- एक-दूसरे के गले मिलते हैं और अचम्भित कर देते हैं। न तो आप यह कह सकते हैं जो देखा वह हक़ीक़त था और न यह कह सकते हैं कि वह झूठ था। दोपहर का कोई तीन बजा था। कुर्सी पर बैठे-बैठे मेरी आँख इसी तरह लगी थीं कि सोने-जागने की बीच की स्थिति थी। शायद सपने में मैंने सुना कि कोई तेज़ी से नाज़ो की तरह सीढ़ियाँ चढ़ रहा है। उसके बाद आँख शायद सपने में ही खुली कि देखा नाज़ो सामने खड़ी है। उसकी साँस तेज़-तेज़ चल रही हैं या साँस फूल रही है। चेहरे पर पसीना है। हाथ में एक काग़ज़ है और चेहरे पर एक ऐसी चमक है जो पहले कभी नहीं देखी थी।

''देखिए मेरी फर्स्ट डिवीज़न आ गई...'' वह साँसों पर काबू पाते हुए बोली और फिर पता नहीं क्या हुआ कि अगले ही क्षण वह मेरी बाँहों में थी। ये हुआ कैसे? मैं नहीं कह सकता। शायद वह भी तेज़ी से आगे बढ़ी होगी और मैं भी आगे आया हूँगा। हम वग़ैर किसी इरादे के, बग़ैर सोच-समझे एक-दूसरे की बाँहों में थे। मेरे

दोनों हाथों ने उसको जकड़ लिया था। उसके हाथ भी मेरी कमर में थे। उसका सिर मेरे सीने पर था और गर्म, मुलायम लेकिन मांसल शरीर को पूरी तरह अनुभव कर रहा था। कुछ सेकेंड ही बीते होंगे कि हमारे आलिंगन की परिभाषा बदल गई। अब उसका स्पर्श एक आग लगा रहा था। मेरे हाथ और सख़्ती से उसे भींच रहे थे और उसकी साँसें तेज़ हो गई थीं। वह शायद अपने होश में ही नहीं थी। मैं भी कहाँ था। गर्म मांसल और कोमल स्पर्श के पीछे एक छोटे से दिल की तेज़-तेज़ धड़कनों का आभास और स्पष्ट हो गया था। मैं नहीं कह सकता उसे क्या लग रहा होगा लेकिन मेरी क़मर में उसके नाखूनों का दबाव बढ़ता जा रहा था। चेहरे का पसीना मेरी कमीज़ को भिगोकर मेरे जिस्म की गरमी को बढ़ा रहा था। लगता था शायद वह स्थिति है जब तीन लोकों में पार्वती का पीछा करने के बाद शिव ने उसे अपनी बाँहों में जकड़ा था। हम एक ऐसे बिन्दु पर थे जहाँ तर्क, बुद्धि, मर्यादा, शिष्टाचार, लोकलाज या किसी प्रकार के अन्तर का ज्ञान समाप्त हो जाता है।

अचानक वह झटककर अलग हो गई और मुझे लगा कि मैं जाग गया हूँ। उसकी आँखों में कुछ ऐसा था जो पहले कभी नहीं देखा। न तो ख़ुशी थी, न दुख, न उदासी, न उत्तेजना और न घृणा, न प्यार। वह मुझे देखती रही। मैं आगे बढ़ना चाहता था लेकिन ज़मीन ने पैर पकड़ लिए था और एक क्षण के अन्दर वह सब लौट आया था जो पहले याद न था। कमरे में सूरज की फ़ीकी रोशनी आ रही थी और बगिया में कोयल लगातार बोल रही थी।

इसी वक़्त कमरे में अनु आई और नाज़ो दौड़कर उससे लिपट गई।

"दीदी मेरी फर्स्ट डिवीज़न आ गई है।"

"मुझे तो पक्का पता था।" अनु ने मुझे देखा और उसे बहुत अच्छी तरह से मेरी असहज स्थिति का अन्दाज़ा हो गया होगा। एक दो बार उसने विस्तार से, गहरी नज़रों से, जानने और समझने की कोशिश करनेवाली निगाहों से मुझे देखने की कोशिश की। उसे लगता था शायद मेरी आँखों से मेरे दिल की गहराइयों में झाँक लेगी और रहस्य पर से पर्दा हट जाएगा। मैं ये सब समझ रहा था लेकिन कुछ नहीं कर सकता था। आदमी अपनी आँखों से नहीं बच सकता।

"तो मिठाई खिलाओ न।" अनु ने कहा।

"अभी मँगाते हैं।" नाज़ो बाहर चली गई।

"ये आपको क्या हो गया?" अनु ने मुझसे कहा।

"मुझे? मुझे क्या हुआ है?"

"ये तो आपको ही पता होगा।"

"कैसी बातें करती हो।"

"मैं आपको दस साल से जानती हूँ...ऐसी आँखें...मतलब आपकी आँखों में

ऐसा भाव मैंने पहले नहीं देखा।''

''अच्छा तो तुम 'फेस रीडिंग' करने लगी हो।'' मैंने हँसकर कहा।

''छिपाने का आपको पूरा अधिकार है।''

''यार तुम फिर वही बिलावजह की बहस करने लगी हो।''

''चलिए नीचे चलते हैं, फुलवारी में बैठकर चाय पिएँगे।''

वह इस तरह बोली जैसे सब समझ गई हो और कुछ न कहना चाहती हो।

मैं इधर-उधर देखने लगा और फिर उसके पीदे सीढ़ियाँ उतरने लगा।

जिस जादू से मैं आज़ाद हुआ था उसी जादू में फिर फँस गया। कभी अपने ऊपर ग़ुस्सा आता था और कभी दया। मैं फिर नाज़ों से बचने की कोशिश करने लगा था लेकिन अब यह मुमकिन न था। अनु के साथ होने से काफ़ी फ़ायदा था लेकिन मुझे एहसास होता था कि अनु भी कहीं बहुत गहराई में जाकर आहत हुई है। फिर भी मेरी पूरी कोशिश होती थी कि मैं सब कुछ सामान्य ही लगने दूँ।

''अब नाज़ो इन्टर की तैयारी करेगी?'' एक दिन अनु ने मुझसे पूछा। मैं क्या बताता।

''हाँ करना तो चाहिए।'' मैंने न्यूट्रल क़िस्म का जवाब दिया।

''रहमतुन तो नाज़ों की शादी की तैयारी कर रही है।''

मेरे ऊपर उदासी का दौरा पड़ा हुआ था। मैं वैसे ही बेचैन था। और कोई बोझ अपने पर लादना नहीं चाहता था।

''देखो मेरी तो यही कोशिश है कि नाज़ों पढ़-लिखकर टीचर बन जाए...अब अगर ऐसा नहीं हुआ तो मुझे दुख तो ज़रूर होगा लेकिन मैं क्या कर सकता हूँ। लड़की तो उन्हीं की है। चप्पल बनानेवाले कारीगर से उसका शादी का नतीजा क्या होगा...मुझे मालूम है।''

इतने में नाज़ो चाय लेकर आ गई। वह भी बुझी-बुझी सी लग रही थी। वह चाय रखकर जाने लगी तो अनु ने उसे रोका।

''तुम अब क्या करना चाहती हो?'' अनु ने नाज़ो से पूछा।

वह हैरानी और उदासी से हमें देखने लगी। भाव यह था कि करनेवाले तो दूसरे हैं। मैं क्या कह सकती हूँ और ग़रीब नौकरानी की लड़की की इच्छा का क्या महत्त्व है।

''तुम शादी करना चाहती हो?'' अनु ने पूछा।

''नहीं।'' वह बोली।

''तुम्हारी अम्माँ तो बिल्कुल तैयार बैठी है।'' अनु ने कहा।

''हम कुछ खा लेंगे।'' उसने कहा और हम सन्नाटे में आ गए।

नाज़ो चली गई। हम दोनों एक-दूसरे का चेहरा देखते रहे।

दरअसल हम दोनों बुरी तरह डर गए थे।

''देखा तुमने?'' अनु बोली।

''यार कुछ समझ में नहीं आता।''

''तुम्हें कुछ करना चाहिए।'' अनु ने कहा।

''देखो मैं उसे पढ़वा सकता हूँ। जहाँ तक पढ़ना चाहे लेकिन मैं रहमतुन को नहीं बदल सकता।''

''ये सब देखकर मुझे अपना अतीत याद आ रहा है। मैं तो नाज़ों से भी छोटी थी जब बहला-फुसलाकर धोखा देकर, ज़बरदस्ती मेरी शादी कर दी गई थी।''

''तुम रहमतुन से बात करो।'' अनु ने रुककर कहा।

''की है। वह कहती है फिर नाज़ो की शादी न हो सकेगी...उसकी बिरादरी में इतने पढ़े-लिखे लड़के नहीं हैं। बाहर की बिरादरी वाले नाज़ों से काहे को रिश्ता करेंगे।''

''रहमतुन के आदमी को बुलाकर आप उससे बात करें।''

''वह इससे भी जाहिल है...वैसे मैंने कहा है कि कानपुर जाकर मैं खुद लड़के को देखना चाहता हूँ तब ही नाज़ो की शादी होगी। नाज़ो का अब्बा बकरीदी मेरे खेत जोतता है। बँटाईदार है। उसके पास अपनी ज़मीन नहीं है। गाँव में एक कच्चा घर है। शायद एक दो बकरियाँ होंगी। मैं सोचता हूँ...'' मैं रुक गया।

''क्या सोचते हैं।''

''देखो उससे अपनी बात मनवाने के दो रास्ते हो सकते हैं। पहला डराना, धमकाना-धमकी देना कि अगर उसने बात न मानी तो मैं उससे खेत वापस ले लूँगा और दूसरा रास्ता उपकार का रास्ता हो सकता है।''

''वह क्या?''

''सुनो...एक क़िस्सा...बहुत दिन से मैंने तुम्हें कोई क़िस्सा नहीं सुनाया है। तुम्हें याद है जब हम नए-नए मिले तो मैं तुम्हें जामा मस्जिद दिखाने ले गया था। तुमने उससे पहले कभी कोई मस्जिद नहीं देखी थी और तुम अन्दर जाने से डरती थीं कि मुसलमान पता नहीं तुम्हारे साथ क्या व्यवहार करेंगे।''

वह हँसने लगी।

''हाँ याद है।''

''वहाँ जामा मस्जिद की सीढ़ियों पर बैठकर मैंने तुम्हें दो क़िस्से सुनाए थे?''

''हाँ याद है।''

''तो सुनो एक और क़िस्सा किसी मुग़ल बादशाह-शायद जहाँगीर से किसी राजपूत राजा ने विद्रोह कर दिया। दरबार में ख़बर आई तो मंत्री परिषद् की सलाह

बनी कि राजपूत राजा को हराने के लिए सेना भेज दी जाए। सम्राट इस बात से सहमत नहीं था। उसका कहना था कि विद्रोही राजपूत राजा को दरबार में बुलाया जाए। कहा गया वह दरबार में क्यों आएगा? आप उसे गिरफ़्तार करा लेंगे और फाँसी लगवा देंगे। सम्राट ने वचन दिया कि वह ऐसा नहीं करेगा। बहरहाल कुछ प्रभावशाली राजपूत राजा बीच में पड़े और विद्रोही राजा दरबार आया। रिवाज़ के मुताबिक़ उसने पाँच सोने के सिक्के सम्राट को भेंट किए। अब 'रिटर्न गिफ्ट' का मौका आया। मतलब सम्राट उसे भेंट देगा। सम्राट ने आदेश दिया विद्रोही राजपूत राजा को हीरे जवाहरात जड़ी एक विशेष तलवार भेंट की जाए, शाही अस्तबल के दो सौ घोड़े दिए जाएँ, पाँच सौ सोने की अशर्फियाँ दी जाएँ, राजपूत राजा के 'रैंक' को बढ़ाया जाए, उसे अतिरिक्त जागीरें दी जाएँ। विद्रोही राजा हैरत में पड़ा ये सब सुनता रहा। सम्राट ने उसे इतना धन, सम्मान दे दिया जिसकी उसने कल्पना भी नहीं की थी। उसने सोचा ऐसे उदार दानवीर से विद्रोह करके क्या होगा? लड़ाई होगी और हो सकता है मैं उसमें खेत रहूँ या भाग जाऊँ? शाही सेना से कहाँ तक बचूँगा। इसलिए सम्राट से दोस्ती ही भली है। जाने से पहले विद्रोही राजपूत ने सम्राट से कहा कि उसके बारे में यह ग़लत अफ़वाह फैला दी गई है कि वह सम्राट का विरोधी है। ऐसा बिल्कुल नहीं है। वह सम्राट की हर आज्ञा का पालन करेगा। सम्राट ने जवाब दिया कि उसके ऊपर सम्राट का पूरा विश्वास है। विद्रोही समर्थक बनकर चला गया। समझीं?"

अनु हँसने लगी–"तो यही आप करना चाहते हैं।"

"यार बकरीदी जो ज़मीन जोतता है वह उसे दी जा सकती है।"

"अच्छा?" वह हैरत से बोली।

"यही नहीं, मैंने तो कई बार सोचा है कि ज़मीन जो लोग जोत रहे हैं उन्हें दे दी जाए।"

अनु की आँखें हैरत और ख़ुशी से फैल गईं।

"देखो मैं सोचता हूँ उस ज़मीन पर मेरा क्या हक़ है? क्या सिर्फ़ इसलिए मैं उसका मालिक हूँ कि वह मुझे बिरसे में मिली है? वह ज़मीन मैंने 'कमाई' नहीं है। मेरा एक पैसा भी उसमें नहीं लगा है। मेरा एक बूँद पसीना भी उस ज़मीन पर नहीं बहा है। हद तो ये है कि मैं उसे पहचानता तक नहीं। जब तक मुझे बताया न जाए कि कौन-कौन से खेत मेरे हैं तब तक मुझे पता ही नहीं चलेगा। और वे लोग उस ज़मीन से इतना वाक़िफ़ हैं जैसे कोई अपने हाथ की लकीरों से होता है। तीन-तीन पीढ़ियों से वे उस पर अपना ख़ून-पसीना बहा रहे हैं। उसकी कोख से अपने पेट भरने का जुगाड़ कर रहे हैं...तुम जानती हो खेती कितना मुश्किल और बेफ़ायदा का काम है...जब हमारे देश में यह धारणा थी कि खेती उत्तम है तब शायद इफ़रात

ज़मीन थी। तलाब लबालब भरे होंगे। विशाल नदियाँ बहती होंगी। बैलों, भैसों की रेल-पेल होगी। खाने वाले कम होंगे लेकिन आज सब कुछ उल्टा है। अब तो जिसे दूसरे दर्जे का पेशा बताया गया था। वह पहले दर्जे का हो गया है। व्यापार में आज लाभ ही लाभ है। और नौकरी को तीसरे दर्जे का पेशा बतानेवाले भारत सरकार की आई.एफ.एस. और आई.ए.एस. सेवाओं से परिचित न होंगे...जहाँ सिर्फ़ मौज ही मौज हैं।''

''आप कह रहे थे कि ज़मीन किसानों को दे देंगे।'' अनु ने याद दिलाया कि मैं विषय से कितना भटक गया हूँ।

''हाँ...ये पक्का है। मैंने तय कर लिया है और हीरा को ये जानकर ख़ुशी होगी...तुम हीरा से कभी नहीं मिली हो। इस बार जब आएगा तो मिलना। हीरा हक़ीक़त में हीरा है।''

''तो कब आ रहे हैं हीरा?''

''जाड़ों में...बस समझो कुछ महीने बाद।''

21

''...ठक...ठक...ठक...टेस्टिंग लाउडस्पीकर...टेस्टिंग...'' हबीब भाई की आवाज़ गूँजने लगी।

शामियाना लग गया है। सामने लाल रंग की प्लास्टिक की कुर्सियाँ लगी हैं। सामने मंच बना है जिस पर गाव-तकिए रखे हैं। पीछे कनात लगी है जिस पर बड़ा-सा बैनर 'कवि गोष्ठी और बज़्मे सुखन' लिखा है। रोशनी का पूरा इन्तज़ाम है। पंडाल के खम्भों पर ट्यूब लाइटें लगी हैं। एक कोने में कागज से ढकी मालाएँ रखी हैं। त्रिपाठी जी एक अनहोनी करके दिखाने वाले हैं। वे पंडित सुलभ वाजपेयी और बाबू बेनी प्रसाद 'सितम' को एक मंच पर लाने के लिए निकले हुए हैं। उनको विश्वास है कि वे शान्तिवार्ता में सफल होंगे।

अनु और नाज़ो ने उत्साह में आकर पंडाल में झंडियाँ लगा दी थीं और फुलवारी से कुछ गमले भी मंच के पास रख दिए गए थे। गुलशन चाय बनाने के लिए बड़े भगौने में पानी गरम कर रहा था और अन्दर रहमतुन बाज़ार से लाए बिना तले समोसों को तलने का जतन कर रही थी। अनु और नाज़ो भी श्रोताओं में आकर ग़ज़लें और कविताएँ सुनना चाहती थीं।

बहरहाल इन्तज़ाम पक्का था। हबीब भाई, कविवर और 'उमाशंकर' आ गए थे। 'पथिक' जी भी पहुँच गए थे। उनमें और कविवर में यह बातचीत चल रही थी कि संयोजन कौन रोकेगा। इसी बातचीत के दौरान पता नहीं क्या हुआ कि कविवर

मोटी-मोटी गालियाँ बकते हुए मल्लू मंज़िल के फाटक की तरफ़ जाने लगे। हबीब भाई मेरे पास आए और घबराए हुए बोले–''कविवर नाराज़ होकर जा रहे हैं।''

''क्यों?''

''पता नहीं।''

''तो क्या किया जाए?'' मैंने पूछा।

''अरे भाई उन्हें मनाकर लाया जाए।''

''लेकिन नाराज़ किस बात पर हुए हैं।'' उमाशंकर ने पूछा।

''भई यही तो राज़ अभी नहीं खुला। पथिक जी से बात कर रहे थे। उनसे पूछा जाए।''

पथिक जी से पूछा गया तो वे मासूम चेहरा बनाकर बोले–''पता नहीं भाई साहब।''

''अरे आपसे ही तो बात कर रहे थे?'' मैंने कहा।

''भई आपने उनसे कोई ऐसी-वैसी बात तो नहीं कह दी?'' हबीब भाई ने पूछा।

''अरे क्या बात करते हैं हबीब भाई। पंडित जी तो हमारे वरिष्ठ हैं। उनका हर आदेश हमारे लिए पिता के आदेश के समान है।'' पथिक जी बोले।

''अरे तो फिर काहे को गालियाँ बकते चले गए हैं।'' हबीब भाई ने कहा।

''अब ये हम नहीं कह सकते।'' पथिक जी बोले।

''अरे भाई जो कुछ भी हो उनको मना कर लाया जाए नहीं तो कार्यक्रम कैसे होगा?'' हबीब भाई ने कहा।

''तो आप जाइये। उनको मना कर लाइये।'' मैंने हबीब भाई से कहा।

''हमारे कहने से वे न आवेंगे।''

''फिर?''

''आप जाइए।'' हबीब भाई ने मुझसे कहा।

''मैं?''

''हाँ आप ही तो आयोजक हैं?''

''मैं?''

''हाँ-हाँ आप।''

''अरे भाई आयोजक तो सब हैं।'' मैंने कहा।

इसी बीच 'कायम' साहब आ गए। उन्हें देखकर हबीब भाई ने कहा–'' 'सलाम' साहब नहीं आए?''

''उन्हें बुलाया ही नहीं गया।'' कायम साहब बोले।

''अरे जनाब उनको तो 'इन्विटेशन' मैंने ही भिजवाया था।''

हबीब भाई ने कहा।

“किससे भिजवाया था?”

“अरे मरग़ूब साहब के लड़के बन्टी से।”

“जो भी हो बहरहाल उन्हें दावतनामा नहीं मिला।”

“अरे भाई पूरा प्रोग्राम तो उनके सामने यहीं बना था।”

हबीब भाई ने कहा।

“वो सब ठीक है...लेकिन दावतनामा तो नहीं मिला।”

इसी दौरान मल्लू मंज़िल के फाटक से अपने विशाल शरीर पर धारण किए सिल्क के कुर्त्ते, मलमल की धोती को समेटते कविवर पंडित ब्रह्मगुप्त आ गए।

“अरे पंडितजी आप कहाँ चले गए थे?” पथिक ने पूछा।

“चले कहाँ जाएँगे। पान खाने गए थे।” वे बोले।

पसीने में तर-बतर त्रिपाठी जी आए लेकिन अकेले आए।

“अरे क्या हुआ त्रिपाठी जी?”

“‘सुलभ’ जी तो कल टट्टी में फिसलकर गिर गए थे। कूल्हे की हड्डी टूट गई है। बेनी बाबू अपने किसी मुक़दमे की पैरवी में इलाहाबाद गए हैं। वैसे चार युवा कवि आ रहे हैं, रास्ते में हैं।” उन्होंने बताया।

“अब सवाल यह है कि अध्यक्षता कौन करेगा?” न तो सुलभ जी हैं और न बेनी प्रसाद ‘सितम’ हैं।” पथिक जी ने कहा।

“कविवर से करा दीजिए अध्यक्षता।” कायम साहब ने कुछ व्यंग्य और कुछ गम्भीरता से कहा।

“हाँ ये तो ‘आइडिया’ अच्छा है।” हबीब भाई ने कहा।

“लेकिन शुरू कब करेंगे? छह का टाइम दिया था। अब सात बज रहे हैं? नमाज़ का टाइम हो जाएगा तो सब उठ जाएँगे।” क़ायम साहब बोले।

“अरे तो कविवर से अध्यक्षता की बात कर लीजिए और गोष्ठी शुरू करा दीजिए।” उमाशंकर ने कहा जो काफ़ी ऊब चुके थे।

“लोग आए नहीं।” मैंने कहा। दो सौ कुर्सियाँ क़रीब-क़रीब बिल्कुल खाली थीं। पीछे अपने सिर ढके अनु और नाज़ो बैठे थे।

“शहर में किसी को ख़बर ही नहीं है।” क़ायम साहब बोले।

“अरे कैसे नहीं है...हर साले को पकड़-पकड़कर कहा गया है।” कविवर ने कहा।

मैं ‘कहा गया’ पर सोचने लगा। लोगों को सूचना देने और बुलाने की ज़िम्मेदारी कविवर ने ली थी। कह रहे थे अरे मैं तो एक आवाज़ लगा दूँगा तो सौ-पचास आ जाएँगे। ‘इन्विटेशन’ भी छपे थे जो सब कविवर को बाँटने के लिए दे दिए गए थे। कुछ हबीब भाई ने लिए थे। कुछ पथिक जी के पास भी थे।

"चलिए अब कोई न आएगा...शुरू कराइए...कविवर से अध्यक्षता की बात कर लीजिए।" पथिक जी बोले।

कविवर से जब मैंने अध्यक्षता करने के लिए कहा था उनका चेहरा गम्भीर हो गया जैसे उनकी हत्या करने की अनुमति माँगी जा रही हो। उन्होंने हाथ जोड़ दिए और कहा—साजिद भाई आपका सेवक हूँ। और जो भी आदेश देंगे पालन करूँगा पर अध्यक्षता करने का आग्रह न करें।"

बात मेरी समझ में आई नहीं। अध्यक्षता करना फाँसी पर चढ़ने जैसा तो नहीं है। वह भी एक ऐसे कार्यक्रम की जिसमें मुश्किल से दस लोग भी नहीं हैं।

"क्यों? क्या बात है।"

"यह सिद्धान्त की बात है साजिद भाई।"

"सिद्धान्त?"

"हाँ सिद्धान्त।"

"लेकिन क्यों, कैसे?"

"देखिए बात लम्बी हो जाएगी। जीवन में बहुत से कार्यक्रमों की अध्यक्षता की है लेकिन बकंधा के कवि सम्मेलन की अध्यक्षता के बाद कान पकड़ लिए हैं कि किसी कवि गोष्ठी की अध्यक्षता न करेंगे।"

"लेकिन यहाँ क्या दिक़्क़त है।"

"बस वही सिद्धान्त।" वे गम्भीरता से बोले।

"अरे कविवर...आज अपना सिद्धान्त तोड़ देव।" हबीब भाई बोले।

कविवर के चेहरे पर फिर गम्भीर चिन्ता के भाव आ गए।

"जल्दी कराइए नमाज़ का वक़्त हो रहा है।" कायम साहब घड़ी देखते हुए बोले।

बहरहाल कविवर ने बड़ी ठाठदार अध्यक्षता की। अध्यक्षीय भाषण भी दिया अपनी चार-पाँच कविताएँ भी सुनाईं और हर तरह के उपदेश दिए।

चाय और समोसे इतने बच गए कि मोहल्ले में बाँटे गए लेकिन फिर भी चाय का आधा पतीला नाली की भेंट चढ़ गया।

उदासी में दिल्ली याद आती है। चमकती हुई ज़िन्दगी, आराम, सुरक्षा, सुविधाओं के सहारे शान्त पानी में बहती नौका जैसी। न कोई मुश्किल, न चुनौती, न डर और न कुरूपता। इंडिया इन्टरनेशनल सेन्टर के बॉर में बिताई अनगिनत शामें, सब कुछ साफ़-सुथरा, दिल्ली के पहुँचे हुए दक्षता प्राप्त लोग। बहसें और धीरे-धीरे चढ़ता नशा, लोधी गार्डेन से आती मोर की आवाज़ें, सरसराते शानदार कपड़े—राजनीति, प्रशासन, कला, फ़िल्म, के मर्मज्ञ विद्वान। लाइब्रेरी में ढेरों अख़बार, बेहिसाब बढ़िया

किताबें, इन्टरनेट के साथ-साथ नवीनतम सुविधाएँ। जिमख़ाना में जाड़ों की सुबह हरे लाल में धूप खाते और चाय पीते भद्रजन, महिलाएँ। बावर्दी बैरे, बाअदब हुक्म बजा लाते बैरे। चाँदनी रातों में पेड़ों के झुरमुट से फाँकता चाँद। चौड़ी काली सड़कों पर दूधिया रोशनी। समारोह, जश्न, सम्मेलन, सेमिनार, गोष्ठियाँ, अन्तर्राष्ट्रीय और राष्ट्रीय आयोजन–ऊँचे अधिकारी और बड़े नेता जो भारत सरकार चलाते हैं, देश चलाते हैं। सुख, शान्ति, पैसा, सम्मान, क्या है जो राजधानी में नहीं है। बड़े-बड़े षड्यंत्र, अरबों के घोटाले जिनमें सब शामिल हैं, पूरी राजधानी के राजघराने हिस्सेदार हैं।

रात में अगर दस बजे गाड़ी उठाऊँ तो सुबह चार बजे तक दिल्ली में हूँगा। कितना कम फ़ासला कितना ज़्यादा अन्तर। दिल्ली में जो कुछ था सब वैसा ही है। कोठी के फर्स्ट फ्लोर की रोज़ सफ़ाई होती है। गाड़ी की सर्विसिंग होती है। बिल पेमेन्ट होते हैं। गुलशन के लड़के इन कामों में माहिर हैं।

तो यहाँ क्यों पड़े हो? चलो दिल्ली। क्या मतलब अभी तो दो साल ही हुए हैं। बोल गए। तो आए क्यों थे? ये सारा बखेड़ा खड़ा करने की क्या ज़रूरत थी? चले चलो क्योंकि तुम्हें दो साल में वह चाबी, रहस्यमयी चाबी, अदृश्य चाबी, बहुमूल्य चाबी जिससे यहाँ के 'दरवाज़े', 'खुलते हैं नहीं मिल पाई है। दरवाजों पर पड़े बेहिसाब ताले हैं और उनकी चाबियाँ खो गई हैं। यहाँ के लोगों को जो तुम्हारे अपने लोग हैं, तुम नहीं जानते। उनका आचरण–उनके पीछे छिपे छोटे-छोटे अहंकार, उदासीनता, स्वार्थ और बेहिसी के साथ तुम्हारा ताल-मेल नहीं बैठ सका है। कहते कुछ हैं, करते कुछ हैं, होता कुछ है। झूठ, धोखा, आपाधापी, हिंसा और अपराध को पूरी तरह स्वीकार कर लिया गया है। ऐसा नहीं है कि अच्छे लोग नहीं हैं, हैं अच्छे ख़ासे हैं। ईमानदार, मेहनती लोग लेकिन अपने निश्चित दायरों में सिमटे बैठे हैं। न उससे बाहर निकलने की कोशिश है और न शायद इच्छा है।

ठीक है चलो दो क़दम पीछे हटते हैं। क्या दिल्ली? नहीं नहीं...केसरियापुर चलते हैं। कुछ हफ़्ते वहाँ रहते हैं। यहाँ की कोचिंग नहीं छोड़ी जा सकती। तो ठीक है दो चार-दिन।

एक बात समझ में नहीं आती। ये वही इलाक़े हैं जहाँ राष्ट्रीय आन्दोलन चला था। लोग फाँसी पर चढ़े थे। गोलियाँ खाई थीं। शहीद हुए थे। लेकिन आज?

हीरा का कहना है आज़ादी के बाद विकास के भारी-भरकम एजेंडे ने बिजली, इस्पात, रॉ मैटिरियल एक्सपोर्ट, हैवी इंडस्ट्री 'डेवलपमेन्ट' वग़ैरह की वजह से कुछ केन्द्र 'रिमोट एरियाज़' में 'डेवलप' हुए लेकिन ज़्यादातर डेवलपमेंट बड़े शहरों में हुआ। इसके नतीजे में छोटे शहरों के पढ़े-लिखे लोग बड़ी तादाद में पलायन कर गए। कृषि के क्षेत्र में भी 'इन्वेस्टमेन्ट' हुआ लेकिन उसका अस्सी प्रतिशत भ्रष्टाचार

में डूब गया। नतीजे में हुआ यह कि मझोले स्तर के शहर पढ़े-लिखे लोगों से खाली हो गए और कांग्रेस की लीडरशिप में बनी सरकार ने कांग्रेस के स्थानीय नेताओं और कार्यकर्ताओं को सत्ता का पिछलग्गू बना दिया। ऐसे हालत में मध्य या मँझोले स्तर के शहरों का पतन निश्चित था। वह पतन लगातार हुआ और आज यह स्थिति पैदा हो गई है।

हीरा ने और लिखा था कि भारत ने विकास का पश्चिमी मॉडल पूरी तरह स्वीकार किया जो भारतीय परिस्थितियों के अनुकूल नहीं था। उसी तरह जैसे पश्चिम की डेमोक्रेसी भारतीय परिस्थितियों के अनुकूल नहीं थी। पर सोचने, समझने और नया 'मॉडल' देने की फुर्सत किसे थी? सोवियत यूनियन से नेहरू प्रभावित थे। और बिना यह देखे कि सोवियत 'सिस्टम' और भारतीय 'सिस्टम' में फ़र्क़ है, उसे लागू कर दिया गया। उसके कुछ अच्छे नतीजे भी सामने आए लेकिन उसने भारतीय समाज को अस्त-व्यस्त कर दिया।

वह लिखता है कि विकास की गति ने मध्य और छोटे स्तर के शहरों से पढ़े-लिखे और अनपढ़ लोगों के पलायन को तेज़ कर दिया था, इन शहरों में बुनियादी सुविधाओं का समुचित विकास नहीं हो पाया क्योंकि कृषि और भारी उद्योग को ही विकास क्षेत्र माना गया था। मध्य स्तर और छोटे शहरों में सामाजिक-सांस्कृतिक रिक्तता का एक कारण यह भी है कि ज़मींदारी समाप्त हो जाने के बाद मध्य वर्ग का एक आधार समाप्त हो गया था। उनके सामने भी पलायन के अलावा कोई रास्ता न बचा था।

लोकतंत्र में नौकरीशाही ज़्यादा उन्मुक्त हो गई। राजनेताओं और अधिकारियों का एक नया गठबंधन सामने आया जिसने भ्रष्टाचार को शिखर पर पहुँचा दिया क्योंकि उन पर लगाम लगानेवाली कोई ताक़त नहीं थी इसलिए वे फलते-फूलते रहे और अब हालत यह है कि नौकरशाही और राजनेता एक हो गए हैं। यही वजह है कि एक जाति प्रधान पार्टी सत्ता में आते ही अपनी जाति के नौकरशाहों को आगे बढ़ाती है और दूसरी जाति की पार्टी पावर में आ जाती हैं तो अपनी जाति के या अपने समर्थक नौकरशाहों की नियुक्तियाँ ऊँचे पदों पर करती है।

22

नाज़ों की पढ़ाई को जारी रखने के लिए यह ज़रूरी था कि नाज़ों के माँ-बाप से बातचीत की जाती क्योंकि उनकी मर्ज़ी के बग़ैर यह काफ़ी मुश्किल हो जाता और इनमें कई तरह के पेंच पड़ जाते। बकरीदी को मैंने केसरियापुर से बुलवाया। रहमतुन और बकरीदी को साथ बैठाकर मैंने बातचीत की।

"देखो नाज़ो तुम दोनों की बेटी है जैसा तुम चाहोगे वैसा होगा। लेकिन मेरी राय है कि वह पढ़ने में तेज़ है। उसे आगे पढ़ाना चाहिए। मैं पूरा ख़र्च उठाने के लिए तैयार हूँ।"

बकरीदी तो धुर्र किसानों की तरह मुँह खोले सुनता रहा। कभी-कभी अंगोछे से अपना सिर रगड़ लेता था लेकिन रहमतुन के चेहरे पर सैकड़ों सवाल थे।

"भइया हम तो चाहते हैं अब सादी कर दें। लड़की सियानी हो गई है।" वह बोली।

"देखो शादी तो करनी ही है। इसे पढ़ लेने दो।"

"भइया पढ़ जावेगी...बारह चौदह पास कर लेगी तो शादी कहाँ होगी? हमारी बिरादरी में तो पढ़े-लिखे लड़के हैं नहीं...एकी सादी कसत होई?"

"देखो बिरादरी की क्या बात है। लड़का मुसलमान सुन्नी होना चाहिए। बस यही न?"

"नई भइया नई...बिरादरी सादी में न आएगी...हुक्का-पानी बन्द हुई जाई।" वह बोली।

मैं चक्कर में पड़ गया ये बात तो सोची ही नहीं थी।

"अच्छा तुम्हारी बिरादरी फ़क़ीर है न?" मैंने पूछा।

"हाँ भइया हम लोग फ़क़ीर बिरादरी के हैं।"

"देखो कानपुर इलाहाबाद में तुम्हारी बिरादरी के बहुत अच्छे खाते-पीते, पढ़े-लिखे ख़ानदान हैं...वहाँ रिश्ता हो जाएगा।"

"भइया वइसे लोग हमारे घर से लड़की काहे को लेंगे?...न तो एक बिस्वा खेत है और न रुपया-पैसा है।" वह बोली।

"खेतों को छोड़ो...मैं बकरीदी के नाम वह ज़मीन लिख दूँगा जिसे ये जोतते हैं।" मैंने कहा।

रहमतुन पर हैरत का पहाड़ टूट पड़ा। बकरीदी की समझ में पहले तो कुछ न आया पर जब आ गया तो उसने भाड़-सा मुँह खोल दिया। बड़े-बड़े पीले दाँत दिखाई पड़ने लगे।

"ये क्या कह रहे हैं भइया...अरे आपके पुरखों की ज़मीन..."

मैं बात काटकर बोला—"वो सब छोड़ो, अब तो ज़मीन मेरे नाम है।"

"नई-नई भइया...ऐसा न करो।"

"क्यों?"

"नई भइया नई।"

"अरे बताओ न क्यों?"

"लोग का कहिएँ।" वह बोली।

"अरे तुम लोगों के लिए ज़िन्दा हो या अपने लिए?" मैं चिढ़ गया था।

"भइया अब..."

"कुछ नहीं...सुनो बकरीदी...आज से बटाई ख़त्म...तुम कितनी ज़मीन जोतते हो?"

"आठ बीघा।"

"आठ बीघा की पूरी पैदावार तुम्हारी है।"

बकरीदी ने फिर मुँह खोल दिया, "मैं अशरफ से कह दूँगा और फिर जल्दी ही ज़मीन का बैनामा तुम्हारे नाम हो जाएगा...समझे?"

उसने मुँह बन्द करके सिर हिलाया।

"भइया..." रहमतुन ने कुछ बोलना चाहा तो मैंने रोक दिया।

"और हाँ...नाजो को बुलाओ।"

रहमतुन ने नाजो को आवाज़ लगाई। वह जल्दी ही आ गई। शायद आसपास ही इस 'कान्फ्रेंस' का नतीजा जानने को उतावली, टहल रही होगी।

"तुम बारहवीं का इम्तिहान दोगी। समझी। अनु दीदी के साथ जाकर किताबें ले अओ।" मैंने कहा।

वह सामान्य ढंग से मेरी तरफ़ देखने लगी। लगा अपने भाव छिपा रही हो।

तुम एस.एस. अली दिनभर मल्लू मंज़िल में पड़े रहते हो। सुबह अख़बार चाटते रहते हो। दोपहर तक लैपटॉप पर बैठे रहते हो। खाना खाकर सो जाते हो। शाम कोचिंग में पढ़ा देते हो। रात दो-चार लोगों के साथ गप्प मार लेते हो। रात में टी.वी. देखते हो। अनु के साथ गप्प-शप्प मारते हो और सो जाते हो। तुम्हें लोग सनकी रईसज़ादा या खिसका हुआ पत्रकार मानते हैं। तुम लोगों की समझ में नहीं आते। लोग तुम्हें समझना भी नहीं चाहते क्योंकि उन से न तुम्हें कुछ लेना-देना है और न तुम्हें उनसे। इसलिए एक-दूसरे को समझने की कोशिश ही नहीं होती। तुम्हारा सोशल सर्किल बहुत छोटा है और काम तुम बड़े-बड़े करना चाहते हो, यही तुम्हारी प्रॉब्लम है।

तो यहाँ कहाँ जाऊँ? शहर में कोई क्लब है नहीं। बीस साल पहले एक क्लब हुआ करता था वह बन्द पड़ा है। अब लोग एक-दूसरे के घरों में मिलते हैं या पान की दुकानों पर मिलते हैं। मस्जिदों, मंदिरों में मिलते हैं। इनमें से मैं कहाँ जा सकता हूँ? मस्जिदों में सिर्फ़ मुसलमान जाते हैं और मन्दिरों में सिर्फ़ हिन्दू। देश में ऐसी इबादतगाहें हैं नहीं जहाँ हिन्दू मुसलमान दोनों जाते हों। इस तरह की इबादतगाहें सिर्फ़ कवियों की रचनाओं में मिलती हैं जिनसे धार्मिक लोगों ने पर्याप्त प्रेरणा नहीं ली है।

बात हो रही थी कि मैं यहाँ आकर लोगों से जुड़ नहीं पाया हूँ। कैसे जुड़ूँ? धर्म

के नाम पर, जाति के नाम पर सम्प्रदाय के नाम पर मैं जुड़ना नहीं चाहता। और क्या आधार हो सकता है? कला के नाम पर संस्कृति के नाम पर जुड़ने का प्रयास किया था तो बहुत अच्छा नतीजा सामने नहीं आया। लेकिन बहुत सोचने-विचारने के बाद लगता है कि शायद फ़िलहाल वही एक रास्ता है।

एक दिन त्रिपाठी जी आए। बातचीत में पता चला किसी काम से कचहरी जा रहे हैं।

मैंने कहा–''तो आप न्याय के मन्दिर जा रहे हैं।''

वे हँसकर बोले–''न्याय नहीं अब उसे अन्याय का मन्दिर कहिए।''

त्रिपाठी जी चुभती हुई नुकीली और सटीक बात करने में माहिर हैं। मुझे एक पुराना प्रसंग याद आता है। बहुत पहले की बात है जब मैं सी.पी.एम. का कार्यकर्ता था और स्थानीय राजनीति में हिस्सा लिया करता था। एक बार कहीं हम लोग प्रदर्शन कर रहे थे। वहाँ प्रशासन ने दफा 144 लगा दी। पर हम उसका उल्लंघन कर रहे थे। पुलिस तो वहाँ थी ही अचानक एक डिप्टी कलेक्टर भी आ गए और हम लोगों से कहा–''आप लोग फ़ौरन यहाँ से चले जाइए। दफ़ा 144 लगी है। क़ानून का पालन कीजिए।''

त्रिपाठीजी ने कहा–''सर क़ानून का पालन किया गया होता तो आज देश ग़ुलाम होता। अंग्रेज भी तो यही कहते थे कि क़ानून का पालन करो...आपका काम क़ानून को लागू करना है और हमारा काम क़ानून को तोड़ना है। हम अपना काम कर रहे हैं। आप अपना काम कीजिए।''

मैं त्रिपाठी जी के साथ 'न्याय के मन्दिर' आ गया।

''त्रिपाठी जी यहीं एक ऐसा मन्दिर है जहाँ हिन्दू-मुसलमान सब मिल जाते हैं।''

त्रिपाठी जी दिल खोलकर हँसे और बोले–''हाँ इस मामले में सब बराबर हैं।''

'न्याय के मन्दिर' का हाल निराला है। शहर में जितनी तादाद वकीलों की है उतनी किसी पेशे से ताल्लुक़ रखने वाले लोगों की नहीं है। मैं वकीलों की प्रतिभा, क्षमता और कार्य-कुशलता का पूरी तरह कायल हूँ। हमारे देश के इतिहास में उनका अभूतपूर्व योगदान है। देश को बनानेवाले भी वही हैं और देश को तोड़ने वाले भी वही थे।

वकीलों के लिए प्रशासन की तरफ़ से जो ऑफ़िस बनाए गए हैं वे खचाखच भरे हैं। जो शेड डाले गए हैं वे भी खचाखच भरे हैं। अदालतों के इधर-उधर फैले मैदानों में वकीलों ने झोंपड़े या झोंपड़ेनुमा टीन के शेड डाल रखे हैं और उनमें बैठते हैं। आमतौर पर एक झोंपड़े में एक वकील का ऑफ़िस है जिसमें प्राय: एक तख़्त पड़ा होता है जिस पर वकील का काला बक्सा रखा होता है और उसके बराबर मुंशी

बैठता है। पता नहीं क्यों, कब, कहाँ, किस तरह वकीलों के लिए काला रंग सुनिश्चित कर दिया गया था। कम-से-कम हमारे देश में तो काला रंग अच्छा नहीं माना जाता है। लेकिन वकीलों के कोट काले रंग के होते हैं, बक्से काले रंग के होते हैं। इस तरह न्याय के मन्दिर में सब काला ही काला दिखाई देता है।

पुराने-पुराने कामरेड वकील मिलने लगे। ऐसे कामरेडों की संख्या ज़्यादा थी जो पार्टी छोड़ चुके थे। दिल्ली में किसी ने मज़ाक़ में ही कहा होगा। कम्युनिस्ट पार्टियों के जितने सदस्य हैं उससे दस गुना लोग ऐसे हैं जो पार्टी छोड़ चुके हैं। बहराल लोग मिले। ज़्यादातर ने कहा कि उन्हें काव्य संध्या वाले प्रोग्राम की जानकारी ही नहीं मिली थी। हम हिन्दीभाषी लोग दोस्तों, जान-पहचानवालों या अजनबियों तक को सलाह-मश्विरा देने में बहुत निपुण हैं। अलग-अलग बस्तों पर वकीलों, दोस्तों ने सलाह दी। किसी ने कहा मैं आई.आई.टी. खोल दूँ। किसी ने कहा कि इस ज़िले में सरकार उद्योग-धंधों को बढ़ावा दे रही है मैं एक दाल मिल डाल दूँ तो बहुत अच्छा हो। किसी ने लड़कियों के डिग्री कॉलेज का आइडिया दिया। बहुत अधिक लोग इस पक्ष में थे कि मैं स्थानीय अख़बार निकालूँ जो अंग्रेज़ी, हिन्दी और उर्दू में एक साथ छापा जाए। ये सलाहें उस स्थिति में दी गईं जब मैंने किसी से कोई सलाह माँगी नहीं थी।

एक बात सभी वकील कह रहे थे कि वकालत अब सिर्फ़ दलाली का धंधा रह गई है। कुछ ने साफ़-साफ़ घूस देने-लेने के प्रसंग बताए।

कचहरी जाने से एक फ़ायदा यह हुआ कि बहुत से लोगों ने फ़ोन नम्बर मिले। और यह आइडिया आया कि क्यों न शहर के उन लोगों की एक 'डायरेक्टरी' बनाई जाए जो पढ़े-लिखे हैं, सामाजिक-सांस्कृतिक कामों में रुचि ले सकते हैं। इस राय को त्रिपाठी से अच्छा और कौन कर सकता है। मैंने उनसे कहा और वे तैयार हो गए।

मैं अँधेरे में सोने का आदी हूँ। कमरे में घुप्प अँधेरा था और मेरी आँख ही लगी थी कि महसूस हुआ मेरे बिस्तर में कोई घुस रहा है। जल्दी ही पता चल गया कि वह अनु है। लेटते ही वह फुसफुसाई–नींद नहीं आ रही थी।''

''क्यों?''

''कुछ नहीं...कभी-कभी ऐसा होता है।''

''कोई कहानी सुनाऊँ?''

वह हँसी।

''तो क्या करूँ बताओ?''

''क्या कुछ करना ज़रूरी है। चुपचाप लेटे रहो।''

हम दोनों एक-दूसरे की साँसों की हल्की-हल्की आवाज़ें सुनते रहे।

"अब मैं अपने कमरे में जा रही हूँ।"

"क्यों यहीं लेटी रहो।...लेकिन सुबह नाज़ो चाय लेकर आएगी।"

"तो क्या हुआ।"

"उसे पता चल जाएगा।"

वह हँसी।

"क्यों हँस रही हो?"

"नाज़ो सब जानती है।"

"क्या? कैसे?"

"यही मेरे तुम्हारे सम्बन्ध।"

"कैसे? अन्दाज़ा लगाया है?"

"नहीं।"

"फिर?"

"मैंने उसे बता दिया है।"

"अच्छा?" मैं कोहनी के बल उठ गया। अब उसका चेहरा मेरे चेहरे के सामने आ गया।

"तुमने उसे सब बता दिया?"

"हाँ।"

"क्यों?"

"ये ज़रूरी था।"

"समझ गया।"

"तुमने बुरा तो नहीं माना।"

"नहीं...बुरा क्यों मानूँगा...लेकिन..."

"तुम्हारी आँखों में उसके लिए जो भाव देखती थी वह मुझसे सहन नहीं होता था।"

23

संसार के सबसे बड़े लोकतंत्र में नई सरकार बन गई। हमारे पुराने मित्र और राजनीति के मैदान के धाकड़ खिलाड़ी हाजी शकील अहमद अंसारी की पार्टी ने मिली-जुली सरकार बना ली। हाजी साहब को उनकी वरिष्ठता और योगदान के मुताबिक गृह मंत्रालय सौंपा गया। अख़बारों और टी.वी. पत्रकारों ने पहले तो चुनाव और फिर नई सरकार को सिर पर उठा रखा था। मैंने अपने पुराने मित्र शकील अहमद अंसारी को फ़ोन मिलाया तो उनके निजी सचिव रियाज़ ने फ़ोन उठाया। वह मेरी आवाज़

पहचान गया। क्यों न पहचानता उसे मालूम है कि हाजी साहब अगर कभी-कभी 'तौबा तोड़ते' हैं तो मेरे और अहमद के साथ ही यह सम्भव होता है। हम तीनों में पैंतीस साल पुरानी दाँत-काटी दोस्ती है।

"जी सर...हाजी साहब को अभी फ़ोन देता हूँ।" उसने कहा और फिर फ़ौरन ही शकील की आवाज़ आई।

"कहाँ हो...अरे अब तो दिल्ली आ जाओ।"

मैं हँसा-"तुम वहाँ हो तो और किसका गुज़र हो सकता है।"

"वही पुरानी आदत...ख़ैर बताओ सब कैसा है? नूर भाभी कैसी हैं और हीरा मियाँ क्या कर रहे हैं?"

"दोनों ख़ुश हैं...हीरा ने थीसिस जमा कर दी है और नूर एन.जी.ओ. में काम कर रही हैं।"

"भाई अहमद के क्या हाल हैं...मुझे उसका एक मेल यू.एस. से मिला था।"

"उसका ऑपरेशन हो गया है...ठीक हो रहा है...जल्दी ही आएगा। और सरकार कैसी चल रही है?"

"ये सब फ़ोन पर बतानेवाली बातें नहीं हैं। दिल्ली आओ तो बात हो।"

"चलो अब तो आना ही पड़ेगा...वैसे मैं दो साल से टाल रहा हूँ।"

"ऐसी भी क्या बेज़ारी...माना कि तुम्हें पसन्द नहीं लेकिन कुछ दिन के लिए ही आ जाओ।"

एक दो और छोटी-मोटी बातों के बाद बातचीत ख़त्म हो गई। मैं अख़बार में छपी नए मंत्रिमंडल की तस्वीरें देखने लगा। नई सरकार बन गई है, क्या होगा? ये सरकार न बनती तो क्या कुछ होता? चन्द सौ लोग और उनसे जुड़े चन्द हज़ार लोग ज़्यादा फ़ायदा उठा पाएँगे। बस यही होगा। पहले वे घोटाले करते थे, अब ये घोटाले करेंगे। नीतियों में जो भी फ़र्क़ हो आम आदमी पर क्या असर पड़ेगा? जैसे मज़दूर, रिक्शाचालक, ग़रीब किसान, छोटे-मोटे मध्यम या निम्न मध्य लोगों की ज़िन्दगी पर क्या फ़र्क़ पड़ेगा? क्या धनवान ग़रीब हो जाएगा? क्या उसकी सम्पत्ति ले ली जाएगी? मतलब प्रायः सब कुछ उसी गति से चलता रहेगा जिस गति से चल रहा था। तो क्या राजनीतिक दलों में कोई अन्तर नहीं है? क्या सबका 'एजेंडा' एक ही है? फिर नई सरकारें क्यों बनती हैं? चुनाव पर देश खरबों रुपया क्यों ख़र्च करता है? क्यों नहीं सभी दल मिलकर एक सरकार बना लेते और उसे चलाते रहें? जहाँ तक जनता की भलाई या नीतियों का सवाल है, सब दल लगभग सहमत हैं कि जिस तरह से देश चल रहा है वैसे ही चलता रहेगा।

"मैं चाहता तो ये था कि तुम्हें कोई अच्छी ख़बर सुनाऊँ लेकिन लगता है मेरा अच्छी

ख़बरों का कोटा ख़त्म हो गया है।' अहमद के ई-मेल की इन लाइनों ने भयानक शंकाएँ पैदा कर दीं। मैं स्क्रीन पर आँखें गड़ाकर पढ़ने लगा। उसने लिखा था– 'अमेरिका में ऑपरेशन के बाद तीन महीने रहा। 'केयर सेन्टर' में तीन महीने गुजारने और ऑपरेशन के बाद पूरी देख-भाल, दवाएँ खाने, दर्द झेलने के बावजूद चलने-फिरने के क़ाबिल नहीं हो सका। डॉक्टरों का कहना है इसमें एक साल तक लग सकता है भाई साहब की यही राय है कि मैं एक साल यहाँ रहूँ लेकिन मेरा दिल, जो अब तक किसी भी ऑपरेशन से महफ़ूज़ है, लगातार इन्कार करता रहा। मैं भाई साहब से कहता रहा कि एक साल का ये वक़्त हिन्दुस्तान में अच्छी तरह गुज़ार सकता हूँ। दवाएँ खाता रह सकता हूँ और डॉक्टरों से 'कानटैक्ट' बना रह सकता है। लेकिन भाई साहब तैयार ही नहीं थे। पता नहीं शायद उनके दिल में ये था कि छोटे भाई के इलाज की पूरी ज़िम्मेदारी उनके ऊपर है। चाहे जितना पैसा ख़र्च हो जाए लेकिन इलाज उन्हें कराना है। मैं ये सब जानते हुए कि पैसे कि कमी न तो भाई साहब के पास है और न मेरे पास है, इसरार करता रहा कि मुझे हिन्दुस्तान भिजवा दीजिए। भाई साहब और मेरे दरम्यान ये 'डिबेट' एक महीने तक चलती रही। मुझे जब यह लगा कि बात बन नहीं रही है तो मैंने डॉक्टरों को 'इन्वाल्व' किया। उनसे कहा कि ठीक होने के लिए मुझे जो 'इमोशनल सपोर्ट' चाहिए वह हिन्दुस्तान में ही मिल सकती है। डॉक्टर मेरी राय से मुत्तफ़िक़ थे। उन्होंने भाई साहब से कहा और नतीजे में मैं दिल्ली आ गया हूँ। अपने मयूर विहार वाले फ्लैट में हूँ। कुछ पुराने फारेन सर्विस के दोस्त हैं जो हाय हेल्लो कर देते हैं। एक-दो ऐसी ख़वातीन भी रहती हैं जिनसे उस ज़माने में जब 'आतिश' जवान था, कुछ रस्मोराह थी। बक़ौल मख़दूम मोहिउद्दीन–'इस शहर में एक आह-ए-ख़ुश चश्म से हमको। कम-कम ही सही निस्बते पैमाना रही है।''

शेर पढ़कर मैं हँसा। अहमद का यह प्यारा शेर है। क्यों न होता। हर शहर में उसने एक राग अलापा था जब 'आतिश' जवान था।

''तो सुनो...अब मैं दिल्ली में हूँ। सुना तुम दिल्ली नहीं आते और इस प्यारे शहर से नफ़रत करने लगे हो। यार ऐसा मत करो...''

मुझे फिर हँसी आ गई।

''कोई बात नहीं दिल्ली से नफ़रत करते रहो लेकिन मुझसे तो नफ़रत न करो...अच्छा हाँ अपना यार शकील होम मिनिस्टर हो गया है। यार मुझसे ग़लती हो गई...मैं भी साला 'पॉलिटिक्स' ज्वाइन कर लेता तो अच्छा था। अब्बा जान का बनाया हुआ 'बेस' तो था ही।''

मैं अतीत में चला गया। लखनऊ में सौ साल पुरानी शानदारी कोठी। राजा अरगला सर सैयद इक़बाल अहमद का महल। पुराने झाड़-फानूस, घिसे हुए ईरानी

काली। रंग-बिरंगी काँच की खिड़कियों से आती रोशनी। तीन-चार पीढ़ियों की, शानदार फ्रेम में जड़ी, क़द्दे-आदम तस्वीरें। विशाल ड्राइंग रूम लेकिन सब ज़वाल की तरफ़ मायल। ख़ाक और धूल में अटा हुआ। लंबे विशाल कॉरीडोर !आगे लॉन जो सूखकर किसी 'बेवा की जवानी या बनिए की किताब' बन गया था। पीछे बाग़ जहाँ लौंडे गुल्ली-डंडा खेला करते थे। धोबी कपड़े सुखाया करते थे, सर्वेन्ट क्वाटर में चिन्ना का विशाल ख़ानदान आबाद था। आज वह महल नहीं। उसकी जगह सैकड़ों डीलक्स फ्लैट बन गए हैं।

अहमद ने आगे लिखा था–''चलो जो हुआ ठीक ही हुआ। अब साठ साल की उम्र में कभी ज़िन्दगी की किताब खोलता हूँ तो लगता है, मैंने ज़िन्दगी को पूरी तरह जिया है और अब सिक्के का दूसरा पहलू सामने आ रहा है। तुम कहा करते थे न कि हर ख़ुशी के पीछे एक दुख छिपा होता है। तो मेरी सारी खुशियों के पीछे यही दुख थे जिन्हें मैं देख नहीं सकता था। शायद कोई नहीं देख पाता। मैं ज़िन्दगी भर जितना 'बिज़ी' रहा आजकल उतना ही 'फ्री' हूँ और सोचते-सोचते अक्सर शूजा और दिलबर की याद आती है। यार देखो कितनी अजीब बात है जो आपने लम्बे अर्से से नहीं देखा उसकी याद आपको कितना मजबूर कर देती है। दिलबर की याद एक इसी तरह का ज़ख़्म है। तुम्हें तो याद होगा शूजा ने मुझसे शादी तो ज़बरदस्ती की थी। इसलिए मैं कभी उसे बीवी का दर्जा दे नहीं पाया लेकिन दिलबर मेरा बेटा है। मेरी अकेली औलाद और उसे मैंने सालो से नहीं देखा। मेरे दिमाग़ में उसकी वह तस्वीर है जब वह दो साल का था। उसे मेरी क्या याद होगी मैं नहीं जानता। यार शूजा ने मेरे साथ जो ज़ुल्म किया है उसका हिसाब नहीं हो सकता। पता नहीं वह कहाँ है, शायद सिडनी में है। दिलबर अब आठ साल का हो गया होगा। क्या वह अपनी माँ से यह न पूछता होगा कि मेरे डैडी कौन हैं? कहाँ हैं? कैसे हैं? पता नहीं शूजा उसे क्या बताती होगी अब तो यही उम्मीद है कि दिलबर कुछ और बड़ा होकर मेरी तलाश में हिन्दुस्तान आएगा तो शायद मुझे ढूँढ़ निकाले। उसके पास सबसे बड़ा सुराग़ है उसका 'बर्थ सर्टीफिकेट'। उसी के सहारे वह मुझ तक पहुँच सकता है। लेकिन यार तब तक क्या मैं ज़िन्दा रहूँगा? अब सोचता हूँ कि शकील से कहूँ–''होम मिनिस्टर के लिए शूजा और दिलवर का पता लगाना मुश्किल न होगा।''

अहमद का ई-मेल पढ़ने के बाद मैं सो नहीं सका। कुछ पढ़ने की कोशिश की तो पढ़ न सका। करवटें बदलता रहा फिर धीरे से उठा और अपने कमरे से निकलकर अनु के कमरे में चला आया। हम दोनों अपने कमरे के दरवाज़े खुले रखते हैं। अनु के कमरे में टेबुल लैम्प जल रहा था। किताब मेज़ पर खुली पड़ी थी। उसके चेहरे पर आधी रोशनी पड़ रही थी। बाल रोशनी में चमक रहे थे। वह बेख़बर

सो रही थी। मैं खड़ा उसे देखता रहा। मैं उसके साथ अपना दुख बाँटने आया था। मैं आया था कि उसे वह सब पता सकूँ जो अहमद ने मुझे लिखा था। लेकिन मेरी हिम्मत नहीं पड़ रही थी कि उसे जगा दूँ। मैं खड़ा उसे देखता रहा। बच्चों जैसा भोला और मासूम चेहरा। छोटी सी पतली नाक और चमकता छोटा-सा हीरा। मुझे लगा कि उसे जगाए बिना ही उससे मेरी बातचीत हो रही है। मेरे अन्दर जो तनाव था वह कम हो रहा है। मैं आगे बढ़ा लैम्प ऑफ किया और कमरे से बाहर निकल गया।

24

केसरियापुर में अनु ने यह कहकर एक नया मसला खड़ा कर दिया कि वह नाज़ो के साथ उसके घर में ठहरेगी। ये सुनकर मुझे पहले तो यक़ीन नहीं आया लेकिन जब आ गया तो सन्नाटे में आ गया। एक कच्ची कोठरी और उसके आगे एक छप्पर जिसके सामने छोटा-सा अहाता है जहाँ बकरीदी के भैंसे, एक गाय और कुछ मुर्ग़ियाँ निवास करते हैं। कोठरी और छप्पर के नीचे पूरा परिवार रहता, सहता, खाता-पीता, सोता-जागता, मरता-खपता और न जाने क्या-क्या करता रहता है।

"तुम्हारे सोने की वहाँ कोई जगह नहीं है।" मैंने अनु से कहा।

"मैं नाज़ो के साथ सो जाऊँगी।"

"अरे वहाँ कोई बाथरूम नहीं है।" मैं सख़्ती से बोला।

"नाज़ो के साथ खेत चली जाऊँगी।"

"अरे वहाँ नहाओगी कहाँ?"

"नाज़ो के साथ तालाब में।"

जी में आया कह दूँ, मरो, जो चाहे करो लेकिन दाँत पीसता रह गया और इस बात पर तैयार होना पड़ा कि अनु नाज़ो के साथ उसके घर में रहेगी।

यह ख़बर घर में बम की तरह फटी। अशरफ खाँसते हुए बोला–"अरे बिटिया वहाँ कहाँ रहेगी...यहाँ चौरा में जगह की कमी है क्या?"

अशरफ के लड़के हैरान रह गए।

त्रिपाठी जी जो मेरे साथ गए थे बोले–"मैडम से कहिए वहाँ पयाल पर सोना पड़ेगा और रात में खुटकियाँ काटेंगी।"

अनु को जितना समझाने की कोशिश की जाती थी उतनी ही उसकी ज़िद बढ़ती जाती थी।

"ठीक है तो स्लीपिंग बैग ले लो।" मैंने कहा।

"अच्छा ले लेंगे।"

"और पानी ले लो।"

"ले लेंगे...और बोलो?" वह हँसकर बोली।

"तुम मुझे चिढ़ा रही हो क्या?"

"अरे भाई हम अपने गाँव में इसी तरह के कच्चे घरों में रहते आए हैं...पापा बचपन में जब कभी गाँव ले जाते थे..."

"बचपन की बात छोड़ो...अब तुम बच्चा नहीं हो...चालीस साल की हो।" कहने को तो मैंने कह दिया था पर 'रियालाइज़' किया कि अनु अब भी बच्ची है और शायद यही वजह है कि मैं उसके आकर्षण में गिरफ़्तार हूँ।

"जो चाहो करो।" मैंने जलकर कहा।

वह हँसते हुए बोली–"ठीक है तो मैं जा रही हूँ।"

"तुम्हारे लिए खाना भेजा जाएगा?"

"नहीं। वहीं पकेगा।"

अनु और नाज़ो जब चौरे से निकलीं तो गाँव के अधनंगे, बच्चों की भीड़ उनके पीछे चलने लगी। लोग घरों से निकलकर देखने लगे। यह बात गाँव में आग की तरह फैल गई कि एक दिल्ली की मास्टरनी नाज़ो के घर में रहने जा रही है। आई है डिप्टी साहब के लड़का के साथ पर रहेगी बकरीदी के घर।

अनु बकरीदी के घर थी लेकिन मुझे मिनट-मिनट की रिपोर्टें मिल रही थीं अशरफ के बेटे 'हाट लाइन' बने हुए थे। दीदी ने पहले चूल्हे को लीपा है। उसके बाद कहा कि आज पूरे घर के लिए वही खाना बनाएँगी। बकरीदी डर के मारे घर में नहीं घुस रहा अपने भाई के यहाँ बैठा है। रहमतुन हर काम के लिए अनु को रोक रही है लेकिन अनु के अन्दर अतिरिक्त उत्साह आ गया है।

अगले दिन सुबह अनु नाज़ो के साथ गाँव की सैर के लिए निकली और उनके साथ गाँव की कई लड़कियाँ हो गईं। इमली के पेड़ के नीचे अनु रुक गई और कहने लगी कि वह कच्ची इमली खाना चाहती है। फ़ौरन ही एक लड़का पेड़ पर चढ़ गया और दो-तीन लड़के लम्बे-लम्बे बाँस ले आए। ज़रा देर में एक टोकरी इमली जमा हो गई। कुएँ पर पहुँची तो अनु ने पानी खींचने की ख्वाहिश ज़ाहिर की, कुम्हार के घर से एक घड़ा ले लिया, बढ़ई से अपने लिए तख़्ती बनवाने बैठ गई। दोपहर को खेतों पर होले भूने गए। कोई लड़की घर से चटनी पीस लाई। रहमतुन ने घर से अरहर की दाल और बेर्रे की रोटी भिजवा दी जिसकी अनु ने फ़रमाइश की थी। दोपहर के बाद आम के बाग में फूला डाला गया और लड़कियों के साथ ख़ूब झूला झूली। कहीं से एक ढोलक आ गया था। ढोलक पीट-पीटकर लड़कियों ने उल्टे-सीधे गाने गाए और बड़ी मस्ती काटी। उसके बाद किसी ने कहा कि चलो आँगनबाड़ी चलें तो पूरा ग्रुप आँगनबाड़ी पहुँच गया। वहाँ लगे पोस्टर देखे। दुमेड़ा

सिंह ग्राम प्रधान की पोतहू से भी अनु की दोस्ती हो गई। शाम को किसी ट्यूबवेल में नहा धोकर दोनों शाम होने से पहले घर लौटीं।

लकड़ी की पुरानी मेज़ पर रखे पुराने लैम्प की रोशनी इतनी तेज़ नहीं है आसपास बैठे लोग पूरी तरह दिखाई पड़े। जो मेज़ के नज़दीक बैठे हैं उनके आधे-आधे चेहरे पर रोशनी थरथरा रही है। छत की तरफ़ घुप्प अँधेरा है, सामने मलगिजा अँधेरा है जहाँ आती-जाती परछाइयाँ दिखाई पड़ रही हैं। लगता है यहाँ ज़िन्दा लोग नहीं हैं, किसी यूरोपियन पेन्टर का चित्र है जो सजीव हो उठा है।

बातचीत के गिने-चुने विषय हैं जिनमें पहला खेती किसानी से मुत्तालिक है। गेहूँ लगा दिया गया है। पहला पानी दे दिया गया है। अब थोड़ा आराम है। दूध के काम में खेती से ज़्यादा मुनाफा है लेकिन सुबह-सुबह तीन बजे से जानवरों की सेवा, दूध दुहना और उसे लेकर खुरजी बाज़ार ले जाना और हलवाइयों को उधार पर देने के काम में तकलीफ़ भी है और खतरा भी रहता है। कभी-कभी हलवाई पैसे मार लेते हैं। गाँव की राजनीति ठाकुर-यादव गुटों की राजनीति है, बहुत उग्र हो चुकी है। ग्राम प्रधानी के चुनाव की चर्चा, सरकारी योजनाओं पर तब्सिरा, गाँव की मुक़दमेबाज़ी वग़ैरह-वग़ैरह की चर्चा होती रही। मुझे लगता रहा गाँव को आज से तीस-पैंतीस साल पहले मैं जहाँ छोड़ गया था वहाँ से बहुत कम आगे बढ़ा है। और आगे भी शायद बुराई में बढ़ा है। मोबाइल और टी.वी. के खर्चे बढ़ गए हैं। बन्दूक का लाइसेंस लेने के लिए रिश्वत की दरों में बढ़ोतरी हुई है। पानी का 'लेवल' नीचे चला गया है। पुराने ट्यूबवेल फेल हो गए हैं।

देर तक इन्हीं बातों की चर्चा रही। ज़्यादा वही लोग आपस में बातचीत कर रहे थे। मैं केवल सुन रहा था। 'हाँ' त्रिपाठी जी अपने ध्वस्त कर देनेवाले वाक्यों के तीर कभी-कभी चला देते थे।

सब लोगों के धीरे-धीरे चले जाने के बाद मैं और त्रिपाठी जी अकेले रह गए। अशरफ के लड़कों ने मेज़ पर खाना लगा दिया।

"त्रिपाठी जी एक बात सोचता हूँ...आपकी क्या राय है?"

"क्या?"

"मैं बँटाईदारों को ज़मीन दे दूँ।"

"दे दूँ?"

"मतलब उनके नाम लिख दूँ?"

"क्यों?"

"उस पर उन्हीं का हक़ है। मेरा नहीं।"

"ये तो आपक़ी पुश्तैनी जायदाद है।"

''हाँ है।''

''कई पीढ़ियों से होगी।''

''हाँ चार-पाँच पीढ़ियों से होगी ही।''

''जानेवाली पीढ़ी आनेवाली पीढ़ी को परिवार की सम्पत्ति सौंपती रहती है।''

''मैं इस बात पर यक़ीन नहीं करता।''

''अच्छा एक बात बताइए...आपने तो यह ज़ायदाद नहीं बनाई है।''

''हाँ।''

''तो आपको क्या अधिकार है कि इसे किसी को दे दें। भाई आप अपनी कमाई हुई सम्पत्ति तो जिसको चाहे दे दें...पर पुरखों की सम्पत्ति, जो आपने नहीं कमाई उस पर...'' त्रिपाठी जी ने वाक्य अधूरा छोड़ दिया।

''सवाल पर ग़ौर करने के अलग-अलग तरीके हो सकते हैं।''

''भाई मैं तो समझता हूँ आप अपने पैसे से ज़मीन ख़रीदकर इन्हें दे दें...तो बात समझ में आती है...वैसे आपके कुछ बँटाईदार तो खाते-पीते लोग हैं...उनके पास अपनी ज़मीन या कारोबार है...उन्हें आप ज़मीन क्यों दें?''

''जैसे?''

''रामसेवक है...दूध से उसे दस हज़ार महीना की आमदनी है...पक्का मकान बनवा लिया है उसने...''

''तो जिन्हें ज़रूरत है उन्हें।''

''तो राम सेवक जैसे बँटाईदारों का क्या करेंगे? उन्हें जब पता चलेगा कि जिस ज़मीन को वे जोतते हैं, वह किसी को दान में दी जा रही है तो चुप तो न बैठेंगे?''

''क्या करेंगे?''

''अरे शिकमी की एक दरखास्त लगा देंगे तो मुकदमा क़ायम हो जाएगा। ज़मीन उन्हें मिल जाएगी जिन्हें आप देना नहीं चाहते।''

मैं सोच में पड़ गया।

कुछ देर बाद त्रिपाठी जी बोले-''और फिर इस चौरे का क्या होगा? यहाँ कौन-सा बँटाईदार रहेगा?''

''हूँ।''

कुछ देर तक सिर्फ़ खाना खाने की आवाज़ आती रही। गर्म रोटियों की भाप से लैम्प के शीशे पर धुँधले धब्बे पड़ और मिट रहे थे।

''वैसे बकरीदी से तो मैंने वायदा कर लिया है।''

''क्या?''

''जो ज़मीन वह जोतता है उसके नाम लिख दूँगा।''

''देखिए बकरीदी की बात तो अलग है...तीन-चार पीढ़ियों से उसका परिवार

आप लोगों की सेवा कर रहा है। सब जानते हैं उसके पास आज भी कुछ नहीं है...उसे आप देंगे तो ठीक है।''

''त्रिपाठी जी ये बात मेरे दिल में काँटे की तरह चुभती है कि सामन्ती व्यवस्था के अन्तर्गत हासिल की गई ज़मीन जिसे हमेशा दूसरों ने जोता-बोया-काटा है उसका स्वामी मैं हूँ...इस बात को मैं 'जस्टीफाई' नहीं कर पाता। और ये सिलसिला न जाने कब से चला आ रहा है...मैं नहीं चाहता और आगे चले।''

''देखिए चीज़ आपकी है, जो चाहें कर सकते हैं। आज दोपहर को मैं आपकी खसरा, खितौनी और नक्शा देख रहा था। कोई पच्चीस बीघा ज़मीन किन्हीं मुस्मात जवादी बेगम के नाम है...ये कौन हैं?''

''जवादी बेगम...मेरी माँ की बहन...मेरी खाला...लेकिन उनका नाम...अरे अशरफ इधर आओ।''

अशरफ हाथ पोंछता हुआ आ गया।

''ये पच्चीस बीघा जवादी बेगम के नाम...क्या है?''

''भइया आपकी खाला थीं...जब सीलिंग-वीलिंग का मामला शुरू होनेवाला था तो डिप्टी साहब ने कुछ ज़मीन उनके नाम कर दी थी।'' अशरफ ने कहा।

''त्रिपाठी जी ज़रा नक़्शे में देखिए...वो कौन से नम्बर हैं।''

मेज़ पर ख़सरा, खितौनी और नक़्शा बिछ गया।

''देखिए...ये नम्बर...यहाँ से यहाँ तक।'' त्रिपाठी जी ने बताया।

''अशरफ ये बताओ...बकरीदी कौन से नम्बर जोतता है?''

अशरफ ने बताया तो पता चला कि बकरीदी उन्हीं नम्बरों में कुछ नम्बर जोतता है जो खाला के नाम पर चढ़े हुए हैं।

''जवादी बेगम के वारिस कौन हैं?'' त्रिपाठी जी ने पूछा।

''खालू तो नावल्द थे। उनके कोई औलाद न थी।''

''ख़ालू के भाई?''

''हाँ भाई तो थे...एक भाई थे...सैयद आबिद हुसैन।''

''वे भी अब जीवित न होंगे?''

''नहीं...अब तो नहीं हैं।''

''उनके बेटे?''

''एक बेटा है...''

''तो क़ानून के हिसाब से इस ज़मीन का मालिक वही है।'' त्रिपाठी जी ने कहा।

''ओहो।''

''उसका नाम क्या है? कहाँ रहता है?''

"त्रिपाठी जी ये तो मालूम करना पड़ेगा।"

"बड़ी लम्बी कार्यवाही होगी..." त्रिपाठी जी ने कहा।

रात मैं सो नहीं सका। मैंने बकरीदी को ऐसी ज़मीन देने का वायदा कर लिया है जो मेरी है ही नहीं। और फिर सैयद आबिद हुसैन उर्फ महरूम सुल्तानपुरी के भतीजे कौन हैं? कहाँ रहते हैं? क्या करते हैं? उनसे कैसे 'कानटैक्ट' हो पाएगा? और उन्हें जब यह पता चलेगा कि पच्चीस बीघा ज़मीन के मालिक हैं जिसका दाम आज करोड़ों नहीं तो लाखों ज़रूर है तो उन पर क्या असर होगा? क्या वे इस बात पर तैयार हो जाएँगे कि बग़ैर एक पैसा लिए-दिए ज़मीन उनके हाथ से निकल जाए? हो सकता है वे ख़ुद मार्केट रेट पर ज़मीन बेचना चाहें? ये तो महज़ इत्तिफ़ाक़ है कि उन्हें आज तक यह पता नहीं है कि वे लाखों की ऐसी ज़ायदाद के मालिक हैं जिसके बारे में उनहें मालूम ही नहीं है।

ख़ैर अब आगे क्या किया जाना चाहिए? इतने लम्बे अर्से बाद खालू महरूम सुल्तानपुरी के ख़ानदानवालों को मेरी क्या याद होगी? मैं भी नहीं जानता कि वे कौन लोग हैं। सिर्फ़ इतना पता है कि मुग़लपुरा में उनका घर था। कल किसी को सुल्तानपुर भेजा जा सकता है कि वह मुग़लपुरा में महरूम सुल्तानपुरी के भतीजे का पता लगाकर आए लेकिन ये बात ज़ाहिर नहीं होनी चाहिए कि यह तहक़ीक़ात क्यों हो रही है। अब मसला यही है कि उनका भतीजा कौन है? कैसा आदमी है? क्या करता है? उसे लाइन पर कैसे लाया जा सकता है? बहुत से सवाल हैं और जवाब कोई नहीं।

सुबह अनु आई और बोली कि वह अपना बैग लेने आई है। मैं रातभर का जागा हुआ और हज़ार क़िस्म की फ़िक्रों को झेल रहा था। मुझे गुस्सा आ गया।

"बैग लेने आई हो?"

"हाँ।"

"क्यों? क्या दिल्ली जा रही हो?"

वह हँसने लगी। बोली।

"आज रात मैं ठाकुर दुमेड़ा सिंह की पुत्र वधू की मेहमान हूँ। कल रात राम प्रसाद शर्मा जी की बेटी शीतला ने बुलाया है। उसके बाद सीताराम यादव की लड़की चिदम्बरा के साथ..."

मैं बात काटकर बोला–"मेरे अलावा और सब..."

"अरे आपके साथ तो रहते ही हैं।"

वह हँसकर बोली।

''ठीक है बैग ले जाओ। फ़ोन करती रहना।''

''हाँ-हाँ हम आपको फ़ोन करते रहेंगे।''

अनु चली गई। मैं सोचने लगा। यार मैं तीन-चार पीढ़ियों से इस गाँव में रह रहा हूँ वह नहीं कर सका जो इस छोटी-सी औसत क़द-काठी की औरत ने एक दिन में करके दिखा दिया। मैं हैरान हूँ कि इतना अच्छा जन-सम्पर्क एक दिन में कैसे बन सकता है।

अनु के जाने के बाद मैं अपनी मूल समस्या पर आ गया। सुल्तानपुर कौन जाए? अशरफ को भेजूँ या त्रिपाठी जी को रवाना करूँ? अशरफ के जाने से शायद मामला बिगड़ जाए। लोग समझ जाएँ कि मामला क्या है। इसलिए त्रिपाठी जी को भेजना ज़्यादा अच्छा है।

''यार त्रिपाठी जी...आपको इस मामले में मदद करनी है।'' मैंने कहा।

''हाँ-हाँ बताइए?''

''आप सुल्तानपुर में किसी को जानते हैं?''

''जानता तो नहीं...पर सम्पर्क निकल आएगा।''

''तो प्लीज़ सुल्तानपुर चले जाइए...और वहाँ मुग़लपुरे में महरूम सुल्तानपुरी के भतीजे...''

''हाँ-हाँ समझ गया। हो जाएगा। ऐसा भी क्या काम है। यह तो सी.आई.डी. वालों जैसा काम हो गया।'' वे हँसकर बोले।

मैं उछल पड़ा। एक शानदार आइडिया।

''त्रिपाठी जी यह सी.आई.डी. नहीं बल्कि आई.बी. वालों का काम है।''

''कैसे?''

''आपने सी.आई.डी. कहकर एक आइडिया दे दिया।''

''क्या?''

''आज की तारीख़ में गृह मंत्री कौन हैं?''

त्रिपाठी जी हँसने लगे।

''अरे तो आपको क्या कमी है साजिद भाई।''

मैंने शकील को फ़ोन मिलाया तो रियाज़ ने फ़ोन उठाया और फ़ौरन पहचान गया।

''जी सर...आदाब...हाजी साहब से बात करेंगे?''

''नहीं तुम्हीं से बात करनी है।''

''मुझसे?''

''हाँ...छोटा-सा काम है, हाजी साहब को क्यों तकलीफ़ दूँ।''

''जी बताइए सर।'' रियाज़ बोला।

''सुल्तानपुर जिला है न यू.पी. का।''

"हाँ-हाँ सर...मैं लखनऊ का हूँ।"

"हाँ तो खूब जानते होंगे।"

"सुल्तानपुर में एक मोहल्ला है मुग़लपुरा...वहाँ कभी मजरूह सुल्तानपुरी रहा करते थे। उनके एक भतीजे हैं...नाम पता नहीं है...एक ही भतीजे हैं...उनके बारे में 'डिटेल्स' चाहिए। अगर मर गए हैं तो उनका वारिस कौन है?"

"सर आधे घंटे का टाइम देंगे।"

"एक घंटा ले लो यार।"

केसरियापुर में उसकी लोकप्रियता लगतार बढ़ रही है। अगर वह यहाँ से ग्राम प्रधान का चुनाव लड़ जाए तो महिलाओं के निन्नायबें परसेन्ट वोट तो ले ही जाएगी। अनु के अन्दर कमाल की क्षमताएँ हैं जिन्हें वह न जानती है और न यह मालूम है कि उनका उसे क्या फ़ायदा हो सकता है। वह तो सहज ढंग से जीवन जीने, मज़ा करने, दोस्ती करने, हर लम्हे को 'इंज्वाय' करने पर विश्वास करती है। इसी प्रक्रिया में सारे महान काम होते रहते हैं।

आधे घंटे बाद रियाज़ का फ़ोन आ गया। उसने बताया—"महरूम सुल्तानपुरी के भतीजे का नाम सैयद सलमान हैदर है...उनकी उम्र क़रीब पैंतालीस साल है। लखनऊ यूनीवर्सिटी में पढ़ाते हैं। उनकी शादी..."

"नहीं-नहीं रियाज़...बस पता बता दो।"

मैंने सब कुछ लिखकर चैन की साँस ली।

25

बड़े से हॉल में बैंक के चार काउंटर थे और चारों के सामने लम्बी-लम्बी लाइनें लगी थीं जिनमें बेतरतीबी भी थी और तरतीब भी थी। यानी इन लाइनों में शायद ही कोई सफ़ेदपोश था। सब लगता था या तो गाँवों से आए हैं या शहर के ग़रीब तो नहीं लेकिन ग़रीब से कुछ ही ऊपर वाले दर्जे के लोग हैं। चारों लाइनें लगता था पत्थर की हैं यानी उनमें कोई 'हलचल' नहीं थी। लगता था काउंटरों पर काम नहीं हो रहा है इसलिए लाइन आगे नहीं बढ़ पा रही है। ये भी नहीं पता चलता था कि किस काउंटर पर क्या काम हो रहा है? दाहिनी तरफ़ केबिन बने थे जिनमें ज़ाहिर है बैंक के बड़े अधिकारी बैठते होंगे।

मैं एक लाइन में खड़ा ये सोच रहा था कि ये सब क्या है? मैं कहाँ जाऊँ? किससे बात करूँ? क्योंकि ये लाइनें तो कहीं ले जाती नहीं लगतीं।

"अरे आप यहाँ?" अचानक हबीब भाई सामने आ गए।

"हाँ...बैंक से पैसे..."

वे मेरी बात काटकर बोले–"देखिए शहर का जब भी कोई बाइज़्ज़त शहरी बैंक आता है तो सीधे मैंनेजर के केबिन में चला जाता है। लाइनों में नहीं लगता।" हबीब भाई मुस्कुराकर बोले।

"लाइन में नहीं लगता?"

"हाँ।"

"फिर ये लाइनें?"

"ये जनता के लिए हैं।" वे हँसकर बोले।

मैं उनकी तरफ़ देखने लगा।

"आप मेरे साथ चलिए बैंक मैनेजर के कमरे में। वहीं से आपके सभी काम हो जाएँगे।" हबीब भाई ने कहा।

हबीब भाई बैंक मैनेजर के केबिन में ले गए। मेरा पूरा परिचय कराया गया। हबीब भाई ने हँसकर कहा कि मैं लाइन में खड़ा था। इस पर बैंक मैनेजर के होंठ थोड़ा-सा फैले फिर ठीक हो गए। मैनेजर ने चाय मँगवाई। हमारा काम हो गया। हम बाहर आए तो मैंने हबीब भाई से घर चलने का आग्रह किया। वे तैयार हो गए।

"यार हबीब भाई...मुझे यहाँ कुछ और ही सीखने को मिल रहा है।" मैंने कहा।

"क्या?" हबीब भाई ने चाय की चुस्की लेकर कहा।

"यार मैंने तो पढ़ा था...मानता हूँ कि आदमी और आदमी बराबर हैं।"

हबीब भाई हँसने लगे–"सब साली किताबों में लिखी बातें हैं। मैं और कहीं के बारे में तो जानता नहीं लेकिन अपने यहाँ...ये सरासर ग़लत है।"

"यार भारतीय संविधान कहता है..."

वे फिर मेरी बात काटकर बोले–"कहता होगा भाई...लेकिन यहाँ ऐसा नहीं है...आप देख ही रहे हैं।"

"मेरे लिए ये सब मानना मुश्किल है।" मैंने कहा।

'दरअसल आप 'फॉरेन कंट्री' में रहे हो...यही वजह है।'

"फॉरेन कंट्री?"

"हाँ दिल्ली।"

"मतलब?"

"फॉरेन कंट्री वही हुआ न, कि जो आपके यहाँ होता है वैसा वहाँ न होता हो।" वे हँसकर बोले।

"हबीब भाई बड़ी ख़तरनाक बात कह रहे हैं आप।"

"अब हक़ीक़त तो यही है। बाक़ी किताबों में जो चाहे आप लिख दें।"

आत्माराम दलित है। वह पिछले दो साल से मेरी कोचिंग में बराबर आ रहा है और मैंने जब कोचिंग वाले लड़कों के गाँव जाने का फ़ैसला किया था तो पहली शर्त यही थी कि जो लड़का सबसे पुराना है, सीनियर है, उसके गाँव सबसे पहले जाऊँगा और मेरे साथ कोचिंग के सभी लड़के होंगे।

मुख्य सड़क से गाँव जानेवाली सड़क पर मुड़े तो लगा ये सड़क नहीं बल्कि 'सीढ़ी और साँप' जैसे खेल का कोई नमूना है। सड़क सीधी होना तो दूर की बात है, आधे फर्लांग तक एक दिशा में नहीं है। कभी दाहिने, कभी बाएँ कभी उत्तर, कभी दक्षिण–सड़क या पतली सी पगडंडीनुमा सड़क इतना ज़्यादा घूम रही है कि कहना मुहाल है।

"सड़क ऐसी क्यों है आत्माराम?"

"अब आत्माराम आपके सवाल का जवाब न दे पावेंगे।"

पीछे की सीट पर बैठे त्रिपाठी जी बोले।

"क्यों?"

"अरे ये सब उनके जनम से पहले की बातें हैं।"

वे बोले।

"पर बात क्या है?"

"सड़क जब निकल रही थी तो बड़े किसानों, पैसे वालों और प्रभावशाली लोगों ने उसे अपने खेतों के बीच से होके न जाने का प्रयास किया। यही वजह है कि..."

"यही प्रयास जी.टी. रोड या मुख्य सड़कों को लेकर किए जाते तो क्या होता?" मैंने पूछा।

"वे सड़कें लोकतंत्र में नहीं बनी हैं...जबकि ये सड़क लोकतंत्र में बनी है।" त्रिपाठीजी ने कहा।

पतली, टेढ़ी-मेढ़ी और कहीं-कहीं से टूटी सड़क पर कोई तीन किलोमीटर चलने के बाद सामने कच्चे-पक्के छोटे घरों, कुछ पेड़ों और खेतों के ख़त्म होने के आसार दिखाई पड़े।

गाँव के अन्दर गाड़ी आई तो वही दृश्य दिखाई पड़ा जो इधर के गाँवों की विशेषता है। कच्ची-पक्की गलियों को काटती नालियाँ और कहीं-कहीं गलियों में भरा हुआ पानी जिस पर मच्छरों के करोड़ों परिवार पल रहे हैं। गलियों के दोनों तरफ़ जानवरों को बाँधने के खूँटे और उसके सामने बनी नाँदें। अब नाँदें नई तरह की बनती हैं। पहले तो कुम्हार नांदें बनाया करते थे लेकिन अब ईंटों से बनाई जाती हैं जिन पर प्लास्टर कर दिया जाता है। गाँव की टेढ़ी-मेढ़ी गलियों में खँडहर हो गए मकानों की तादाद भी अच्छी ख़ासी है। कुछ तो पक्के बने और विशाल मकान

खँडहरों में तब्दील होते नज़र आए। लगा कभी इन मकानों में 'पूरी दुनिया' रहती होगी लेकिन आज सिर्फ़ सन्नाटा रहता है।

"आत्माराम थे खँडहर मकान कैसे हैं?" मैंने पूछा।

"सर, जो परिवार गाँव में नहीं रहते।"

"लेकिन क्यों? वे कौन से परिवार थे? क्यों गाँव से चले गए? अब कहाँ रहते हैं? क्या कभी गाँव आते हैं? और इन मकानों की देख-भाल क्यों नहीं करते?" मैंने पूछा।

"ये भी आप इनसे इनके पैदा होने से पहले की कहानी पूछ रहे हैं।" उमाशंकर बोले और आत्माराम हँसने लगा।

"अच्छा तो आप ही बताइए।" मैंने उमाशंकर से कहा।

"ये मकान गाँव के कुलीन जमींदारों के घर हैं। एक समय था जब ये शानदार हवेलियाँ थीं।" उमाशंकर बोले।

"हाँ लगता तो यही है।" मैंने एक खँडहर होते शानदार मकान के सामने गाड़ी रोक दी। पक्की ईंटों से बनी भव्य इमारत अपने अतीत का गौरवगान कर रही थी। इमारत शायद दो मंज़िला थी क्योंकि पीछे की ऊँची दीवार के कुछ हिस्से बचे रह गए थे। सामने शानदार बरामदे के बाद लकड़ी का बना विशाल दरवाज़ा था जो न सिर्फ़ भारी-भरकम था बल्कि कलाकारी का भी अनुपम नमूना था।

मैं उतर गया। मेरे साथ पूरी टीम उतर गई। हम लोग मुख्य दरवाज़े के पास आ गए।

"ये देखो त्रिपाठी जी...हमारे दस्तकारों की बेहतरीन कला का नमूना इस तरह सड़-गल रहा है।"

"अब जब कोई बचा ही नहीं तो..."

"देखो मुझे उस जमींदार या उसके परिवार से कोई लेना-देना नहीं है न मुझे उनकी कोई चिन्ता है लेकिन इस दरवाज़े और इमारत को तो स्थानीय राजगीरों, बढ़ई ने बनाया होगा। और कैसा शानदार बनाया है। यह बर्बाद हो रहा है।"

हम खँडहर देख ही रहे थे कि आसपास के मकानों से कुछ लोग आ गए। बातचीत में पता चला कि यह गाँव के जमींदार पंडित रामचन्द्र शुक्ल की हवेली थी। ज़मींदारी ख़त्म होने के बाद परिवार के लोग शिक्षा और फिर नौकरी के सिलसिले में बड़े-बड़े शहर जाते रहे। अभी पच्चीस साल पहले तक पंडितजी के पौत्र यहीं रहते और खेती कराते थे लेकिन उनके तीनों बेटे इधर-उधर नौकरियों में हैं। ज़मीन बेंच डाली थी। अब यहाँ कोई क्या आएगा। मकान बेंच नहीं सकते क्योंकि पंडित रामचन्द्र शुक्ल के पाँच बेटों और तीन बेटियों के पुत्रों, पुत्रियों का इस पर मालिकाना अधिकार है। उनमें से कौन कहाँ है? कोई नहीं जानता। मान लीजिए कोई मकान

ख़रीद भी ले और उनमें यानी मालिकों में से कोई आ जाए तो क्या होगा?

"तो अब इस हवेली का क्या होगा?" मैंने पूछा।

"कौन जाने क्या होगा।"

"आप लोगों ने कुछ नहीं सोचा?"

"हम क्या सोचेंगे।"

"ग्राम पंचायत, जिला परिषद, जिला प्रशासन, एम.एल.ए. या एम.पी. किसी ने नहीं सोचा कि इस तरह के मकानों, हवेलियों और उनके साथ नष्ट होती स्थानीय कला का क्या होगा?"

"अरे भइया इतनी चिन्ता तो यहाँ लोग अपनी नहीं करते। आप भी क्या बात कर रहे हो।"

हँसी-मज़ाक़ में एक सवाल उड़ गया। मैं सोचने लगा यह हम लोगों की सबसे बड़ी 'विशेषता' है कि हम बड़े से बड़े सवाल को मज़ाक़ में उड़ा देते हैं। सवालों के जवाबों में हमारी दिलचस्पी नहीं है क्योंकि शायद हम ये मानते हैं कि इन सवालों से हमें कोई सीधा लेना-देना नहीं है। किसी के फटे में पैर क्यों डालते हो? वाला मुहावरा हमारी प्रकृति बन गया है।

आत्माराम के घर के आगे यानी छप्पर के सामने जहाँ जानवर बाँधे जाते हैं, वहाँ कई पलंग बिछे हैं जिन पर दरियाँ और चादरें पड़ी हैं। एक कुर्सी भी रखी है जो ज़ाहिर है मेरे लिए ही रखी गई होगी। इधर-उधर गोबर से लिपाई और सफ़ाई भी की गई है। गाड़ी से उतरते ही सफ़ेद कमीज़ और धोती में टोपी लगाए एक आदमी मेरी तरफ़ बढ़ा। मैंने उससे हाथ मिलाया। आत्माराम ने बताया कि वे चाचाजी हैं। आत्माराम के पिता से कुछ देर बाद मिला जो अब तक पिछली शताब्दी के किसानों जैसे लग रहे हैं।

बहरहाल हम चारपाइयों पर बैठ गए। मुझे ज़बरदस्ती कुर्सी पर बिठाया गया। हमारे साथ जो दूसरे कोचिंग के छात्र आए थे पहले तो आकर चारपाइयों पर बैठे लेकिन धीरे-धीरे एक-एक दो-दो करके इधर-उधर हो गए। मैंने ये कुछ देर बाद नोटिस किया तो आत्माराम से पूछा कि बाक़ी लड़के कहाँ गए? उसने बताया कि इधर-उधर ही होंगे आ जाएँगे। आत्माराम के इस जवाब पर त्रिपाठी जी बहुत अर्थपूर्ण ढंग से मुस्कुराने लगे।

"क्यों क्या बात है?" मैंने धीरे से पूछा।

"अब आप उनकी चिन्ता न कीजिए।"

"उन लड़कों की?"

"हाँ।"

"क्यों?"

"सब अपनी-अपनी बिरादरी के टोलों में जाकर खाएँ पिएँगे और तब वापस आएँगे।" त्रिपाठी जी ने कहा। मैं समझ गया।

पीतल के बड़े से गिलास में जो कुछ मेरे सामने रखा गया था उसका निरीक्षण करने पर पता चला कि वह दूध है जिसके ऊपर कम-से-कम आधा पाव मलाई सजाई गई है। मलाई और दूध का रंग हल्का सुर्ख है। त्रिपाठी जी ने बताया कि यह औंटाया हुआ दूध है। मतलब मेरे सामने जो एक गिलास दूध है यह कम-से-कम चार गिलास है क्योंकि कंडे की मद्धिम आँच पर उसे घंटों पकाया गया है। और उसके बाद मलाई भी औंटाए दूध की है। गिलास का साइज़ और दूध की मात्रा देखकर लगा कि मैंने यह दूध पी लिया तो पता नहीं वापस मल्लू मंज़िल पहुँच पाऊँगा या नहीं? लेकिन धरम संकट यह था कि इतने सम्मान और प्यार से दिए गए दूध को पीने से इनकार करना भी आसान नहीं था। मैं अजीब तरह के द्वंद्व में फँसा था। मैं कुछ कह नहीं पा रहा था और डर रहा था कि ज़्यादा ज़ोर डाला गया तो पीना पड़ेगा और उसके बाद क्या होगा, ये नहीं कहा जा सकता। फिर ये सोचा कि यार मैं या मेरे जैसे लोग ज़िन्दगी और लोगों को समझने की बात करते हैं लेकिन हक़ीक़त का सामना करने की हिम्मत उनमें कम ही होती है। मैं इसी सब उधेड़बुन में था कि उमाशंकर ने बिना कहे रास्ता निकाल दिया। उन्होंने आत्माराम से कहा- "बच्चा ये दूध लै जाओ और चाय बनवा के लै आओ...भइया य टैम चाय पियत हैं।" आत्माराम बड़ी सहजता से दूध का बड़ा गिलास उठाकर ले गया और मेरी जान में जान आई। मैंने कृतज्ञता से उमाशंकर की तरफ़ देखा।

"अब देखिए चाय और दूध में बहुत अन्तर न होगा। पर चाय प्याली में देंगे।" त्रिपाठी जी धीरे से बोले।

बातचीत गाँव की समस्याओं से होती हुई और आगे विदेशों के गाँवों पर होने लगी। मैं उन्हें इंग्लैंड के गाँवों के बारे में बताने लगा और उन्होंने सवालों की झड़ी लगा दी। पहली बार लगा कि और कुछ हो या न हो हमारे किसान जिज्ञासु हैं...उनके अन्दर जानने-समझने की अपार इच्छा है।

26

आज फिर वही तमाशा हो रहा है। मोहल्ले के बच्चे मल्लू मंज़िल की कुइयाँ को घेरे बैठे हैं। सड़क पर पी. डब्लू डी. वालों की बड़ी वैन खड़ी है जिसकी मोटर भयानक आवाज़ें पैदा कर रही है। कुइयाँ में पाइप पड़ा है और पानी बाहर निकल रहा है।

बाहर अहाते में कुर्सियाँ पड़ी हैं जिन पर बैठनेवालों की तादाद धीरे-धीरे बढ़ रही है। दिसम्बर की सुबह धूप खाने का मज़ा लेनेवालों की कमी नही है। हबीब भाई, कविवर ब्रह्मगुप्त, पथिक जी और उमाशंकर कुर्सियों पर विराजमान हैं।

दिसम्बर की धूप में सबके चेहरे चमक रहे थे। सामने चाय की प्यालियाँ थीं। हवा कुछ थमी हुई थी। आकाश साफ़ था और एक आद परिन्दा इधर से उधर उड़ता दिखाई देता था।

"ये बताओ पंडित जी...धूप खाना क्यों कहा जाता है?"

"धूप सेंकना, या धूप में बैठना या धूप तापना क्यों नहीं कहते?" मैंने कविवर से पूछा।

"बताइए कविवर।" हबीब भाई चुनौती भरे अन्दाज़ में बोले।

कविवर सोच में पड़ गए फिर बोले–"भाई शास्त्रों में तो यह सन्दर्भ नहीं आया है..."

"वाह कविवर बात टाल गए...चलो अब मैं बताता हूँ...देखिए जाड़े के दिनों की धूप में बैठना इतना 'हेल्दी' है...इसके इतने फ़ायदे हैं कि हकीमों, वैद्यों ने इसे दवा माना है और भाई साहब दवा खाई जाती है इसलिए मुहावरा बना है–धूप खाना।" हबीब भाई ने कहा।

"वाह क्या ख़ुलासा किया है।" पथिक बोले।

"खुलासा? क्या मतलब हुआ? यार ये टी.वी. चैनल वाले जिस ग़लत-सलत उर्दू का इस्तेमाल कर रहे हैं उसे रोकना चाहिए।" हबीब भाई ने कहा।

"अरे हबीब मियाँ इस देश में हत्या और बलात्कार को रोकनेवाला तो कोई है नहीं, भाषा का ग़लत इस्तेमाल कौन रोकेगा?" उमाशंकर बोले।

"यहाँ न बुरे काम की सज़ा है और अच्छे काम के लिए इनाम है। ऐसे समाज का भगवान ही मालिक है।" पथिक जी ने कहा।

"पथिक जी भगवान ने भी हाथ खींच लिया है।" हबीब भाई बोले।

गुलशन एक गिलास में पानी लेकर आया और बोला–"देखिए भइया अब ऐसा पानी निकल रहा है।"

"हाँ पहले से तो बेहतर है।" मैंने कहा।

"लाओ इधर लाओ...हम बताते हैं।" हबीब भाई ने गुलशन के हाथ से गिलास ले लिया और पानी सूँघा उसके बाद अपनी एक उँगली पानी में डाली और फिर उसे मुँह में रखकर चखा।

"पानी अभी पीने लायक नहीं है लेकिन पिया जा सकता है।"

वे बोले।

"आप तो कुछ उल्टवासियों जैसी बात कर रहे हैं?" कविवर ने कहा।

"अब इसे कवि न समझेंगे तो कौन समझेगा?" हबीब भाई ने कहा।

मैं उस क्षण का इन्तज़ार कर रहा हूँ जब मेरे अन्दर यह हिम्मत पैदा हो जाएगी कि मैं सलमान हैदर से फ़ोन पर बात कर सकूँगा। दो-चार दिन, फिर हफ़्ता, पन्द्रह दिन अपने को धिक्कारते गुज़र गए कि मैं सलमान हैदर को फ़ोन क्यों नहीं कर रहा हूँ। धिक्कारना जब बढ़ गया तो एक इतवार सुबह ग्यारह बजे सलमान हैदर को फ़ोन मिलाया। उधर से एक औरत की काफ़ी कड़कदार आवाज़ आई और उसने न सिर्फ़ मेरा नाम बल्कि पता, फ़ोन करने का कारण, सलमान हैदर से रिश्तेदारी वग़ैरह-वग़ैरह पूछने की पूरी कोशिश की। मैं गोल-मोल जवाब देता गया। हाँ ये ज़रूर बताया कि मेरी अम्मा और सलमान साहब की चाची सगी बहनें थीं। बहरहाल मेरे लम्बे इंटरव्यू के बाद फ़ोन सलमान साहब को दिया गया। ज़नानी आवाज़ के उलट मर्दानी आवाज़ बहुत कोमल, शायस्ता, तहज़ीब और अदब में डूबी हुई थी। उसके अन्दर लखनऊ की नजाकत और नफासत थी। अपनापन और प्यार था।

ज़ाहिर है सलमान साहब पूछना चाहते तो थे लेकिन सीधे-सीधे पूछ नहीं सकते थे कि अचानक इतने सालों बाद मैं उनसे क्यों मिलना चाहता हूँ। मैं यह नहीं चाहता था कि फ़ोन पर सीधी बात बता दूँ। मेरा ख़याल था कि 'डिटेल' में बातचीत आमने-सामने होनी चाहिए। मैंने जल्दी ही लखनऊ जाकर मिलने की बात की।

शहर की 'मेलिंग लिस्ट' त्रिपाठी जी ने तैयार कर दी है। इसमें क़रीब साढ़े चार सौ ऐसे लोगों के नाम पते और फ़ोन नम्बर हैं जो साहित्यिक, सांस्कृतिक और सामाजिक कामों में दिलचस्पी ले सकते हैं। ये वे लोग हैं जो शिकायत करते हैं कि उन्हें कार्यक्रमों की जानकारी नहीं मिल पाती और चाहते हुए भी वे प्रोग्रामों में शामिल नहीं हो पाते। अब प्रोग्राम ये है कि इस लिस्ट को छपवाया जाए। इसमें शहर सम्बन्धी आवश्यक सूचनाएँ जैसे पुलिस थानों अधिकारियों के नम्बर, जिलाधिकारी का नम्बर, अन्य अधिकारियों के फ़ोन नम्बर भी दे दिए जाएँ। अस्पतालों, स्कूलों के साथ दूसरी आवश्यक सेवाओं के नम्बर भी इसमें जोड़े जा सकते हैं।

शहर में व्यापार मंडल की एक छोटी डायरेक्टरी के अलावा किसी दूसरी संस्था ने इतनी व्यापक डायरेक्टरी नहीं बनाई थी। अब इरादा था कि इसमें ज़िले की दीगर तहसीलों के लोगों को भी शामिल कर लिया जाएगा लेकिन इस दौरान, एक दिन बातचीत में पता चला कि यह ऐसा काम हो गया है जिससे शहर में बड़ा विवाद होगा और वैमनस्य इतना बढ़ेगा कि मारपीट तक की नौबत आ जाएगी। वजह यह बताई गई कि डायरेक्टरी के छपते ही, वे लोग जिनके नाम नहीं हैं, आएँगे और शिकायत

करेंगे कि पड़ोसी या मित्र या शत्रु का नाम तो डायरेक्टरी में है, उनका क्यों नहीं है? ऐसे असन्तुष्ट लोगों को क्या जवाब दिया जाएगा? वे उग्र भी हो सकते हैं। डायरेक्टरी तैयार करने वाले का नाम पूछ सकते हैं। जिस संस्था ने छापी है उसकी वैधानिकता पर सवाल खड़े किए जा सकते हैं। अरे आपको ऐसी डायरेक्टरी छापने का अधिकार ही किसने दिया है? और फिर डायरेक्टरी का 'मिसयूज़' भी हो सकता है। आप पुलिस प्रशासन के नम्बर भी छापना चाहते हैं। इसका मतलब है कोई भी जब चाहे कलट्टर से लेकर एस.पी. तक को फ़ोन करके परेशान कर सकता है। उनकी रातों की नींद हराम हो जाएगी। अरे साजिद मियाँ ये विदेशों की बातें अपने यहाँ नहीं चलेंगी। आप ये क्यों नहीं सोचते कि हमारी पब्लिक साली दूसरी है, उनकी दूसरी है।

अब मैं आपत्तियाँ और आरोप सुनने का आदी हो चुका हूँ। मैंने तय किया कि डायरेक्टरी छपवा दूँगा। आगे देखा जाएगा। यही नहीं मैंने सोचा कि क्यों न शहर का एक नक्शा बनाया जाए और उसे छपवाया जाए। इस नक्शे में शहर और ज़िले के महत्त्वपूर्ण ऐतिहासिक स्मारकों का उल्लेख हो सकता है। शहर के, ज़िले के लोगों और नए आनेवालों को पता तो चलेगा कि ज़िले का क्या महत्त्व है।

नक्शा बनाने का काम मुझे नहीं आता। यहाँ मेरे मित्रों में भी किसी को नहीं आता। कुछ तो नक़्शा देखना भी नहीं जानते। ऐसे हालात में नक़्शा बनाना मुश्किल काम था। शहर में मकानों के नक्शे बनानेवालों ने भी हाथ खड़े कर दिए कि वे शहर का नक्शा नहीं बना सकते। नगरपालिका वालों से पूछा गया तो उन्होंने बताया कि पच्चीस साल पहले शहर का एक नक़्शा बना था जो अब काफ़ी बुरी हालत में है और उसमें लिखा, बनाया सब मिट गया है। इन तमाम दुश्वारियों के बावजूद काफ़ी अनाड़ी और ग़ैर प्रोफेशनल तरीके से शहर का नक़्शा बनाने का काम इस तरह शुरू हुआ जैसे कक्षा तीन-चार के बच्चे अपनी कॉपी में झोपड़ी, सामने नदी और इधर-उधर पेड़ बना देते हैं। ऊपर-नीचे आसमान बनाते हैं जिन पर सफ़ेद बादलों के गोले बनाते हैं। आसमान एक तरफ़ चाँद बनाते हैं तो दूसरी तरफ़ सूरज बना देते हैं। हम दो-तीन लोगों ने मिलकर शहर का ऐसा ही नक्शा बनाने की कोशिश शुरू कर दी। हबीब भाई शहर का नक्शा बनाने में बड़े उत्साह से लग गए पथिक जी भी अपना योगदान देने लगे। मेरी जानकारी क्योंकि कम थी इसलिए मेरा काम उनकी दी गई सूचनाओं को कलमबन्द करना था। सूचनाएँ मेरे लिए चौंका देनेवाली थीं क्योंकि पिछले चालीस साल में शहर की कायाकल्प हो गई थी। ऐसे मोहल्ले और सड़कें उभर आई थीं जिनकी मुझे पूरी जानकारी न थी। इसलिए यह भी ख़याल आया कि नक्शा बन जाने के बाद कम-से-कम शहर के वे इलाक़े तो देख लिए जाएँ जो अब तक नहीं देखे हैं।

नक़्शा बनाने के लिए हम लोगों ने सबसे पहले शहर की मुख्य सड़कें बनाईं। दिशा के अनुसार निशान लगाए और उसके बाद सड़कों से निकलनेवाली गलियाँ बनाईं। यह पूरा जाल बन गया तो मोहल्लों को उनकी जगह रखना शुरू किया। परफैक्ट तो नहीं लेकिन दो-तीन महीने की मेहनत के बाद एक कामचलाऊ नक्शा तैयार हो गया।

किसी लखनऊ प्रेमी ने कभी लिखा होगा—'लखनऊ हम पर फ़िदा और हम फ़िदाए-लखनऊ'। वह लखनऊ तो मैंने नहीं देखा जिस पर फ़िदा हो जाने की बात कही गई है लेकिन एक ऐसा लखनऊ देखा था जिसे सुन्दर शहर माना जाता था। जहाँ नवाबों की बनवाई इमारतों के अलावा शानदार चौराहे, बाग़ और बारहदरियाँ हुआ करती थीं। जहाँ सफ़ाई भी थी और क़रीना भी था। जहाँ क़ैसरबाग़ जैसा चौराहा था जिसकी 'सिमेट्री' देखने की चीज़ हुआ करती थी। हज़रत गंज जैसा बाज़ार था जहाँ शामे गुज़ारने का अपना ही मज़ा था। चौक की पतली गलियों में चाँदी के वर्क़ कूटने की आवाज़ के दरम्यान आना-जाना दिलचस्प हुआ करता था।

आज उस लखनऊ में लखनऊ जैसा कुछ नहीं है। गन्दगी, ग़ैर-क़ानूनी तरीक़े से बनी इमारतें, आबादी का दबाव, पुरानी इमारतों की तोड़-फोड़, रिक्शों और धुआँ उगलती गाड़ियों की भयानक भीड़ ने लखनऊ को खा लिया है। लखनऊ पूरी तरह लावारिस है। पूरी तरह अनाथ है क्योंकि सत्ताधारियों ने इस पुराने और 'क्लासिकी' लखनऊ से दूर एक नया लखनऊ बनाया है जो आधुनिक शहर है। अब उस लखनऊ की चिन्ता किसी को नहीं है जिस पर कभी 'फ़िदा' होने की बात कही गई थी।

लखनऊ के साथ ही नहीं बल्कि यह त्रासदी क़रीब-क़रीब सभी प्राचीन शहरों के साथ घटी है कि पुराने की उपेक्षा हुई है, इतनी हुई है कि वह दयनीय हो गया है और नए पर खूब पैसा इतना पैसा लगाया गया है कि वह विद्रूपता की सीमा को पार कर चुका है। अब जो कुछ महत्त्वपूर्ण है वह इन पुराने शहरों के नए इलाक़ों में है जो कुछ शहर के पुराने इलाकों में है वह उपेक्षित है, गन्दा है, दरिद्र है, घटिया है। केवल ग़रीब और जाहिल लोगों के लिए है।

नए लखनऊ की एक नई कॉलोनी के एक नए मकान का नम्बर देखकर मैंने फाटक खोला। यहाँ मेरे खालू महरूम सुल्तानपुरी के भतीजे सैयद सलमान हैदर रहते हैं जो केसरियापुर में मेरी अच्छी ख़ासी ज़मीन के मालिक हैं लेकिन अब तक उन्हें यह पता नहीं है। मेरे घंटी बजाते ही फ़ौरन ही दरवाज़ा खुला क्योंकि फ़ोन पर सब कुछ तय था। सामने क़रीब चालीस साल के सैयद सलमान हैदर खड़े थे। उम्र से पहले बाल सफ़ेद हो गए थे। रंग लखनऊ के शिआ मुसलमानों जैसा साफ़ था। खड़ा नाक नक्शा था। चुना हुआ कुर्ता पहने और बड़े पायँचे का पैजामा पहने सामने

खड़े थे। उन्होंने मुस्कुराहट और कुछ घबराहट के साथ मेरा स्वागत किया। चेहरे से लगता था पढ़े-लिखे, समझदार आदमी हैं लेकिन थोड़ा व्यावहारिक नहीं हैं शायद माँ-बाप के संरक्षण में ज़्यादा रहे हैं। शालीनता और सज्जनता तो उनके पूरे व्यवहार से छलकती थी और शायद इसी वजह से कुछ हल्का-सा झुककर खड़े हुए थे। मुझे काफ़ी तहजीब से आदाब किया। सलाम नहीं किया। जब कि इस्लामी सम्बोधन तो सलाम ही है। पता नहीं क्यों इस्लामी अभिवादन 'अस्सलाम अलैकुम' की जगह लखनऊ के शिआ मुसलमानों ने 'आदाब' अभिवादन रामज किया था। आदाब को मुसलमानों और हिन्दुओं दोनों का अभिवादन माना जाता है जबकि 'सलाम अलैकुम' सिर्फ़ मुसलमानों का ही अभिवादन है।

कमरे में आया। बिल्कुल कुलीन मुसलमानों की आधुनिक बैठक लगी। दीवारों पर अरबी, फारसी के तुग़रे और कलात्मक क़िस्म की मक्का मदीना की तस्वीरें लगी थीं। मैं बैठा ही था कि अन्दर से वही खरखराती कड़कदार आवाज़ सुनाई पड़ी जो मैंने सैयद सलमान हैदर को पहली बार फ़ोन मिलाने पर सुनी थी। कुछ ही क्षण बाद चिकन के क़ीमती सूट में लम्बी-चौड़ी, प्रभावशाली और आकर्षक महिला ड्राइंगरूम में आ गईं। पर बताने या कहने की ज़रूरत न थी कि महिला सैयद सलमान हैदर की पत्नी है और उनका स्वभाव हैदर साहब के स्वभाव का सौ फीसदी उल्टा है। उन्होंने बैठते ही नौकर से चाय लाने के लिए और मुझसे बोली-"आपको हम लोगों का फ़ोन नम्बर वग़ैरह कैसे पता चला?" मैंने लिपा-पुता-सा जवाब दे दिया जिससे वे सन्तुष्ट नहीं हुईं लेकिन इस बात को आगे नहीं बढ़ाया।

हैदर अपनी धीमी आवाज़ में तहजीब से कुछ पूछते थे और जवाब देनेवाला होता था कि बेगम हैदर सवाल और जवाब की फ़िक्र किए बग़ैर कोई और बात पूछ लेती थीं यह कह देती थीं। कुछ देर तक हम लोग महरूम सुल्तानपुरी और खाला जवादी बेगम के बारे में बातचीत करते रहे। इसके बाद हैदर साहब ने सैयद आबिद हैदर, अपने वालिद के बारे में बताया। बेगम हैदर तफ़सील से अपने ससुर की लम्बी बीमारी, उस पर होने वाले ख़र्च और अपनी उन सेवाओं की चर्चा करने लगीं जो उन्होंने बक़ौल उनके रात-दिन की थीं।

चाय आई तो बेगम हैदर चाय बनाने नहीं उठीं बल्कि सलमान हैदर साहब ने चाय बनाई। मेरी ख़ातिर यानी बिस्कुट या नमकीन वग़ैरह देने का काम भी वही कर रहे थे। बेगम हैदर लगातार बोल रही थीं। ज़्यादातर अपने बारे में, और फिर अपने बच्चों के बारे में। एक दो बार उन्होंने अपनी ससुर की बीमारी का ज़िक्र और किया और उसके बाद दिल्ली और लखनऊ की तुलना करने लगीं।

मैं ये सोचकर आया था कि ज़मीन के बारे में साफ़ बात करूँगा चाहे काम बने चाहे न बने। जब मैंने तफ़सील से ज़मीन वाली बात बताई और बेगम हैदर को पता

चला कि उनके शौहर पच्चीस-तीस लाख की ज़मीन के मालिक हैं तो उनके चेहरे से ख़ुशी और रोशनी फूटने लगी।

"देखिए ये ज़मीन अब्बा ने सीलिंग से बचने के लिए जवादी बेगम खाला के नाम की थी।" मैंने कहा।

"अब ये तो हमें नहीं मालूम।" बेगम हैदर टक से बोलीं।

"हाँ...हाँ होगा...होगा।" सलमान हैदर ने घबराकर कहा।

"अरे क्या आप बैठे थे वहाँ जो कह रहे हैं कि हाँ होगा?" बेगम हैदर बड़ी तल्ख़ी से बोलीं और सलमान हैदर बेबसी से इधर-उधर देखने लगे।

मैं ख़ामोश हो गया। यह लग गया कि बेगम हैदर आसानी से तोड़ा जानेवाला बादाम नहीं हैं।

"अब देखिए आप लोग जो चाहें करें...मैंने पूरी 'सिचुएशन' आप लोगों के सामने रख दी।" मैंने कहा।

"अरे भाई साहब वही होगा जो आप कहेंगे।" सलमान हैदर ने बड़ी हिम्मत दिखाई। बेगम उनकी तरफ़ ज़हर आलूद निगाहों से देखने लगीं।

"देखिए...अभी तो वो ज़मीन आपके नाम भी नहीं है। पहले तो आपके नाम चढ़ेगी...उसके बाद..." मैं ख़ामोश हो गया।

"भाई साहब आप इत्मीनान रखिए..." सलमान हैदर फिर बोले और उनकी बात काटकर मिसिज़ हैदर बोलीं–"हाँ जब अभी नाम ही नहीं है तो क्या हो सकता है।"

आगे का प्रोग्राम तय करने के बाद उठ गया। सिर पर जितना बोझ था उसका दुगना हो गया।

27

चार साल के अन्दर मल्लू मंज़िल बिना किसी बड़ी योजना और प्रतिबद्धता के शिक्षा का केन्द्र बन गई है। सुबह आठ बजे गणित पढ़नेवाली लड़कियाँ आती हैं जिन्हें अनु गणित पढ़ाती है। ग्यारह बजे से कम्प्यूटर की क्लास शुरू हो जाती हैं। दोपहर दो बजे फिर गणित की क्लासें शुरू होती हैं। शाम अंग्रेज़ी की कोचिंग क्लास चलती हैं। अनु और नाज़ो के बीच इतनी पक्की दोस्ती है जैसी-क़िस्से कहानियों में ही दिखाई-सुनाई पड़ती है। नाज़ो के अन्दर जिस तेज़ी से सार्थक बदलाव आ गया है उसे समझना मुश्किल है।

मल्लू मंज़िल में 'वाई-फाई' इंटरनेट कनेक्शन है और जो छात्र या दूसरे लोग इस सुविधा का लाभ उठाना चाहते हैं वे यहाँ आते हैं। इस इन्टरनेट कनेकिटवेटी का

ख़र्च अनु के कोर्स से पूरा किया जाता है। मज़ेदार बात यह है कि अब मल्लू मंज़िल में जो आता है किसी पढ़ाई-लिखाई के काम से आता है। कुछ पढ़ने आते हैं कुछ जानकारियाँ लेते हैं, कुछ इंटरनेट पर काम करने आते हैं। इससे इतना उत्साह बढ़ गया है कि मैंने बैठक के बड़े बरामदे, कमरे और साइड की कोठरियों को लाइब्रेरी बना दिया है। यहाँ अख़बार आते हैं, पत्रिकाएँ आती हैं, कोई चार-पाँच सौ किताबें हैं। लाइब्रेरी सुबह-शाम खुलती है जिसके इंचार्ज त्रिपाठी जी हैं।

धीरे-धीरे कोचिंग क्लास के लड़कों के साथ उनके गाँव जानेवाली बात भी बनती दिखाई देती है। शुरू-शुरू ये लगता था कि हम गाँव आ तो गए हैं लेकिन करें क्या? कितनी गप्प मारी जा सकती है। गाँव-शहर की कितनी बातें हो सकती हैं? कुछ देर बाद विषय ख़त्म हो जाते थे। या दोहराव होने लगता था या ऐसे विषयों पर बात होने लगती थी जिसका कोई महत्त्व नहीं है। इसलिए सोचा गया कि एक कार्यक्रम बनाया जाए जिसके तहत गाँव की यात्रा की जाया करे। जीवन भर पत्रकारिता करने से यह सिखा दिया है कि गाड़ी दो पहियों के बग़ैर नहीं चल सकती। अगर आपको कोई जानकारी लेनी हो तो कोई जानकारी देनी भी पड़ती है। इसलिए त्रिपाठी जी, हबीब भाई, पथिक जी वग़ैरह के साथ मिलकर सोचा गया कि पहला काम तो यह कर सकते हैं कि जिस गाँव में हम जाएँ उस गाँव पर डिजीटल कैमरे से एक छोटी फ़िल्म-सी बनाई जाए और उसे उसी तरह वहाँ दिखाया जाए। इसके तहत यह भी सोचा गया कि गाँव में अगर कोई विशेष स्मारक, ऐतिहासिक इमारत या कोई ख़ास तरह की दस्तकारी होती है, कोई गायक है या कोई बाद्य बजानेवाला है तो उसे भी शूट किया जाए। क्लास के लड़कों को मैंने बड़ी सरलता से छोटा डिजीटल मूवी कैमरा चलाना सिखा दिया है। हमारे गाँव में पहुँचते ही एक टीम शूटिंग करने निकल जाती है। और शाम को लैपटॉप के माध्यम से वैसे ही शॉट्स दिखा दिए जाते हैं जैसे लिए गए थे। किसी सम्पादन के वगैर भी गाँव को कैमरे की आँख से देखने के लिए अच्छी-ख़ासी भीड़ लग जाती है।

तिमारियापुर में एक और विचार आया। मैंने त्रिपाठी जी से कहा-"भाई पंडितजी इन गाँवों में हम लोग इतना समय देते हैं। क्यों न गाँव के बारे में कुछ जानकारियाँ जमा कर लिया करें। कभी काम आ सकती हैं या कम-से-कम हमारी अपनी ही शिक्षा होगी।"

"हाँ बताइए...क्या जानकारियाँ जमा करनी हैं।"

"अरे यही कि गाँव का स्कूल कितने दर्जे तक का है, अध्यापक कितने हैं? और क्या गाँव में अख़बार आता है? कितने? कौन से? स्वास्थ्य केन्द्र हैं या नहीं..."

"अरे ये जानकारी तो आपको यहीं बैठे-बैठे मिल जाएगी।" त्रिपाठी जी ने बच्चों की भीड़ को सम्बोधित करते हुए कहा-"ये बताओ कि तुम लोगन में कौन-

कौन स्कूल जाते हैं। हाथ उठाओ।"

दस हाथ उठ गए।

"ये बताओ कौन कक्षा तक स्कूल है?"

"आठ तक।" मिली-जुली आवाज़ें आईं।

"आठवीं में को पढ़त हैं?" त्रिपाठी जी ने पूछा।

"यहाँ दोनों नहीं हैं।"

"अच्छा सातवीं या छटही में?"

दो लड़के आगे आ गए।

"ये बताओ बच्चा...गाँव के कित्ते लड़का स्कूल जात हैं।"

"अब हमका का मालूम।"

"अरे अन्दाज़ा से बताओ।"

"चालीस हुइहें।"

"मास्टर कै ठो हैं?"

"पाँच।"

"कै ठो आवत हैं?"

"दुई ठो।"

"अच्छा य बताओ गाँव में अख़बार आवत है?"

"पंडित दीनानाथ के घर आवत है।"

"और कौनों के घर?"

"प्रधान जी के घर।"

"और?"

"और नहीं।"

त्रिपाठी जी को भी सूचनाएँ जमा करने में मज़ा आने लगा। किसी गाँव में दस्तकारी का काम करनेवाले का लड़के इन्टरव्यू लेने लगे या किसी गाँव के गायक को रिकार्ड करने लगे। धीरे-धीरे आँकड़े जमा करने और गाँव में तरह-तरह की गतिविधियों का दायरा बढ़ता गया। एक सुझाव यह आया कि क्यों न गाँव में प्रोजेक्टर पर फ़िल्म दिखाई जाएँ। फ़िल्म का नाम लेते ही भीड़ उमड़ पड़ती थी और लोगों को रोकना-थामना मुश्किल हो जाता था। पर जल्दी ही लोगों को पता चल जाता था कि हमारी फ़िल्में कुछ अलग हैं और फिर फ़िल्म देखने वही आते थे जिनकी विषय में रुचि होती थी।

कुछ यात्राओं के बाद एक पक्ष और सामने लगा। यह पक्ष था शिकायतों का। पटवारी की शिकायत। पुलिस की शिकायत। झूठे मुक़दमे में फँसा देने की शिकायत। ओल्ड एज पेंशन न मिलने की शिकायत। ब्लॉक में भ्रष्टाचार और घूस

माँगने की शिकायत। कुछ समझ में नहीं आता था कि इन शिकायतों के लिए क्या किया जाए। कुछ करने का मतलब था प्रशासन से सीधी टक्कर और अन्तहीन लड़ाई में फँसते चले जाना। शिकायत पर कुछ न करने का मतलब था बेकार की हमदर्दी और ढकोसला। अब इन दोनों स्थितियों के बीच से रास्ता निकालना था। मैं अपना लैपटॉप लेकर गाँव जाया करता था। सोचा इस तरह की शिकायतों को बड़े और सम्बन्धित अधिकारियों के पास ई-मेल के माध्यम से पहुँचाया जा सकता है। अब अगर किसी गाँव में कोई शिकायत करता तो मैं संक्षिप्त शिकायत के साथ उचित जाँच और कार्यवाही की माँग करता हुआ सम्बन्धित अधिकारी को ई-मेल भेज देता था। कभी इस मेल का असर होता था और कभी नहीं होता था लेकिन कुछ न करनेवाली स्थिति से हम लोग बाहर आ गए थे।

सिर पर शानदार तुर्रेदार पगड़ी, लम्बा क़द, बन्द गले के सफ़ेद कोट में पीतल के चमकते बटन, कंधे पर दाएँ से बाएँ लाल चपरास, शानदार चौड़ी बेल्ट, चरमराते जूते और सधी हुई ठसक वाली चाल। मल्लू मंज़िल में दाख़िल होते इस आदमी को देखकर बड़ी आसानी से समझा जा सकता था कि वह किसी बड़े सरकारी अफ़सर का अर्दली है।

मैंने कहीं पढ़ा था कि 1857 के बाद अंग्रेज़ों ने भारतीय सामन्तों को नीचा दिखाने के लिए अपने चपरासियों की ऐसी वर्दी तय कर दी थी जो कुलीन भारतीय राजाओं, नवाबों आदि के शाही पहनावे जैसी थी। अंग्रेज़ कहना चाहते थे कि देखो तुम्हें और तुम्हारे शानदार कपड़ों को हम इस लायक समझते हैं कि अपने नौकरों को पहनाते हैं। लेकिन 1857 से पहले अंग्रेज़ों में हिन्दुस्तानी रईसों जैसे कपड़े पहनने का 'क्रेज' था। 1857 ने बाज़ी पलट दी थी।

अर्दली पास आ गया। उसने झुककर क़ायदे से सलाम किया और बोला– "साहब ने आपको याद किया है। जब कल शाम तशरीफ ला सकें तो..." वह रुक गया।

"कल शाम, हाँ आठ बजे के बाद।"

"ए.डी.एम. साहब के दौलतख़ाने पर तशरीफ लाइएगा।"

उसने सिर झुकाकर सलाम किया। वह चला गया और मैंने अपने ख़्यालात का सिलसिला 1857 से फिर जोड़ लिया क्योंकि 'याद किया है' 'दौलतख़ाना' वग़ैरह-वग़ैरह ऐसे 'एक्सप्रेशन्स' हैं जो इतिहास से निकल आए हैं। मुग़ल शहंशाहों के दरबारों से होते, अंग्रेज़ी दरबारों तक और वहाँ से लोकतंत्र के दरबारों तक पहुँचे हैं। 1857 के बारे में कभी-कभी मैं सोचता हूँ कि क्या वह हक़ीक़त में आज़ादी की पहली लड़ाई थी। 1857 की लड़ाई जो भारतीय लड़ रहे थे वे आज़ादी के बारे में

क्या सोचते थे? उनकी क्या परिकल्पना थी कि आज़ादी क्या है? मुग़ल सम्राट, नाना साहब पेशवा आदि की हुकूमत हो जाती है तो क्या वह आज़ादी होती? मतलब क्या सामन्तवाद की स्थापना आज़ादी है? बात तो यह है कि 1857 की लड़ाई आज़ादी के नाम पर अलग-अलग वर्ग अपने-अपने हितों के लिए लड़ रहे थे। अगर कहीं 1857 में भारतीय सामन्तवाद की जीत हो गई होती, कट्टरपंथी मौलाना जीत गए होते तो देश की शासन व्यवस्था कैसी होती? निश्चित रूप से वह एक सामन्ती व्यवस्था होती जिसमें आज़ादी नाम का कुछ न होता। जबकि 1857 के बाद अंग्रेज़ शासन ने भारत को वह सब कुछ दिया जो किसी भी आधुनिक देश के लिए ज़रूरी होता है। इस बात पर एक दिन कविवर बहुत उखड़ गए थे जब मैंने कहा था कि अंग्रेज़ों ने ही भारतवासियों को सिखाया और बताया था कि आज़ादी क्या है? इस देश में अंग्रेज़ों के आने से पहले किसी को नहीं मालूम था कि आज़ादी किस चिड़िया का नाम है। ऐसे सवालों के जवाब खोजने के लिए हम हिन्दुस्तानी अतीत में छलाँग लगा देते हैं और ईसा के कई हज़ार साल पीछे चले जाते हैं। दरअसल उन देशों या कौमों को बदनसीब कहा जाना चाहिए जिनका प्राचीन इतिहास बहुत गौरवशाली है। हम लोग इसी तरह के देश हैं।

"भाई साहब नेता तो साले बरसाती मेढक हैं। पानी गिरा, मतलब वोट ज़्यादा पा गए तो सत्ता में आ गए, सरकार बना ली। साले जाहिल जट्ट अलिफ का लाभ लट्ठा। उन्हें क्या मालूम हुकूमत कैसे चलती है। क़ानून क्या है? संविधान क्या है? उनकी तो बस एक लालसा होती है कि 'खाने' को कहाँ से कितना मिल जाएगा। और ये भी उन्हें भाई साहब बताते हैं बड़े-बड़े आई.ए.एस. अधिकारी...समझे आप?" कविवर ने उमाशंकर को सम्बोधित करते हुए अपनी पूरी बात कह दी।

"ए.डी.एम. साहब ने आपको याद क्यों किया है?" हबीब भाई ने पूछा।

"अरे यार...याद पर किसका बस चलता है। बस आ गई होगी याद।" मैंने कहा।

"तो क्या आप पहले से जानते हैं।" उमाशंकर ने पूछा।

"नहीं मैं अब तक नाम नहीं जानता।"

"अच्छा तो सुन लीजिए...रवीन्द्र नाथ त्रिपाठी नाम है।"

"श्रीमान जी मध्यप्रदेश के हैं। आई.ए.एस. हैं और यह दूसरी पोस्टिंग है...मतलब बिल्कुल युवा हैं...अनाड़ी तो मैं न कहूँगा।" कविवर बोले।

"देखो रहते कब तक हैं?" हबीब भाई ने कहा।

"क्या मतलब?" मैंने पूछा।

"आपको शायद न मालूम हो...इस ज़िले में चार-पाँच महीने से ज़्यादा

कोई डी.एम. और साल से ज़्यादा कोई एस.पी. नहीं रुक पाता।'' हबीब भाई ने बताया।

''क्यों?'' मैंने पूछा।

''भाई साहब वैसे तो अपना ज़िला 'दूध जलेबी' वाला ज़िला नहीं है।''

''दूध जलेबी वाले कौन से ज़िले हैं।''

''अरे भाई साहब जहाँ करोड़ों रुपए का अवैध खनन होता है...जहाँ स्मगलिंग होती है...जहाँ विकास के बड़े-बड़े प्रोजेक्ट चल रहे हैं।...तो भाई साहब 'दूध जलेबी' वाला ज़िला न भी होते हुए 'गुड़ चने' वाला ज़िला तो है। तो उसकी बन्दरबाँट में सबसे पहले अधिकारी चपेट में आते हैं।'' कविवर ने कहा।

''अमाँ ये बताइए साजिद मियाँ कि आज़ादी के बाद भी ये आई.सी.एस. अफ़सरों को आई.ए.ए. बनाकर क्यों जारी रखा गया?''

''भाई आज़ादी के बाद बदला क्या?''

''आप बदलने की कह रहे सर...पुराने लोग तो कहते हैं कि बिगड़ा है...अभी गाँव में एक-दो पचहत्तर अस्सी साल के बूढ़े पड़े हैं जो अंग्रेज़ी हुकूमत के गुण गाते हैं।'' पथिक बड़ी देर के बाद बोले।

''हाँ यार सुनते तो यही हैं कि शेर और बकरी एक घाट पर पानी पिया करते थे।'' हबीब भाई ने कहा।

''फिर अंग्रेज़ों को भगाया क्यों? बुला लो।'' उमाशंकर बोले।

''वो अब आ ही रहे हैं पंडित जी...बुलाने की ज़रूरत नहीं है।'' मैंने कहा।

''चलो तो बाग़डोर उनके हाथ में सौंप दी जाए।''

''उसकी भी अब ज़रूरत न पड़ेगी।''

''वाह ये तो बड़े क़माल की बात होगी।''

''यार रिमोट कन्ट्रोल का ज़माना है।''

सब हँसने लगे।

''ये बताओ गांधी जी, नेहरू जी, मौलाना आज़ाद, सरदार पटेल हमारे बड़े-बड़े नेता...भविष्यद्रष्टा थे न? मतलब यार नेता तो देख लेता है न कि भविष्य में क्या होगा। तब ही तो वह नेता होता है।''

''चलिए मान ली आपकी बात।'' हबीब भाई ने कहा।

''तो ये बताओ कि अगर हमारे नेताओं को यह पता था कि आज़ादी के पचास साल बाद देश की ऐसी हालत होगी तो उन्होंने आज़ादी की लड़ाई लड़ी ही क्यों?'' मैंने पूछा।

''कुछ समझे नहीं साजिद भाई।''

"देखो या तो हमारे नेता भविष्यद्रष्टा नहीं थे...और अगर थे तो जानते-बूझते हुए उन्होंने देश को यहाँ ला खड़ा किया।"

"अब देखिए साजिद भाई...हम नेताओं...वो भी गांधी जी वग़ैरह के बारे में ये सोच भी नहीं सकते।"

हबीब भाई ने कहा।

"इसकी पूरी आज़ादी है आपको।"

28

ए.डी.एम. साहब के साथ छह घंटे बर्बाद करने के बाद ये पता चला कि मेरे ग्रामीण इलाकों में जाने, आँकड़े जमा करने और वहाँ वीडियो 'फिल्मिंग' वग़ैरह से प्रशासन ख़ुश नहीं है। यह बात बहुत जटिल, प्रतीकात्मक और सांकेतिक तरीके से कही गई थी। मैंने भी उसी भाषा में जवाब दिया था कि जो दिल चाहेगा करूँगा और जो प्रशासन चाहे कर सकता है। कोई बहस नहीं हुई, कोई कटुता नहीं आई बिल्कुल कूटनीतिक माहौल और भाषा में दोनों पक्ष सामने आए थे।

इस बीच शहर में यह ख़बर बहुत जोरों पर पता नहीं कैसे उड़ गई कि मैं अगले चुनाव में चन्दौली विधानसभा से चुनाव लड़ रहा हूँ। यह वही इलाका है जिसके गाँवों में मैं जाता रहा हूँ और केसरियापुर भी इसी क्षेत्र में है। आजकल चन्दौली से बड़े भाई ख़ाँ एम.एल.ए. हैं। दरअसल यह उनकी पक्की सीट है। तीन बार इससे पहले भी इसी क्षेत्र से एफ.एल.ए. रह चुके हैं। मेरे चुनाव में खड़े होने का सीधा मतलब था कि बड़े भाई ख़ाँ के वोटों में सेंध लगना और उनका हार जाना। मतलब अफ़वाह उड़ानेवालों ने मुझे और बड़े भाई ख़ाँ को आमने-सामने खड़ा कर दिया था। जब हमले तेज़ होने लगें तो समझ लेना चाहिए कि काम की दिशा सही है। मुझे लग रहा है कि बड़े भाई ख़ाँ जैसे शातिर अपराधी और राजनेता को मुझसे भिड़वा देने का क्या मक़सद हो सकता है? क्या अब तक कुछ लोग ये उम्मीद करते हैं कि मैं बोरियाँ बिस्तर बाँधकर भाग जाऊँगा और मल्लू मंज़िल बिक जाएगी। क्या अब भी यहाँ मेरी मौजूदगी को बर्दाश्त नहीं किया जा रहा? क्या अब भी मैं बाहर का आदमी माना जा रहा हूँ? बाहर का आदमी मानने के पीछे तर्क क्या है? मैं तो कई पीढ़ियों से यहाँ रह रहा हूँ? फिर बाहर का कैसे हो गया? क्या इसलिए कि मैं यहाँ कुछ ऐसा कर रहा हूँ जो आमतौर पर लोग नहीं करते या जो यहाँ के लिए नया और स्थापित ताक़तों के ख़िलाफ़ है। इतना तय था कि इस पूरे प्रकरण में हाजी मुनीरुद्दीन का अच्छा ख़ासा रोल है लेकिन यह कौन साबित कर सकता है? हाँ, हाजी साहब यह अपेक्षा ज़रूर करते थे कि मैं बड़े भाई ख़ाँ से ठन जाने के बाद उनसे

मदद मागूँगा। और मदद देने के चक्कर में वे कुछ ऐसा खेल खेलेंगे कि बड़े भाई ख़ाँ से मेरी दुश्मनी ऐसे मोड़ पर पहुँच जाए जहाँ हत्या के अलावा और कोई दूसरा रास्ता नहीं बचता। बड़े भाई ख़ाँ के लिए किसी की हत्या करा देना कोई बड़ा काम नहीं है। हाँ कुछ हत्याओं पर शोर मचता है और कुछ हत्याएँ सहज ही शान्त हो जाती हैं। लेकिन होता वही है कि हत्यारे साल छह महीने के बाद अपने सामान्य जीवन में रच-बस जाते हैं और क़त्ल का मुकदमा उनकी ज़िन्दगी का एक बहुत छोटा-सा बिन्दु बनकर रह जाता है। हमारी अदालतें, न्याय व्यवस्था अपराधियों के पक्ष में ही रहती हैं। जेलें फाइव स्टार होटलों में तब्दील हो जाती हैं और अपराधी वी.आई.पी. बन जाते हैं। बहरहाल आज की तारीख़ में, इसे देश में किसी की हत्या कर देना या करा देना जितना आसान है उतना शायद पहले कभी न था।

जिन कवियों ने बादलों और वर्षा ऋतु के बारे में कविताएँ लिखी हैं उन्हें यहाँ की बारिश दिखानी चाहिए। यहाँ वर्षा ऋतु उस वक़्त तक सुन्दर बनी रहती है जब तक बारिश नहीं होती। चलिए बारिश हो भी जाए तो कोई बात नहीं। जब तक बारिश होती रहती है तब तक सुन्दरता बनी रहती है बशर्ते कि छतें पक्की हों और टपक न रही हों। बारिश ख़त्म होने के बाद ऐसा लगता है कि किसी ने चाँद पर थूका था और लौटकर वापस ज़मीन पर आ गया है। नालियों में, गलियों में, सड़कों पर इधर-उधर कोने खुतरों में छिपा कूड़ा एकदम ऊपर आ जाता है। खर-पतवार के साथ पॉलीथिन और हज़ार तरह की पैकिंग के टुकड़े पानी में इस तरह तैरते हैं जैसे धरती के फोड़े निकल आए हों। लेकिन ग़नीमत है कि अभी बारिश हो रही है और लगता है कि बारिश युग आ गया है। इतने घने बादल छाये हैं कि शायद कई दिन तक बारिश होती रही तो ताज्जुब की बात नहीं है। मैंने खिड़की से फुलवाड़ी की तरफ़ देखा तो एक अजीब ही नज़ारा था। अनु और नाजो पूरे कपड़े पहने बारिश में भीग रही थीं और छप्पर के नीचे खड़ी रहमतुन दोनों को बड़ी विवशता से देख रही थी। नाज़ो और अनु ने अपने चेहरे ऊपर उठा रखे थे ताकि तेज़ मूसलाधार बारिश सीधी चेहरे पर पड़े। उनके कपड़े तो पहले ही पानी से तर होकर उनके जिस्म पर चिपक गए थे। चेहरों पर पड़ता पानी छिटक रहा था। मैंने सोचा अब इन दोनों को किसी दृश्य में बड़ी आसानी से फिट किया जा सकता है। कोई कविता या नज़्म या शेर ऐसे ज़रूर होंगे जहाँ इन दोनों को रखा जा सके। और ऐसी कोई रचना न भी मिले तो कल्पना की जा सकती है। कम-से-कम एक शताब्दी पीछे तो जाना ही पड़ेगा। लोकेशन भी बदलनी पड़ेगी। कुछ ऐसा चित्र बन रहा है कि घनघोर बरसात हो रही है। गाँव से कुछ दूर हरे-भरे खेतों की किसी मेड़ पर दो लड़कियाँ अपने सिरों पर कुछ रखे चली जा रही हैं। काले बादलों के बीच भयानक गर्जन होती

है और दोनों लड़कियाँ गाँव की तरफ़ भागती हैं। यह उन्नीसवीं शताब्दी का गाँव है जहाँ ईंटों के बेहूदा मकान नहीं हैं, बल्कि मिट्टी और लकड़ी से बने ख़ूबसूरत मकान हैं जो गोबर और पीली मिट्टी से इस तरह लिपे-पुते हैं जैसे अल्हड़ लड़कियाँ काजल लगाती हैं। दोनों लड़कियाँ भाग रही हैं और उनके ऊपर बादल भाग रहे हैं। लड़कियों को पता नहीं है वे कहाँ जा रही हैं क्योंकि बादलों ने दिन को रात कर दिया है।...इस दृश्य को तोड़ता हुआ अचानक गुलशन कमरे के अन्दर आ गया। उसने बताया कि केसरियापुर से बकरीदी आया है उसके साथ अशरफ भी है। मुझे हैरत हुई कि इस घनघोर बारिश में उन्हें यहाँ आने की क्या ज़रूरत पड़ गई। अभी मैं पूरे मामले को समझ ही न पाया था कि वे दोनों कमरे में आ गए और उन्होंने जो बताया उसने मुझे बुरी तरह ज़मीन पर लाकर पटक दिया।

बताया गया कि हस्बे दस्तूर बारिश होने के बाद बकरीदी जब खेत जोतने गया कि धान रोपा जा सके तो उसे दुमेड़ा सिंह और उसके आदमियों ने खेत जोतने से रोक दिया। दुमेड़ा सिंह ने कहा कि ये नम्बर उसने ख़रीद लिए हैं और अब उसके हैं। दुमेड़ा सिहं ने ज़मीन की ख़रीदारी की रजिस्ट्री की कॉपी वग़ैरह भी गुलशन को दी और कहा कि मुझे जाकर बता दें और कॉपी दे दें। पूरी बात समझने में ज़्यादा वक़्त नहीं लगा। ये वही नम्बर हैं जो मेरे खालू महरूम सुल्तानपुरी के नाम थे और अब उनके अकेले वारिस सैयद सलमान हैदर थे जिनसे मैं लखनऊ में मिल चुका था। उसके बाद मैंने ज़मीन के बारे में उन्हें दसियों फ़ोन भी किए थे लेकिन वे हर बार टाल देते थे। तो मतलब उन्होंने ज़मीन दुमेड़ा सिंह के हाथ बेंच डाली और मुझे बताया तक नहीं कि कम-से-कम उस ज़िल्लत से बच जाता जो मुझे झेलनी पड़ी। हो सकता है मैं ही कुछ दे दिलाकर हैदर साहब से ज़मीन ख़रीद लेता। अगर ये पता चलता कि वे ज़मीन बेचना चाहते हैं, लेकिन अब ये सब सोचने से क्या हो सकता था। बकरीदी को जोतने के लिए दूसरे नम्बर बता दिए और हज़ार लोगों के हज़ारों मश्विरों को टाल गया कि दुमेड़ा सिंह से ज़मीन को लेकर खटपट न हो जाए। बाद में यह सब पता चलता रहा कि दुमेड़ा सिंह ने मौक़े का फ़ायदा उठाते हुए किस तरह कौड़ियों के मोल ज़मीन ख़रीदी थी और हैदर साहब को बेगम हैदर ने ज़मीन बेचने पर मजबूर कर दिया था।

ज़मीन वाले प्रकरण पर शहर में ज़ोर-शोर से चर्चा शुरू हो गई। सबसे पहले हाजी मन्ना मेरे पास आए और सैकड़ों दाव-पेंच और ऐसी तकरीबें बताने लगे कि ज़मीन मुझे वापस मिल जाए। मैंने कोई दिलचस्पी नहीं दिखाई तो कुछ उदास हो गए। इसके अलावा दूसरे लोगों ने हमदर्दी दिखाने का यह मौक़ा हाथ से नहीं जाने दिया। हमदर्दी, दुख, सहानुभूति आमतौर पर बहुत दिखावटी औपचारिकताओं में बदल गए हैं। कहनेवाले के पास जो शब्द होते हैं वे घिसे-पिटे खोखले शब्द होते

हैं। सुननेवाले पर उनका प्रभाव क्या पड़ता होगा। सब जानते हैं कि एक निरर्थक प्रक्रिया है जिससे आप किसी को रोक नहीं सकते हैं और प्रक्रिया में 'इन्वाल्व' भी नहीं हो सकते हैं। और हमदर्दी दिखानेवाले अगर दसियों हों तो यह तकलीफ़देह सहानुभूति जी का जंजाल बन जाती है। जहाँ लोगों के पास वक़्त ज़्यादा होता है, फ़ासले कम होते हैं, वहाँ यह प्रक्रिया बार-बार दोहराई जाती है।

अहमद के लम्बे-लम्बे उदास कर देनेवाले ई-मेल लगातार मिलते रहते हैं। लगता है इस तेज़ी से वह हताशा और निराशा की तरफ़ बढ़ता रहा तो सबसे पहले आपको ही बर्बाद करेगा। उसकी बर्बादी में सब शामिल होंगे जो उससे जुड़े हुए हैं। '...मैं तुम्हें ही इतनी सफ़ाई से इतने लम्बे ई-मेल भेजता हूँ कि जानता हूँ और लोगों के पास न तो इतने लम्बे मेल पढ़ने का वक़्त है और न उसमें उन्हें कोई दिलचस्पी है। और सच पूछो यार तो किसी की बीमारी और दुख में किसी दूसरे आदमी की क्या भूमिका हो सकती है? हम सब जानते हैं कि मज़बूत रिश्तों और गहरे सम्बन्धों के बाद भी बहुत कुछ ऐसा बचा रह जाता है जिसे कोई बाँट नहीं सकता। अपने आप ही उसे झेलना पड़ता है। माँ-बाप, भाई, बहन, यार-दोस्त सब चाहते हुए भी उस दुख और पीड़ा का हिस्सा नहीं बन सकते हैं जिसे कोई अकेला झेलता है। सबकी अपनी-अपनी ज़िन्दगी है जो उस वक़्त तक दौड़ती भागती रहती है जब तक कि आदमी गिर कर मौत से पहले आनेवाली लम्बी-लम्बी और गहरी साँसें नहीं लेने लगता।...देखो अब मैं आगे नहीं देख सकता क्योंकि वहाँ सिर्फ़ अँधेरा है। पीछे देख सकता हूँ लेकिन आगे वाला अँधेरा धीरे-धीरे पीछे भी फैल रहा है और एक वक़्त शायद ऐसा आएगा जब आगे और पीछे देखना एक जैसा हो जाएगा।...ये मत समझो कि मैं उदास और निराश हूँ...नहीं मैं अब भी हिम्मत नहीं हारा हूँ। पिछले कई दिनों से कोशिश कर रहा हूँ अपने आप बेड से व्हील चेयर पर बैठ जाया करूँ। बेड पर बैठकर खिसकते हुए व्हील चेर तक आता हूँ और फिर 'हिमालियन टास्क' शुरू होता है। कई बार इस कोशिश में गिर भी पड़ा हूँ लेकिन मुझे यक़ीन है कि मैं ये काम कर सकता हूँ। पहली बार जब इस कोशिश में गिरा था तो एक घंटे तक फ़र्श पर पड़ा रहा था। घर में अकेला था। मोबाइल मेज़ पर रखा था। मैं खड़ा नहीं हो सकता था...हाँ सबका इलाज है लेकिन तन्हाई का इलाज नहीं है। लैपटाप, टी.वी. और मोबाइल तन्हाई के एहसास को बढ़ाते हैं...ये कौन कहता है कि आदमी की तस्वीरें देखकर आदमी से मिलने की इच्छा कम होती है...नहीं यार बढ़ जाती है...ज़रूर बढ़ जाती है और फिर बेचैन कर देती है। आदमी की तस्वीर और आवाज़ आदमी की कमी को पूरा नहीं कर सकते। यार मुझे लगता है मैंने कई साल से बात ही नहीं की है। फ्लैट में जो भी आता है हालचाल पूछता है। नौकर और नर्सें अपना

काम करते हैं। फ़ोन पर की गई बात से इत्मीनान नहीं होता...तो मैं किसी से न कुछ कह पाया हूँ और न सुन पाया हूँ...'

अहमद के ई-मेल में अनु के साथ 'शेयर' करता हूँ। रात के खाने के बाद सर्दी से बचाव की ख़ातिर हीटर के सामने बैठकर हम उसके ई-मेल्स पर बातचीत करते हैं। जनवरी की कड़ाकेदार ठंड और तेज़ हवा कमरे के दरवाज़े पर लगातार दस्तक देती रहती है। हम अहमद के मेल पढ़कर कभी सोच में पड़ जाते हैं कभी अतीत में चले जाते हैं। मैं अनु को उन दिनों के बारे में बताता हूँ जब मैं अहमद से पहली बार मिला था और उस ज़माने में लड़कियाँ उस पर इस तरह आशिक होती थीं जैसे हार श्रृंगार के फूल गिरते हैं। उन दिनों का अहमद एक प्रतीक था।

"ये सब ठीक है। सुनने में अच्छा लगता है। लेकिन अब क्या किया जाए?" अनु ने एक रात मुझसे पूछा।

"मैं उससे मिलने चला जाता हूँ।"

"कितने दिन के लिए?"

"अरे दो-तीन चार और क्या?"

"और उसके बाद क्या होगा?"

"क्या मतलब?"

"फिर ऐसे ही लम्बे-लम्बे मेल आने लगेंगे।" वह बोली।

"तो और क्या हो सकता है? तुम्हें मालूम है उसके भाई यू.एस. में हैं...और कोई है नहीं...मतलब बहुत क़रीबी। रिश्तेदारों में...उसकी बीवी और बेटा लापता हैं...तुम्हें सब मालूम है।" मैंने कहा।

"देखो मैं सोचती हूँ तुम अहमद को यहाँ ले आओ।" अनु ने कहा और मैं उछल पड़ा।

"क्या? यहाँ?"

"हाँ।" वह बहुत कड़ाई से बोली।

"ये कैसे हो सकता है...यहाँ उसका इलाज..."

"इलाज क्या अब तो वे बस दवाएँ खा रहा है।"

"फिर भी मेडिकल केयर।" मैंने कहा।

"उससे ज़्यादा ज़रूरी है..." वह रुक गई।

"क्या?"

"लोगों के साथ उनका रहना।"

"रहना?"

"हाँ मतलब बातचीत करना..."

मैं सोच में पड़ गया।

"ये आसान नहीं है।" मैंने धीरे से कहा।

"हाँ!" वह बोली।

"सबसे पहली बात यह कि वह तैयार होगा या नहीं। दूसरी बात उसके भाई इस पर कैसे 'रिएक्ट' करेंगे। तीसरी बात डॉक्टर उसे इज़ाज़त देंगे। चौथी बात उसे यहाँ कहाँ रखेंगे? वह बीमार है। उसे ज़्यादा आराम की ज़रूरत है।"

"उससे बात करके तो देखो।"

"ठीक है। कल बात करता हूँ।"

बाहर ठंडी, यख़ हवाओं ने दरवाज़ों और खिड़कियों से फिर सिर टकराना शुरू कर दिया। बिजली अचानक चली गई।

"ये बिजली तो आया ही न करे तो अच्छा है।" अनु बोली।

मैंने मेज़ पर रखा लैम्प जला दिया। उसकी रोशनी ने कमरे, चीज़ों और चेहरों को एकदम बदल दिया। सब कुछ ज़्यादा सलोना लगने लगा। ज़्यादा 'नेचुरल' और ज़्यादा जवान।

29

लावा इतना गर्म हो जाएगा कि इतनी जल्दी फूट पड़ेगा इसका मुझे अन्दाज़ा न था। मैं तो यही समझ रहा था कि शहर अफ़वाहों के सहारे जीता है। एक अफ़वाह की जान निकल जाती है तो दूसरी अफ़वाह फैल जाती है। शहर फिर उसमें अपनी मस्ती, आनन्द और सन्तुष्टि खोज लेता है।

सुबह किसी ने आकर बताया था कि बड़े भाई ख़ाँ मुझसे मिलना चाहते हैं। लेकिन ये मुलाक़ात 'वन टू वन' होनी चाहिए। मतलब सिर्फ़ मैं और बड़े भाई ख़ाँ हों, कोई तीसरा न हो। मैंने कहलवा भेजा था कि वे जहाँ चाहें ये मुलाक़ात हो सकती है। मैं उनके यहाँ चला आऊँ या वे यहाँ आ जाएँ। अगर वे यहाँ आते हैं तो मुझे ख़ुशी होगी। तय पाया कि शाम साढ़े पाँच बजे बड़े भाई ख़ाँ आएँगे।"

बड़े भाई ख़ाँ की चमचमाती, दुल्हन बनी 'पिजैरो' मल्लू मंज़िल के सामने रुकी। उनके साथ हस्बे दस्तूर चार-पाँच बन्दूकधारी थे। क़रीब सात फुट लम्बे और कोई डेढ़ सौ वज़न के बड़े भाई ख़ाँ मल्लू मंज़िल के अन्दर आए। भरा-भरा मोटा चेहरा, ख़शख़शी दाढ़ी, काला चश्मा, लम्बा कुर्ता, बड़े घेर की शलवार, पम्प जूता, काली बास्कट और हाथ में बँधी सूरज की तरह दमकती-चमकती घड़ी। मैंने आगे बढ़कर उनसे हाथ मिलाया तो लगा कि उनसे हाथ मिलाने के लिए मेरा एक हाथ काफ़ी नहीं है। कम-से-कम तीन-चार हाथ होने चाहिए तो कुछ उन्हें भी लगे कि हाथ मिलाया है। बड़े भाई ख़ाँ ने चश्मा उतारा तो उनकी आँखों के भाव ने उनकी

अधूरी शख़्सियत को पूरा कर दिया। बला की सफ़्फ़ाकी, निर्ममता, बर्बरता, कठोरता, अहंकार, आत्मतुष्टि के भाव उनकी आँखों में एक-दूसरे से मिल-जुल गए थे।

बैठक की एक पुरानी कुर्सी में उनका शरीर ठीक से समा नहीं पा रहा था। बड़े भाई ख़ाँ ने इधर-उधर देखा। बैठक में उन्हें ऐसा कुछ नज़र नहीं आया जो महँगा हो, क़ीमती हो या नया हो।

"वाह साहब वाह, कमाल है। इतना बड़ा आदमी इतनी सादगी से रहता है।" बड़े भाई ख़ाँ बोले।

"ख़ाँ साहब मैं बड़ा आदमी कहाँ हूँ?"

"लीजिए साहब आपकी तो दिल्ली और लन्दन में करोड़ों रुपए की ज़ायदाद है।"

"तो उससे मैं बड़ा कहाँ हो गया ख़ाँ साहब।"

वे कुछ शक और हैरत से मेरी तरफ़ देखने लगे।

"लोग बताते हैं आपके ससुर मरहूम के पास तो लन्दन में कोई महल था।"

"हाँ था। लेकिन उनके मर जाने के बाद बेच दिया गया था।"

मैंने उकताकर कहा और बातचीत को नई दिशा देने के लिए कहा–"और बताइए ख़ाँ साहब क्या हाल है?"

"अरे हमारे हाल को क्या होगा साजिद भाई...आप देख ही रहे हैं।" वे चौड़े चकले सीने पर नज़र डालकर बोले।

"ख़ाँ साहब आपको देखकर दोस्त मुहम्मद ख़ाँ की याद आ जाती है।"

"ये कौन थे?"

"भोपाल रियासत के बानी थे। पहले नवाब थे।"

"तो मुझसे?"

"सुनिए...आप जैसा ही तनोतोश पाया था उन्होंने। वे इतने लम्बे-चौड़े और हिम्मत वाले थे कि एक हारी हुई लड़ाई उन्होंने सिर्फ़ अपने बल-बूते जीत ली थी। वे हाथी की दुम पकड़कर हवदे पर चढ़ गए थे और अपने दुश्मन राजा का गला दबा दिया था।"

"साजिद मियाँ ये तो पठान के ख़ून में है...हम मौत और ज़िन्दगी को बस 'उसके' हाथ में समझते हैं।"

इधर-उधर की बातचीत के बाद बड़े भाई ख़ाँ मतलब की बात पर आ गए।

"साजिद मियाँ सुनने में आया है आप चन्दौली क्षेत्र से चुनाव में उतर रहे हैं?" उन्होंने पूछा।

"नहीं ख़ाँ साहब...ये झूठी ख़बर है जो मेरे आपके दुश्मनों ने फैलाई है...मैं चन्दौली से क्या किसी भी क्षेत्र से कभी चुनाव नहीं लड़ूँगा।"

बड़े भाई ख़ाँ के चेहरे पर इत्मीनान की लहर दौड़ गई।

"साजिद मियाँ...ज़िले में पाँच विधानसभा क्षेत्र हैं...आप चन्दौली को छोड़कर..."

मैं उनकी बात काटकर बोला–"ख़ाँ साहब मैंने कहा न आपसे मैं कभी किसी चुनाव क्षेत्र से चुनाव नहीं लड़ना चाहता।"

"लेकिन क्यों साजिद मियाँ।"

"चूँकि आप चुनाव लड़ते हैं। इसलिए आपके सामने वजह नहीं बताऊँगा।" मैंने कहा।

"फिर भी...कोई इशारा तो कीजिए।"

"इशारा क्या साफ़ बात बताता हूँ। मैं ये नहीं मानता और समझता इस इलेक्शन से कुछ हो सकता है।"

"अरे ये कैसे...सरकार बनती है..."

"तो उससे क्या हुआ?"

"अरे उसी से तो प्रान्त की सरकार..."

"हाँ-हाँ आप ठीक कह रहे हैं, लेकिन उससे हुआ क्या?"

"भाई साजिद मियाँ आप लोग पढ़े-लिखे लोग हैं...हमारी समझ में तो आपकी बात नहीं आती?"

"ख़ाँ साहब...देखिए...चुनाव हो गए...सरकार बन गई...मंत्री बन गए...मुख्यमंत्री बन गया...सरकार चलने लगी...तो उससे क्या होगा? मतलब हमारे आप पर क्या फ़र्क़ पड़ेगा? मान लीजिए सरकार नहीं भी बनती है। राज्यपाल शासन होता है, तब भी सारा जीवन, सारे ऑफ़िस, अदालतें, दफ़्तर सब जैसे के तैसे चलते रहते हैं...ज़िन्दगी वैसी ही रहती है जैसी थी...तो फिर सरकार बने या न बने उससे क्या फ़र्क़ पड़ता है?"

"बात कुछ समझ में आई नहीं।"

"सीधी बात है...राजनीति से...मतलब हमारी राजनीति से कुछ बदलता नहीं...बल्कि बिगड़ता है...तो मैं राजनीति को बिगाड़नेवाली ताक़त मानता हूँ...तो ऐसी राजनीति में मैं जाकर क्या करूँगा जो देश को समाज को बिगाड़ती है।"

"ये तो आपने बड़ी अजीब बात कही।"

"हाँ और ये भी अजीब बात है कि हमारे देश की सत्ता और व्यवस्था इतनी मज़बूत हो गई है कि इस पार्टी का शासन हो या उस पार्टी का शासन हो...इससे कोई फ़र्क़ नहीं पड़ता...मतलब मंत्री, मुख्यमंत्री बदल जाते हैं लेकिन लोगों और समाज की हालत कमोबेश वही रहती है।"

"अब साजिद मियाँ इतना हम लोग नहीं सोचते।"

"यही अच्छा है..."

बड़े भाई काफ़ी देर के बाद बहुत आश्वस्त होकर गए। उन्होंने चाहे और कुछ समझा हो या न समझा हो, लेकिन इतना ज़रूर समझ लिया था कि मैं चुनाव नहीं लड़ूँगा।

अहमद से फ़ोन पर बात हुई और यह सुनकर वह अचानक ख़ामोश हो गया कि मैं उसे यहाँ बुलाना चाहता हूँ। उसकी ख़ामोशी का कोई मतलब निकालना बेकार था। दरअसल वह इतनी हैरत में पड़ गया था कि उसके लिए कोई जवाब देना मुमकिन न था। मैंने भी यह कहकर बात को टाल दिया था कि वह सोच-समझ ले और जो उचित लगे वैसा करे। यह सिर्फ़ एक सुझाव है। दो-तीन दिन के बाद उसका लम्बा ई-मेल आया। जिसमें उसने बहुत विस्तार से मेरे सुझाव की चर्चा की थी। उसके भाई और डॉक्टरों की राय यह नहीं थी कि वह दिल्ली छोड़कर किसी छोटे से कस्बेनुमा शहर में रहे जहाँ न तो डॉक्टर हैं और न अस्पताल हैं लेकिन इसके बरअक्स उसकी राय यह थी कि वह मेरे पास आ जाए। कुछ दिन रहकर देखे कि उसे यहाँ कैसा लगता है।

अब कुछ ऐसे मसले थे जिन्हें हल करना था। पहला यह कि वह मल्लू मंज़िल में कहाँ रहेगा? ज़ाहिर है ग्राउंड फ्लोर पर ही रह सकता था क्योंकि व्हील चेयर का सबसे ज़्यादा उपयोग ग्राउंड फ्लोर पर ही हो सकता था और ग्राउंड फ्लोर ही मल्लू मंज़िल की सभी गतिविधियों का साक्षी था। पूरे दिन यहाँ कुछ-न-कुछ होता रहता था। मुझे यक़ीन था कि अहमद यहाँ अपनी दिलचस्पी के मुताबिक कुछ कामों में दिलचस्पी लेता रहेगा। इसलिए अन्दर वाले बरामदे के बराबर वाला कमरा अहमद के लिए ठीक कराना शुरू कर दिया। अटैच्ड बाथरूम बनने लगा। पूरे ग्राउंड फ्लोर में जहाँ-जहाँ सीढ़ियाँ हैं उनके साथ एक ऐसा रास्ता भी बनने लगा जिस पर व्हील चेहर आसानी से आ जा सके। मतलब अहमद मल्लू मंज़िल के फाटक से लेकर पीछे वाली बगिया तक बिना रोक-टोक व्हील चेयर से आ-जा सके। इन तैयारियों में पूरा एक महीना लगा। इस बीच मैं टेलीफ़ोन पर अहमद को बताता रहा कि यहाँ क्या हो रहा है और वह मुझे समझाता रहा कि उसे किस तरह की ज़रूरतें पेश आ सकती हैं।

मल्लू मंज़िल में रहनेवाले और आने-जानेवाले इन तैयारियों को हैरत और जिज्ञासा से देख रहे थे। उन्हें जब पता चलता था कि यहाँ ऐसा मरीज़ आनेवाला है जो सिर्फ़ व्हील चेयर पर ही आ-जा सकता है तो उन्हें अजीब लगता था। वे मरीज़ और मेरे रिश्ते के बारे में पूछते थे। जब पता चलता था कि कोई रिश्ता नहीं है, सिर्फ़ पुरानी दोस्ती है तो कुछ और हैरत में पड़ जाते थे। अनु के क्लास की लड़कियाँ बहुत जिज्ञासु हैं और वे अनु से अहमद के बारे में सैकड़ों सवाल पूछ चुकी हैं। उसके परिवार के बारे में उन्हें यह जानकर आश्चर्य हुआ कि उसकी पत्नी, उसके बेटे को

लेकर पता नहीं कहाँ चली गई है। उन्हें यह भी अजीब लगता है कि अहमद की कई शादियाँ हो चुकी हैं। लेकिन इसके बावजूद वह अकेला है।

मल्लू मंज़िल में अहमद के स्वागत की तैयारियाँ पूरी होने के बाद किसी ऐसी नर्स या कम्पाउंडर वग़ैरह की तलाश शुरू हुई जो रोज़ सुबह अहमद की देख-भाल करने आ जाया करे। काफ़ी तलाश करने के बाद मैरी नाम की एक नर्स मिली जो किसी प्राइवेट नर्सिंग होम में काम करती है। इन सब तैयारियों के बाद यह तय करना था कि अहमद को कैसे लाया जाए? सड़कें अब उतनी खराब नहीं रहीं जैसी पहले थीं इसलिए बड़ी एम्बुलेंस से लाना ही ठीक होगा क्योंकि ट्रेन या हवाई जहाज़ से लाने में सीढ़ियों का चक्कर पड़ता। अनु इसके लिए तैयार हो गई कि वह दिल्ली जाएगी और अहमद को एम्बुलेन्स में यहाँ ले आएगी।

अपोलो अस्पताल की बड़ी एम्बुलेंस जब मल्लू मंज़िल के सामने रुकी तो फाटक पर अंग्रज़ी में 'वेलकम अहमद' का बड़ा-सा बैनर लगा था। अन्दर अहाते में एक छोटा-सा शामियाना लगा था जिसे झंडियों और फूलों से सजाया गया था। एक छोटा-सा मंच बना था जिस पर तीन कुर्सियाँ रखी थीं। सामने पचास-साठ कुर्सियाँ थीं जिन पर मल्लू मंज़िल के छात्र-छात्राएँ और यहाँ बराबर आते रहनेवाले दोस्तों में कुछ मौजूद थे।

अहमद ने व्हील चेयर से अपने 'वेलकम' का बैनर देखा तो शायद बड़ी मुश्किल से अपनी भावनाओं पर 'कन्ट्रोल' कर पाया। उसका गला बन्द सा हो गया। अन्दर आकर शामियाना देखा तो बोला—"यार ये सब क्या है?"

"कुछ नहीं...तुम्हें मल्लू मंज़िल के दोस्तों से मिलवाने का प्रोग्राम है...पहले थोड़ा आराम कर लो...फिर इन लोगों से मिलाऊँगा।"

मैरी अहमद को लेकर उसके कमरे में चली गई। मल्लू मंज़िल के लोग अहमद की अमरीकन व्हील चेयर को दिलचस्पी से देख रहे थे जो बैटरी से चलती है जिसमें कई 'गेयर' हैं। जो आगे-पीछे और दाएँ-बाएँ बटन के इशारे से मुड़ जाती है।

बहुत सीधे-साधे प्रोग्राम में अहमद की सबसे मुलाक़ात कराई गई। मैंने अहमद के बारे में सबको बताया। उसने भी कुछ कहा। चाय-वाय पी गई और अहमद मल्लू मंज़िल की बिरादरी में शामिल कर लिया गया।

30

"ताज़ा पानी? कभी सुना है ये 'एक्सप्रेशन'?" मैंने अहमद से पूछा। हम दोनों कुइयाँ के किनारे बैठे थे। पूरा घर-ख़ासतौर पर फुलवाड़ी दिखाने के बाद मैं उसे

कुइयाँ दिखा रहा था।

"ताज़ी हवा तो सुना है।" वह बोला।

"ताज़ी हवा हो सकती है तो ताज़ा पानी क्यों नहीं हो सकता?"

"मैं इन्कार नहीं करता क्योंकि मैं इसके बारे में कुछ नहीं जानता।" वह बोला।

मैं अहमद की तरफ़ देखने लगा। बीमारी, लम्बे ऑपरेशनों और अकेलेपन ने उस पर गहरा असर डाला है लेकिन अब भी उसे देखकर कोई भी यह कह सकता है कि वह जवानी के दिनों में ग्रीक नायक इदोस जैसा रहा होगा। बाल खिचड़ी हो गए हैं। चेहरे पर लकीरें पड़ गई हैं। रंग कुछ गाढ़ा हो गया है लेकिन फिर भी कुछ बात है जो देखने से ही ताल्लुक रखती है।

"देखो कुछ बातें दिमाग़ के ऐसे कोने में चली जाती हैं कि हम उन्हें बिल्कुल भूल जाते हैं। फिर अचानक दिमाग़ दौड़ता है, सही वक़्त और मौके पर अक्सर वह सब याद आ जाता है। हमारे अब्बा डिप्टी साहब...खाना खाने से पहले अक्सर ताज़े पानी की फ़रमाइश किया करते थे। कोई नौकर इस कुइयाँ पर आता था। एक बाल्टी पानी निकालता था और उसे किसी जग में भरकर खाने के साथ रख दिया जाता था। यह ताज़ा पानी मतलब फ़ौरन के फ़ौरन कुएँ से लाया गया पानी होता था। उस ज़माने में मैं सोचता था यार क्या फ़र्क़ पड़ता है। कुएँ से चार घंटे पहले निकाले गए पानी और पाँच मिनट पहले निकाले गए में क्या फ़र्क़ पड़ जाता है। तब मैं नहीं जानता था कि ताज़े पानी में कुछ ऐसी ख़ूबियाँ होती हैं...जो रखे गए पानी में ख़त्म हो जाती हैं।"

अहमद मुस्कुराने लगा।

"क्या कहीं पढ़ लिया है?" उसने कहा।

"यार बाक़ायदा रिसर्च की है।"

"तो ताजा पानी पीते हो?"

"नहीं...अभी नहीं।"

"क्यों?"

"यार पचास साल बन्द इस कुइयाँ के पानी को पिछले चार साल से लगातार ताज़ा किया जा रहा है लेकिन अब तक हो नहीं पाया है।"

"कब होगा?"

"हो जाएगा...हर छह महीने बाद इसका पानी निकाला जाता है। पानी के सोते मिल गए हैं लेकिन अभी उतने 'एक्टिव' नहीं हैं जितने होने चाहिए।"

"आओ अन्दर चलते हैं। बाहर गर्मी हो गई है।" अहमद अपनी कुर्सी को मोड़ते हुए बोला।

हम बैठक में आ गए। अहमद ने कुछ देर के बाद कहा–"यार ये लड़की कौन है?"

“कौन लड़की?”

“यार तुम्हारी मल्लू मंज़िल एक ही तो लड़की है।” वह बोला।

“अच्छा...तुम नाज़ो की बात कर रहे हो।”

“वही जो मुझे फुलवाड़ी दिखा रही थी।”

“वही है।”

“कमाल है भाई...उसे देखकर लगता है काश हम जवान होते।”

“मैंने तुम्हें उसके बारे में बताया नहीं शायद।”

“अच्छा? तुम्हारा कुछ...”

मैं बात काटकर बोला–“नहीं...नहीं...यार। मैंने तुम्हें अक्सर सल्लो के बारे में बताया होगा।”

“नहीं मुझे नहीं बताया।”

“तुम भूल रहे हो...याद है जब हम अलीगढ़ में थे...मैंने तुमसे कहा था कि सल्लो...”

“अरे यार इतनी पुरानी बातें किसे याद रहती हैं...मैं तो कल तक को भूल जाता हूँ।”

“ठीक है तो सुनो...ये लड़की सल्लो की लड़की की लड़की है।”

“ओ गॉड...इतना पुराना रिश्ता...मतलब?”

“देखो सल्लो बीस साल की उम्र में टी.वी. से मर गई थी...उसकी लड़की रहमतुन की शादी सोलह साल में...”

वह घबराकर बोला–“बस यार समझ गया...लेकिन लड़की नीले पानी की ऐसी झील लगती है जिसमें कोई अब तक कूदा नहीं।” वह हँसने लगा।

“हाँ ये तुम सच कहते हो।” मैंने कहा।

“तो तुम?”

“नहीं यार...” मैं घबराकर बोला।

“ख़ैर जो भी कहो...लड़की खूबसूरती और समझदारी का ‘रेअर’ और ‘डेडली’ ‘कब्जीनेशन’ है।” अहमद ने उस्तादाना अन्दाज़ में कहा।

“अब ये सब तुमसे ज़्यादा कौन समझ सकता है।” मैंने कहा और वह हँसने लगा क्योंकि इस जुमले के सारे इशारे वह समझ रहा था।

जल्दी ही अहमद यहाँ अच्छी तरह रच-बस गया है जो ख़ुशी की बात है। वह अपनी विलायती कुर्सी पर बैठकर मल्लू मंज़िल के फाटक से लेकर पीछे बगिया तक बेरोक-टोक आ-जा सकता है। सुबह तैयार होने के बाद वह हम सबके साथ नाश्ता करता है। एक घंटा अख़बार देखता है और फिर अपने छोटे से ‘टुअर’ पर निकल

जाता है। अनु के क्लास से होता वह साकिर और रसीद के परिवार से दो-चार बातें करता आगे बढ़ता है। सीधे बावरचिखाने के दरवाज़े पर अपनी कुर्सी रोकता है। वहाँ रहमतुन से उसकी लम्बी बातचीत होती है जिसका विषय आज के खाने का 'मेन्यु' ही नहीं बल्कि खाना पकाने के नुस्ख़े, मसालों की तैयारी, गोश्त की क़िस्में वग़ैरह होते हैं। इस बीच अनु की क्लास ख़त्म हो जाती है और नाज़ो अपनी माँ की मदद करने बावरचिखाने में आ जाती है। दो चार काम निपटाने के बाद वह अहमद के साथ किचन गार्डेन में आ जाती है। जहाँ अहमद उससे अपने पसन्द की सब्ज़ियाँ तुड़वाता है। इस काम में काफ़ी वक़्त लगता है। अहमद कुछ सब्ज़ियों की सलाद बनाने और कुछ को ख़ास ढंग से पकाने की हिदायत देता हुआ अपनी कुर्सी बैठक की तरफ़ ले जाता है जहाँ मैं शहर के नक्शे से सिर मार रहा होता हूँ और त्रिपाठी जी समझा रहे होते हैं।

शहर का नक्शा अच्छा ख़ासा तैयार हो गया है। सड़कें और मोहल्ले साफ़ दिखाई देते हैं। रेलवे स्टेशन, अस्पताल, स्कूल, बाज़ारें भी देखी जा सकती हैं। लेकिन मोहल्ले के अन्दर पुरपेंच गलियों का नक़्शा नहीं बन पाया है। इसमें लगता है 'फील्ड वर्क' करना पड़ेगा और उसके बाद मकानों के नम्बर डालने का काम और ज़्यादा मुश्किल होगा। त्रिपाठी जी ने सलाह दी कि मोहल्ले की गलियों का नक़्शा मोहल्ले में रहनेवाले ही बनाएँ तो अच्छा हो। हबीब भाई एक दिन जोश में आकर अपने मोहल्ले की गलियों का नक्शा बनाने में जुट गए और एक घंटे की मेहनत के बाद बड़ा शानदार काम हो गया। अब यह सोचा गया कि हर मोहल्ले से किसी 'हबीब भाई' को पकड़ा जाए और गलियों का नक़्शा तैयार किया जाए।

त्रिपाठी जी ने 'मेलिंग लिस्ट' तैयार कर ली है। उसके शहर के ऐसे लोगों के नाम पते हैं जो सांस्कृतिक-सामाजिक कामों में अच्छी दिलचस्पी लेते हैं। इनमें अध्यापक, वकील, व्यापारी, रिटायर्ड लोग और दीगर कार्यों में लगे हुए लोग हैं। इस डायरेक्ट्री को छपवाने की चर्चा हुई ताकि यह दूसरे लोगों के काम भी आ सके। डायरेक्ट्री के नाम पर चर्चा हुई और आखिरकार बड़ी बहस मुबाहिसे के बाद 'कुछ नाम-पते' नाम तय हुआ। डायरेक्ट्री की क़ीमत दस रुपया रखी गई ताकि उसका 'मिसयूज़' न हो सके। डायरेक्ट्री छापेगा कौन? मतलब कोई प्रकाशक होना चाहिए। सबने त्रिपाठी जी पर दबाव डाला कि यार त्रिपाठी जी आप ही ये काम कर सकते हैं। उन्होंने हामी भर ली। अहमद ने बड़ी उदारता और सहजता से 'कुछ नाम पते' छपवाने के लिए चेक काट दिया। त्रिपाठी जी के प्रकाशन का नाम 'जन सुलभ' प्रकाशन रखा गया।

धीरे-धीरे सब कुछ ढर्रे पर आ रहा है। हर दूसरे-तीसरे महीने कोई कार्यक्रम हो जाता है। कभी-कभी ज़ोर का झटका लगता है लेकिन फिर सँभलना पड़ता है।

1857 पर किए जानेवाले कार्यक्रम के बारे में तय किया गया कि ज़िले के एम.पी. को उसमें मुख्य आतिथि के रूप में बुलाया जाए। अब सवाल यह था कि उनसे सम्पर्क कैसे किया जाए। ऐसे मौके पर बताया गया कि कुछ कारणों से पथिक जी एम.पी. को जानते हैं और वे मुझे उसके पास ले जा सकते हैं। ख़ैर क़िस्सा मुख़्तसिर यह कि उनके साथ जब मैं एम.पी. से मिला तो क़रीब चालीस-पैंतालीस साल के एम.पी. काली पैंट, सफ़ेद कमीज़ और काली जैकेट पहने अपने घर की छत पर टहल-टहल कर धूप खा रहे थे। मेरा परिचय कराया गया जिस पर एम.पी. महोदय ने ज़्यादा ध्यान नहीं दिया बल्कि अपने नौकर से दोपहर के खाने के बारे में कुछ बात करने लगे। मैं प्रतीक्षा करता रहा कि वे रुकें तो बात शुरू करूँ। कुछ देर बाद उन्होंने रसोइया को खाने की हिदायतें देना बन्द कर दिया तो मैंने गोष्ठी की बात शुरू की। आधा-एक मिनट वे सुनी-अनसुनी करते रहे उसके बाद उनका मोबाइल फ़ोन बजने लगा। और वे काफ़ी देर के लिए फ़ोन पर व्यस्त हो गए। मैं और पथिक जी इंतज़ार करते रहे। आख़िर फ़ोन बन्द हुआ तो उनके दो कार्यकर्ता एक मसला लेकर आ गया। थाने के दरोग़ा ने रपट ठीक से नहीं लिखी थी और धाराएँ भी सही नहीं लगाई थीं। एम.पी. महोदय कार्यकर्ताओं से बातें करते रहे। काफ़ी देर के बाद उन्हें फ़ुर्सत मिली तो मैंने जल्दी से बात कह डाली कि फलाँ-फलाँ तारीख़ को 1857 पर एक गोष्ठी है जहाँ हम लोग आपको मुख्य अतिथि के रूप में बुलाना चाहते हैं। एम.पी. महोदय के चेहरे पर कोई भाव नहीं आया। मेरे ख़याल से वे 1857 भी नहीं समझ सके। इस बीच उनका नौकर पॉलिश किया हुआ चमचमाता काला जूता ले आया और वे जूता पहनने लगे। मैं चुप हो गया। जब वे जूता पहन चुके तो मैंने फिर बात शुरू की। अब उन्हें कोई ज़रूरी बात याद आ गई और वे अपने किसी सहयोगी से किसी ग्रामीण अंचल में आयोजित की जानेवाली मीटिंग के बारे में बात करने लगे। आख़िर चलते-चलते मैंने कहा कि आप आएँगे मीटिंग में? इस का उन्होंने कोई साफ़ जवाब नहीं दिया। मैं उठ गया। पथिक जी के साथ नीचे उतरा।

मल्लू मंज़िल आ गए और अपमान 'शेयर' करने के लिए हम दोनों ने चाय और अहमद को अपने दुख में शामिल कर लिया।

पूरी बात सुनने के बाद अहमद ने कहा-"देखो हमारे चुने हुए नेताओं के लिए बस दो चीज़ें 'इम्पारटेंट' होती हैं-पहली चीज़-वो लोग, उनकी जाति-बिरादरी के लोग जो उन्हें वोट देकर जिताते हैं और दूसरे उनके नेता जो उन्हें चुनाव लड़ने का टिकट देते हैं, पैसा-वैसा भी देते हैं। इन दो के अलावा हमारे प्रतिनिधियों के लिए और कुछ भी 'इम्पार्टेंट' नहीं है।"

"यार मेरे ख़याल से तो उसे 1857 तक के बारे में कुछ पता नहीं है।"

"क्या ज़रूरत है।" अहमद ने कहा।

''पथिक जी...ये एम.पी. क्या पढ़ा-लिखा नहीं है?'' मैंने पूछा।

''भाई साहब ये बी.ए. एल.एल.बी. है।''

इस पर अहमद हँसने लगा और बोला–''हमारा तो पूरा मुल्क ही बी.ए. एल.एल.बी. है।''

''यार ये 'पार्लियामेंट' में क्या करते होंगे।''

''रोज़ अख़बारों में छपता रहता है।''

''यार ये लोग क्या कुछ करेंगे इस देश के लिए।''

''छोड़ो ऐसे मुश्किल सवाल क्यों पूछते हो।''

अहमद हँसने लगा।

लगता है सब रास्ते बन्द हैं। सत्ता ने पक्की क़िलेबन्दी कर ली है। लोकतंत्र को एक नया रूप दे दिया है। चुनाव के माध्यम से परिवर्तन का रास्ता बन्द है। न्यायालयों के ज़रिये भी इन्साफ़ नहीं मिल सकता। प्रशासन सत्ता को और यथास्थिति को मज़बूत बनाता है। संचार माध्यम भी सत्ता और सरकार की गिरफ़्त में हैं। बदलाव आए तो किधर से आए?

31

'हम ऐसी सब किताबें क़ाबिले-ज़ब्ती समझते हैं के जिनको पढ़के बेटे बाप को ख़प्ती समझते हैं।' अकबर इलाहाबादी के इस शेर के मुताबिक मेरा बेटा हीरा मुझे ख़प्ती तो नहीं समझता लेकिन शायद हम दोनों दो अलग-अलग पीढ़ियों और संस्कृति के लोग हैं जिनके नज़रिये काफ़ी अलग हैं। योरोप में पलने, बढ़ने और शिक्षा प्राप्त करने की वजह से उसकी एक अलग और मुझसे जुदा शख़्सियत है। यही कारण है कि उसने लिखा है कि उसे रिसीव करने कोई एयरपोर्ट न आए। हद यह है कि यहाँ के रेलवे स्टेशन पर भी कोई उसे लेने न आए। वह ख़ुद ही रिक्शा करके मल्लू मंज़िल पहुँच जाएगा। नई और पुरानी पीढ़ियों को शायद यह पता नहीं होता कि वे एक-दूसरे को कितना कष्ट देती हैं। हीरा को थोड़ा भी अनुमान नहीं है कि वह मुझे कितने बड़े सुख से वंचित कर रहा है। उसे लेने दिल्ली या लखनऊ के हवाई अड्डे पर जाना, उसका इंतज़ार करना, उसकी कल्पना करना, उसके लिए अपने को तैयार करना, उसके साथ गाड़ी में बैठकर घर आना, आठ साल बाद उसे देखना, छूना, महसूस करना ऐसे महान सुख हैं जिनसे वह मुझे महरूम कर रहा है। उसका अपना नज़रिया यह है कि 'मेरे लिए' कोई भी चाहे वह मेरा पिता ही क्यों न हो, क्यों कष्ट उठाए। क्यों आठ घंटे गाड़ी चलाता दिल्ली आए? क्यों स्टेशन आए? जबकि यह सब 'मैं' बड़ी सरलता से कर सकता हूँ। नज़रिये का फ़र्क़

भावनाओं की चिन्ता कम ही करता है।

मैं हीरा का पिता हूँ वह मेरा बेटा है लेकिन बाईस साल पहले वह अपनी माँ के साथ लन्दन चला गया था और फिर साल-दो साल बाद मिलने-मिलाने का सिलसिला जारी हो गया। जब हीरा छोटा था तो नूर उसे लेकर आ जाती थी। हम एक-दो महीने साथ गुजारते थे। कभी मैं लन्दन चला जाता था। हीरा से मेरा हमेशा अच्छा संवाद रहा है। हम बराबर लम्बे-लम्बे ई-मेल्स में अपने ख़याल से एक-दूसरे को आगाह करते रहे हैं, बहस करते रहे हैं, एक-दूसरे की सीमाओं को समझने की कोशिश करते रहे हैं। मैं जवानी में जितना लेफ्ट था हीरा उतना नहीं है। बल्कि कहना चाहिए वह लेफ्ट है ही नहीं। वह ब्रिटेन की लेबर पार्टी के समाजवाद और तत्कालीन योरोप के राजनीतिक, सामाजिक विमर्शों से संचालित होता है। वह अमेरिकी साम्राज्यवाद का कट्टर विरोधी है और एशियाई समाजों पर शोध करने की वजह से तीसरी दुनिया में परिवर्तन की विभिन्न प्रक्रियाओं को समझने का प्रयास करता रहता है।

जून की एक साफ़ और किसी हद तक सुहावनी सुबह थी क्योंकि अब तक सूर्य देवता का दूर-दूर तक पता नहीं था। तारों की चमक कुछ ही देर पहले ग़ायब हुई थी और हवा में वह ताज़गी थी जो बाहर निकलने पर मजबूर कर देती है। मैं ऊपर आँगन में बैठा पहली चाय की चुस्कियों के साथ ताज़ा अख़बार आने का इंतज़ार कर रहा था। मेरी निगाहें मल्लू मंज़िल के फाटक की तरफ़ थीं कि फाटक खुला और अपनी पीठ पर बड़ा-सा थैला लादे हीरा ने प्रवेश किया। इस कम्बख़्त ने मुझे यह तक न बताया था कि वह यहाँ कब पहुँच रहा है। अचानक अपने मिज़ाज के ख़िलाफ़ मैं चिल्लाया 'हीरा'। हीरा ने ऊपर मेरी तरफ़ देखा। इस बीच गुलशन ने उसका थैला ले लिया था। मैं सीढ़ियाँ उतर रहा था और वह चढ़ रहा था कि हम आमने-सामने आ गए। उसने हाथ बढ़ाया लेकिन हाथ मिलाकर सन्तुष्ट होनेवाला न था। मैंने उसे गले लगा लिया। पता नहीं उस वक़्त मेरे क्या जज़्बात थे। मैं कुछ नहीं कह सकता। आठ साल बाद हीरा के इतना नज़दीक था और वह भी उम्र के उस मोड़ पर जहाँ आप अपने पैरों के निशान ही देखते हैं।

मैं हीरा से हिन्दी या हिन्दुस्तानी में बात करता हूँ। वह समझ लेता है लेकिन बोलने में कुछ दिक़्क़त होती है। वही अपनी माँ वाला हाल है, इसलिए अंग्रेज़ी में जवाब देता है। हम दोनों ने इस अन्तर को स्वीकार कर लिया है और गाड़ी बड़े मज़े में दौड़ती है।

"इतना लम्बा सफ़र कैसा रहा?" मैंने उससे पूछा।

"जैसी कि उम्मीद थी। दिल्ली रेलवे स्टेशन पर कुछ परेशानी हुई लेकिन

ज़्यादा नहीं।'' वह बोला।

''तुमने रिजर्वेशन तो कराया होगा?''

''हाँ था।''

नाज़ो एक ट्रे में चाय और पानी लेकर आ गई। सामनेवाली मेज़ पर उसने ट्रे रखी तो हीरा ने उसे देखा और बोला–

''यह वही लड़की...''

''नाज़ो।''

''हाँ–हाँ नाज़ो है न जिससे तुमने मेरी बात कराई थी।''

''हाँ।''

''हेलो।'' हीरा ने उसे हेलो किया तो नाज़ो पता नहीं क्यों शरमा गई।

''लो पानी पिओ।''

''पानी मेरे पास है...मैं दरअसल शुरू के कुछ दिन पानी और खाने के मामले में एहतियात करना चाहता हूँ। उसके बाद उम्मीद है सब ठीक हो जाएगा।''

वह अपनी बोतल से पानी पीने लगा। मैंने उसकी तरफ़ देखा। वह तीस पार कर गया है। बाल तेज़ी से गिर रहे हैं। और कहीं–कहीं एक दो सफ़ेद बाल भी नज़र आ रहे हैं। चेहरा बिल्कुल अपनी माँ पर गया है। लम्बोतरा, पतला, सीधी खड़ी नाक, कुछ बड़ी आँखें और बेहद गोरा रंग। अब उसके चेहरे पर उम्र की छाप महसूस होने लगी है। नूर कई बार लिख चुकी है और फ़ोन पर भी बता चुकी है कि वह हीरा के 'अकेले होने' की वजह से काफ़ी फिक्रमंद है। कुछ साल पहले वह एक कैरेबियन लड़की के साथ था लेकिन फिर जल्दी ही दोनों अलग हो गए थे। अब वह अकेला है। मैं सोचने लगा काश पुराना ज़माना होता जहाँ माँ–बाप अपने बच्चों की शादी किया करते थे। अगर ऐसा होता या अगर हीरा उसके लिए तैयार होता तो ये कितना आसान था लेकिन हीरा के दिमाग़ में 'अरेन्ज मैरिज' की बात उतरती ही न थी।

वह बोतल बन्द ही कर रहा था कि अनु आ गई। अनु को देखकर वह खड़ा हो गया।

''हेलो...आई नो यू आर अनु,'' वह बोला।

अनु हँसने लगी।

''तुम यहाँ बहुत खराब मौसम में आए हो।'' मैंने कहा।

''हाँ। मैं जानता हूँ लेकिन एक मजबूरी यह है कि मैं हिमाचल लेकिन ख़ासतौर पर लद्दाख देखना चाहता हूँ जिसके लिए जून से अच्छा कोई और महीना नहीं है। मनाली से लेह जानेवाला हाई–वे जून ही में खुलता है।'' वह बोला।

''हाँ ये ठीक है...ये बताओ नाश्ता क्या करोगे?''

''कुछ भी।'' वह लापरवाही से बोला।

मल्लू मंज़िल के 'टूर' के अन्तिम चरण यानी बगिया में अनु और नाज़ो के साथ हीरा सबसे ज़्यादा दिलचस्पी ले रहा है। एक-एक पौधे के सामने रुककर अनु और नाज़ो हीरा को बता रहे हैं कि उसका इतिहास क्या है और भविष्य कैसा होगा। इस बीच नाज़ो उसके पसन्द की सब्ज़ियाँ भी तोड़ रही है। ज़ाहिर है यह हीरा को बहुत रोचक लग रहा होगा कि वह अपनी पसन्द की तोड़ी गई सब्जियों को खाएगा। मैं पूरी कार्यवाही छत से देख रहा हूँ। वे तीनों किसी ऐसी भाषा में बात कर रहे हैं जिसमें हँसने के बहुत मौक़े आते हैं। तीनों दिल खोलकर हँस रहे हैं। हो सकता है वे हीरा की हिन्दी पर हँस रहे हों या यह भी हो सकता है कि अपनी अंग्रेज़ी पर या भाषा की समस्या पर ठहाके लगा रहे हों। बहरहाल मेरे लिए यह ख़ुशी की बात है कि हीरा ख़ुश है। तीनों को आवाज़ें देकर बगिया से बुलाना पड़ा क्योंकि नाश्ता तैयार था और मैं हीरा की मुलाक़ात अहमद से कराने के लिए बेचैन था।

हीरा और अहमद मिलते ही दूध और शक्कर की तरह घुल-मिल गए। अहमद उससे लन्दन के बारे में बातें करने लगा। होते-होते बातें लन्दन के कोने-खुतरों तक पहुँच गईं। अहमद को बहुत मज़ा आने लगा क्योंकि उसने अपनी जवानी के जो साल लन्दन में बिताए थे वह सब नए ढंग से, नई धुन में बजने लगे। मैं सिर्फ़ चुपचाप सुनता रहा। जब दो लोग अच्छी बातें कर रहे हों तो तीसरे को दख़ल नहीं देनी चाहिए।

कुछ देर बाद हम उसके प्रोग्राम के बारे में बात करने लगे।

''देखिए मैं जितनी जल्दी हो सके यहाँ से हिमालय के लिए निकल जाना चाहता हूँ।'' हीरा ने कहा।

''बिल्कुल ठीक है क्योंकि आजकल यहाँ ग्यारह बजे के बाद कुछ नहीं किया जा सकता।''

''हिमालय में तुम कहाँ जाना चाहते हो?''

''पहले तो शिमला—मैं जानता हूँ अब वह शिमला नहीं रहा जो कभी हुआ करता था। लेकिन इंडिया के पुराने 'समर कैपिटल' की कुछ झलकियाँ मिल जाएँगी। वहाँ से मनाली और मनाली से लेह जाऊँगा। लेह में पन्द्रह दिन—ट्रैकिंग का प्रोग्राम है।''

''तुम लेह दूसरे रास्ते से जाओ। मनाली के बजाय तुम काज़ा और किलांग होते हुए लेह जाओ...रास्ता वही है लेकिन काज़ा में तुम्हें मज़ा आएगा...वहाँ एक बहुत पुराना, खूबसूरत और बड़ा बौद्ध मन्दिर है।'' अहमद ने कहा।

हीरा ने फ़ौरन अपना लैपटॉप निकाल लिया और तरह-तरह के नक्शे स्क्रीन पर फैलने सिमटने लगे।

''लेह से वापसी पर श्री नगर और कारगिल...वहाँ से एक महीने बाद वापस

मल्लू मंज़िल...फिर बारिश में वेस्टर्न घाट, केरल और कर्नाटक...'' वह बोला।

''बड़ा ज़बरदस्त टुअर है यार।'' अहमद ने कहा।

''अंकल, तीन साल बाद 'वैकेशन' पर आया हूँ।''

''ठीक है उसके बाद...''

''उसके बाद वापस मल्लू मंज़िल...मॉम अक्टूबर में आ रही हैं...उनके साथ राजस्थान का एक महीने का 'टुअर' है।''

''अच्छा नूर आ रही है?'' अहमद ने मुझसे पूछा।

''हाँ...यही प्रोग्राम है।''

''तो तुम भी राजस्थान जाओगे?'' अहमद ने मुझसे पूछा।

''यार देखा हुआ तो सब है...जाने को चला जाऊँगा।'' मैंने कहा।

''नार्थ ईस्ट छुट रहा है।'' अहमद ने हीरा से कहा।

''नहीं अंकल...राजस्थान के वाद असम ही जाने का प्रोग्राम है।'' वह बोला।

''तो पूरा हिन्दुस्तान हो जाएगा।'' अहमद ने कहा।

''आज हम क्या करेंगे?'' हीरा ने मुझसे पूछा।

''देखो दिन में तो कुछ कर नहीं सकते। शाम को हम गंगा के घाट पर चल सकते हैं और रात का खाना गंगा के किनारे 'कैंडिल लाइट डिनर' हो सकता है।'' मैंने कहा।

''ओ ग्रेट।''

''इस उम्र में भी तुम्हारे डैड के अन्दर 'एडवेंचर' है।''

''यस आई नो।'' वह बोला।

32

सूरज की किरणें नहीं बस उनका आभास बचा है जो सामने गंगा की फैली जलराशि को सुनहरा बना रहा है। सामने दूर तक पानी या रेत के ऊपर सुनहरी रोशनी धीरे-धीरे डूब रही है लेकिन हर क्षण इस बदलती हुई छटा में नयापन पैदा हो रहा है। प्रकृति अक्सर हैरान कर देती है। हम सब ख़ामोश से देखते रहे। किसी के अन्दर कुछ कहने की इच्छा न थी। मुझे पैंतीस साल पहले श्रीनगर की डल झील के किनारे बिताई वह सुबह याद आई जब घने बादलों में से सूरज की एक लाल किरण बर्फ़ से ढँके पहाड़ों पर पड़ रही थी और उनकी प्रतिच्छाया नीली झील में इस तरह दिख रही थी जैसे नीली झील के अन्दर सोने के पहाड़ निकल आए हों। हम तीन-चार लोग डल के किनारे जा रहे थे। किसी ने यह दृश्य देखकर कहा था—यार गाड़ी रोक दो। ऐसी सुन्दरता कम ही नसीब होती है। हमने गाड़ी रोक दी थी और उतरकर बाहर

खड़े हो गए थे। सब ख़ामोश थे। हम चाहते भी तो कुछ बोल नहीं सकते थे। इस वक़्त भी यही हाल था। मैं, अहमद, हीरा, अनु, नाज़ो सब चुप थे। धीरे-धीरे सोने में मिलावट होने लगी और हम होशियार हो गए।

"मैं नीचे नदी तक जाना चाहता हूँ।" हीरा ने कहा।

"मैं भी।" अनु बोली।

"दीदी हम भी चलें?" नाज़ो बोली।

"तुम सब जाओ...लेकिन टार्च लेकर और अपने साथ साकिर के बड़े लड़के को ले लेना...नदी यहाँ से ख़ासी दूर है...वापसी तक भूख खुलकर लग आएगी।" मैंने कहा।

"तुम भी चले जाओ।" अहमद बोला। वह शायद यह समझ रहा था कि मैं उसकी वजह से नहीं जा रहा हूँ।

"नहीं यार...अब जिस्म में वो ताक़त कहाँ रही।"

अहमद हँसने लगा। हीरा वग़ैरह चले गए। गुलशन ने बियर की ठंडी बोतलें और गिलास सामने रख दिए। आधा खाना तैयार आया है और आधा यहाँ पकना है। गुलशन साकिर के छोटे लड़के के साथ खाने के इंतज़ाम में लग गया। धीरे-धीरे चेहरे धुँधले पड़ने लगे। नीचे से आनेवाली हवा में कुछ ताज़गी आने लगी। अहमद का चेहरा कुछ सुर्ख हो गया और बहुत धीरे से बोला–"बुढ़ापे और बीमारी से कोई समझौता हो सकता है?"

मैं कुछ देर उसे देखता रहा। चेहरा धुँधला-सा नज़र आ रहा था।

"देखो समझौते किए जाएँ तो सैकड़ों हो सकते हैं। न किए जाएँ तो कोई नहीं हो सकता।"

"कैसे?"

"थककर बैठ जाने और सुस्ताने का जो मज़ा है वही दौड़ने में भी है।"

"दिल के बहलाने को..." वह बुदबुदाया।

'दिल ही तो सब है...इसी गोशे में हैं सब दैरो-हरम/दिल सनम है के ख़ुदा ग़ौर से सुन।'

"यार जब आगे कुछ दिखाई नहीं देता...और 'फ्यूचर' 'पास्ट' हो जाता तो दिल घबराता है।" वह बोला।

"देखो डर अनजानी, अनहोनी से होता है...इसमें डर की क्या बात कि हम एक सफ़र पर रवाना हैं...उसकी एक मंज़िल है। ये सब हमने तय नहीं किया। सिर्फ़ माना है। फ़र्क़ इससे पड़ता है कैसे माना है?"

"तुम बताओ?"

"सीधे-सीधे तरीके से...दबाव या डर कैसा? यार देखो मैंने महसूस किया है

योरोप और अमेरिका में लोग मौत से बहुत डरते हैं। सबको मौत का डर सताता रहता है लेकिन हम लोग–कह सकते हैं एशियन या इंडियन मौत से नहीं घबराते। यार मेरे दादा जान हर साल कहा करते थे कि इन जाड़ों में नहीं बचूँगा। ऐसा लगता था जैसे मरना न हुआ कहीं आना-जाना हो गया।''

कुछ देर बाद हीरा पार्टी आ गई।

''कहो कैसा रहा।''

''डैड...अनु ने नदी का पानी पिया।'' हीरा बोला।

''तो फिर?''

''इट इज़ नॉट...''

''यार देखो यहाँ सब चलता है।''

''ये कल बीमार पड़ जाएँगी।''

अनु हँसने लगी।

''अच्छा सुनो जहाँ तुम इस वक़्त हो वह कोई मामूली जगह नहीं है।''

''मतलब?'' हीरा ने कहा।

''यहाँ हमारी हिस्ट्री और प्रीहिस्ट्री है।''

''कैसे?''

''हम भिटौरा में हैं...यह वह जगह है जहाँ भृगु ऋषि ने तपस्या की थी।''

''कब?''

''वैदिक पीरियड में।''

''किसने लिखा है?''

''हिस्टोरियन का नाम बताऊँगा तो तुम मान जाओगे।'' मैंने हीरा से कहा।

''कौन?''

''जनरल कनिंघम ने लिखा है और यह भी लिखा है कि यहाँ चीनी यात्री ह्वेन-सांग भी आया था। और यहाँ से पास में ही गाँव है असनी। जहाँ कहा जाता है राजा जयचन्द का खज़ाना आज तक कहीं गड़ा हुआ है। मुहम्मद ग़ौरी से लड़ने के पहले उसने अपना खजाना असनी में कहीं छिपाया था।''

''वेरी इनटेरिस्टिंग एरिया।'' वह बोला।

''हमारे पास हिस्ट्री-ही-हिस्ट्री है। न कोई फ्युचर है और न प्रेज़ेंट है।'' अहमद ने कहा। हम हँसने लगे। हीरा ने बियर के गिलासों की तरफ़ देखकर कहा–''ओ यू गाइज़ हैविंग बियर।''

''हाँ तुम भी ले सकते हो। अपनी भलाई-बुराई का फ़ैसला कर सकते हो।'' अहमद ने कहा।

''चलिए हम फिर हिस्ट्री की तरफ़ लौटते हैं। तो ह्वेनसांग यहाँ क्यों आया था?''

''ये तो हम सब जानते हैं कि रोड ट्रांसपोर्ट और रेलवे के पहले नदियाँ ही हमारी 'हाई-वेज़' थीं। यही वजह है कि बड़े शहर नदियों के किनारे आबाद हैं। गंगा के किनारे दसियों शहर और संस्थाएँ थीं। असनी बौद्ध धर्म और दर्शन का एक केन्द्र था। ह्वेनसांग यहाँ शिक्षा प्राप्त करने आया था।''

''असनी में अब भी न केवल प्राचीन मन्दिर हैं बल्कि बौद्धकालीन अवशेष भी देखे जा सकते हैं।'' मैंने बात को स्पष्ट रूप से कहने के लिए अंग्रेज़ी का सहारा लिया।

''इम्पार्टेंट बात यह है कि हमने आज़ादी के बाद अपनी ऐतिहासिक धरोहर के साथ क्या किया?'' अहमद बोला।

''कुछ बड़े शहरों, जानी-पहचानी इमारतों वग़ैरह को छोड़कर पूरे देश में और ख़ासतौर पर छोटे शहरों, क़स्बों वग़ैरह में क्या हद दर्जे की उपेक्षा हुई है।''

''लोकल बॉडीज़।'' हीरा बोला।

''ऐतिहासिक धरोहर पर थूकती है। मैं मज़ाक़ नहीं कर रहा हूँ। दिखा दूँगा।''

''देखो हम न आज़ादी डिज़र्व करते थे और न डेमोक्रेसी।'' अहमद ने बहस को नया मोड़ दे दिया।

''अंकिल भाई डोंट एग्री विद यू...क्या हमेशा हम अंग्रज़ों के ग़ुलाम रहते?''

''ग़ुलामी और आज़ादी भी भ्रम में डालनेवाले शब्द हैं।'' अहमद बोला।

''क्यों?''

''ये बताओ एक ग़रीब दिहाड़ी मज़दूर...आज़ाद है या ग़ुलाम है? ब्रिटिश राज में क्या वह ग़ुलाम था और आज आज़ाद है। मेरा तो यह मानना है कि अगर शासन का मतलब या सम्बन्ध शासक के 'रंग' से नहीं है तो एक ग़रीब सदा से ग़ुलाम रहा है और आज भी है। ग़ुलामी का सीधा मतलब है कि अपने जीवन पर अपना अधिकार न होना। आज दिहाड़ी मज़दूर का अपने जीवन पर क्या अधिकार है।'' अहमद ने कहा।

''अंकिल आज़ादी एक प्रक्रिया है। आप ये तो नहीं कह सकते हैं कि आज एक ग़रीब आदमी उतना ही असहाय है जितना अंग्रेज़ी राज में था।'' हीरा ने कहा।

''आज ज़्यादा असहाय है।''

''कैसे?''

''अंग्रेजों के राज में क़ानून-व्यवस्था थी और आज नहीं है।'' अहमद ने स्पष्ट किया।

''पर आज उसे अपनी जाति-बिरादरी का आश्वासन है।''

''ये तो उसे पहले भी था। लेकिन जाति बिरादरी 'आज़ादी' की, कितनी समर्थक है? ये तो तुम देख ही रहे हो। आज खाप पंचायतें प्रेमियों को फाँसी पर

लटका रही हैं।'' अहमद ने कहा।

''यार तुम लोगों की यह बहस कुछ भटक रही है।'' मैंने कहा।

''यार बहसें होती ही इसलिए हैं। ब्रिटिश पार्लियामेन्ट की बहसें कभी देखी हैं।'' अहमद बोला।

''सुनो...आँखें बन्द करो...और सोचो छठवीं शताब्दी के मिटौरा में हो...सूरज डूब चुका है। घाटों की सीढ़ियों पर अँधेरा है लेकिन कन्दील और मशाल लिए लोग आ जा रहे हैं क्योकि अभी-अभी काशी की तरफ़ जानेवाले मालवाहक जहाज़ों का एक बेड़ा आ पहुँचा है। पाल खोल दिए गए हैं और मोटी-मोटी जूट की रस्सियों को लकड़ी के खम्भों में बाँधा जा रहा है। जहाज़ों का बेड़ा हलके-हलके डोल रहा है। दूर बौद्ध विहार से सांध्यकालीन प्रार्थना की मद्धिम आवाज़ें आ रही हैं। कोसाला राज्य के इस अन्तिम घाट में पोतों पर लगी मशालों की रोशनी पानी में थिरक रही है और मल्लाह अपनी कमर सीधी करने के लिए लकड़ी के गीले फ़र्श पर ही पसर गए हैं क्योंकि अभी उन्हें नायक का कोई आदेश नहीं मिला है।''

''बस करो यार...'' अहमद उकताकर बोला।

33

''देखिए हम कहीं जाते हैं तो बोलते तो हैं न? बातचीत ही तो करते हैं।''

''साजिद भाई तो इन यात्राओं को शब्द यात्रा कहा जा सकता है।'' पथिक जी ने कहा।

''हाँ क्यों नहीं।''

''लेकिन एक बात है साजिद मियाँ।'' हबीब भाई बोले।

''क्या?''

''यार ये एक दिन वाली यात्रा समझ में नहीं आती। ये तो पिकनिक जैसी लगती है।''

''तो आपका मतलब यह तीर्थयात्रा जैसी हो।'' कविवर ने व्यंग्य किया।

''नहीं...लेकिन कुछ तो सिलसिला होना चाहिए। कुछ तो प्रोग्राम होना चाहिए...मतलब अब जब शब्द यात्रा होगी तो लोग पूछेंगे कि यार कब, कहाँ, कैसे, क्यों, किस तरह?'' हबीब भाई बोले।

''योजना बनाना तो ज़रूरी है। यात्रा के उद्देश्य भी तय किए जाने चाहिए।'' त्रिपाठी जी ने कहा।

''सबसे पहली बात तो यह कि आप लोग यह यात्रा क्यों करना चाहते हैं?'' अहमद ने हस्तक्षेप किया।

"पहले तो हम लोगों ने यात्राएँ की हैं उनका उद्देश्य क्या था?" मैंने त्रिपाठी जी से पूछा।

"समझना-समझाना।"

"क्यों?"

"क्योंकि इसके बाद ही अन्य किसी प्रक्रिया को शुरू किया जा सकता है।"

"ठीक है तो अब सवाल पैदा होता है आप क्या समझना चाहते हैं?" अहमद ने कहा।

"हम गाँव की, इलाक़े की स्थिति, समस्याओं, चुनौतियों, सांस्कृतिक, शिक्षा, स्वास्थ्य की वर्तमान स्थिति को जानना और समझना चाहते हैं।" त्रिपाठी जी बोले।

"ठीक है। इसके लिए आप क्या करेंगे?" अहमद ने पूछा।

"क्या अध्ययन करेंगे उसका एक तरीक़ा होना चाहिए। एक पद्धति होनी चाहिए।" उमाशंकर काफ़ी देर से बोले।

"हाँ मान लीजिए हम गाँव के स्कूल या शिक्षा का अध्ययन करना चाहते हैं तो उसके अन्तर्गत ये सब जानकारियाँ होनी चाहिए कि स्कूल है या नहीं। अगर है तो किस स्तर का है। इमारत कितनी और कैसी है? किस कक्षा में कितने छात्र हैं? कितने अध्यापक हैं? क्या पढ़ाई रोज़ होती है? क्या छात्रों के पास किताबें हैं? क्या बच्चों को सरकारी योजनाओं जैसे 'मिड डे मील' वग़ैरह से फ़ायदा होता है? क्या?..."

त्रिपाठी जी की बात काटकर हबीब भाई ने कहा—"यार ये तो बड़ा काम हो जाएगा। ऐसी ही जानकारी प्राइमेरी हेल्थ सेंटर, आँगनबाड़ी, बैंक, वग़ैरह-वग़ैरह के बारे में जमा करना पड़ेगी। ये तो हज़ारों पेज की किताब बन जाएगी।"

सब हँसने लगे। इस बीच हीरा आ गया था और उसने कैमरे से शूटिंग शुरू कर दी थी। वह बातचीत में हिस्सा सिर्फ़ सुनने की हद तक ले रहा था।

"यार कुछ गाने-बजाने का कार्यक्रम भी होवेगा या नहीं।" हबीब भाई बोले।

"अरे उसके बिना गाँव में क्या होगा।" उमाशंकर ने कहा।

"वहाँ कवि सम्मेलन और मुशायरा तो न चलेगा।"

"हाँ...तो गीत..."

"अरे आप लोग चिन्ता न करें...हमारे पास लोक गीत गाने वाली अच्छी मंडली है।" पथिक जी बोले।

"भाई हम अपनी मंडली ले जाएँगे या वहाँ के लोगों से सुनेंगे?"

"दोनों काम हो सकते हैं।"

"फ़िल्म भी दिखाई जा सकती है।"

"अरे महाभारत, रामायण के सी.डी. ले चलें, सब हो जाएगा।"

"हीरा भाई से कहो गाँव की एक फ़िल्म बना दिया करें।" त्रिपाठी जी बोले।

"हाँ ज़रूर।" हीरा ने कहा।

"ये सब करोगे...यार...गाँव में बेरोज़गारी है...भुखमरी है उसके बारे में कुछ न होगा।" उमाशंकर बोले।

"होगा क्यों नहीं।"

"क्या होगा।"

"सरकारी योजनाओं का आकलन।"

"इससे तो भाई साहब प्रशासन भड़क जाएगा।"

"प्रशासन ही नहीं ग्राम प्रधान भी भड़केंगे।" उमाशंकर ने कहा।

"तो फिर?"

"फिर क्या...भड़केंगे तो क्या गाँव में न घुसने देंगे?"

"देख लो..."

"पूछेंगे कि आप लोग कौन हैं..."

"अरे जिस गाँव में ये स्थिति हो कि लोग पूछें कि आप लोग कौन हो, वहाँ जाने से क्या फ़ायदा।"

"हम उन्हीं गाँवों में जाएँगे...जहाँ हम लोगों को और लोग हमें जानते हैं?" उमाशंकर बोले।

"होना तो यही चाहिए।"

"अरे एक बार पहिया घूमने दो...हमारी यात्रा में प्रेस भी तो साथ रहेगा।"

"जिस गाँव में हमें रोका जाएगा उसके बारे में प्रेस में भी तो छपेगा। प्रशासन पर भी मीडिया का दबाव पड़ेगा।"

"यार प्राचीन स्मारकों को भी देखना पड़ेगा।"

"यात्रा में कुछ खेलकूद का प्रबन्ध भी होगा?"

"देखिए गांधी बाबा खेलकूद और ख़ासतौर से क्रिकेट के विरोधी थे जो आज आपके देश का सबसे बड़ा खेल है।" हबीब भाई बोले।

"अरे तो आजकल गांधी के आदर्शों के अनुसार क्या हो रहा है।"

"भाई साहब ऐसे बात बन नहीं रही है। एक-एक करके मुद्दों पर बात करनी चाहिए।"

"चलो पहले ये तय करते हैं यात्रा का नाम क्या होना चाहिए।"

"शब्द यात्रा।"

"नहीं।"

"यार गाँव में लोग शब्द नहीं समझ पाएँगे। ज्ञान यात्रा करो।"

"ज्ञान समझ लेंगे।"

"हाँ यार...ज्ञान, ज्ञान, अज्ञानी बहुत प्रचलित शब्द हैं।"

"तो ज्ञान यात्रा...पक्का हो गया।"

"हाँ।"

"और आगे बढ़ो। यात्रा का उद्‌देश्य क्या होगा?"

"वही समझना समझाना।"

"यार...इसे बात बनती नहीं है।"

"क्यों?"

"इसे अच्छे शब्द दो।"

"क्यों क्या स्कूल में निबन्ध लिख रहे हो?"

"यार कविवर तुम हमेशा व्यंग्य करते हो?"

"अरे यार तो तुम्हारी बात ही ऐसी है।"

"चलो समझना-समझाना को शब्द भी दे दिए जाएँगे।"

"पर ध्यान रहे ऐसे शब्द जो लोगों की समझ में आ जाएँ...सरकारी हिन्दी न बन जाए।"

"यार क्या समझना है? यह बात भी तो पता लगना चाहिए?" पथिक जी बोले।

"लिखो...यार त्रिपाठी तुम एक काग़ज़ ले लेव।" हबीब भाई बोले।

"लिखो...गाँव का नाम...जनसंख्या...औरत, मर्द, बच्चे..."

"अरे भाई आप जनगणना करने जा रहे हो क्या?"

"जनगणना तो नहीं कर रहे हैं, पर उसके बिना काम न चलेगा?"

"क्यों?"

"अरे प्रतिशत निकाला जाएगा न?"

"चलो ठीक है...आगे बढ़ो।"

"भू-स्वामित्व, भूमिहीन किसानों को ज़मीन पर कब्ज़ा मिला है या नहीं।"

"यार इस ज्ञान यात्रा में तो डंडे चल सकते हैं।" हबीब भाई हँसकर बोले।

"और क्या समझते हैं हबीब भाई—समझना—समझाना इतना आसान नहीं है।"

"चलो आगे बढ़ो।"

"कुटीर उद्योग?"

"अपने ज़िले में क्या है? कुछ नहीं।"

"यार पशुपालन को क्या कहोगे?"

"ठीक है...और आगे।"

"चलो अब शिक्षा पर आ जाओ।"

ज्ञान यात्रा के पूरे स्वरूप पर कई महीने बातें होती रहीं। इंगलिश की क्लास के

छात्रों ने भी इस पर खूब चर्चा की। शहर के कॉलेजों के अध्यापक की एक मीटिंग में भी इस पर बातचीत हुई और कई पक्ष सामने आए। अधिकतर की राय थी कि यह सांस्कृतिक होना चाहिए लेकिन उसके साथ-साथ इसकी व्यवहारिक उपयोगिता भी ज़रूरत है। युवा लोगों को केन्द्र में रखकर कुछ सिखाने या जानकारियाँ देने के कार्यक्रम भी ज्ञान यात्रा का हिस्सा होना चाहिए। सब की राय यह थी कि कम्प्यूटर की जानकारी दी जानी चाहिए। इसका मतलब था कि यात्रा एक स्थान पर कम-से-कम पाँच-छह दिन ठहरनी चाहिए और पूरी व्यवस्था होनी चाहिए। क्षेत्र के उन लोगों की पहचान की जानी चाहिए जिन्होंने किसी क्षेत्र विशेष में महत्त्वपूर्ण एवं उल्लेखनीय योगदान दिया है और यात्रा के अन्तर्गत उनका सम्मान करना चाहिए। यात्रा ग्रुप के साथ किताबें होनी चाहिए जिनका प्रदर्शन किया जा सके और जिन पर बातचीत में युवा रुचि लें।

यात्रा कैसे की जाएगी? कौन-कौन जाएगा? किस तरह के लोगों को बाहर से बुलाया जा सकता है? मुद्दों पर भी कुछ लोगों की राय थी कि यात्रा बैलगाड़ियों से करनी चाहिए लेकिन इसके विरोध में कहा जाता था कि बैलगाड़ी व्यावहारिक नहीं है। अधिक समय लगेगा। और यात्रा में आधुनिकता और नवीनता होनी चाहिए। इससे सभी सहमत थे कि यात्रा के दौरान एक डॉक्टर और वकील का होना ज़रूरी है जो लोगों को स्वास्थ्य और बुनियादी-अधिकारों सम्बन्धी आवश्यक जानकारी दे सकें। अब सवाल था कि ऐसा डॉक्टर कहाँ मिलेगा? ऐसा वकील कौन होगा जो महीने पन्द्रह दिन अपनी प्रैक्टिस छोड़कर ज्ञान यात्रा के साथ-साथ बिना किसी फ़ायदे के धक्के खाता फिरे? डॉक्टर के नामों पर बहुत विचार करने के बाद सहमति बनी कि कानपुर के डॉक्टर आलोक वाजपेयी और उनकी पत्नी डॉ. रंजना वाजपेयी से बात की जाए क्योंकि आसपास के इलाक़े में यही दो लोग हैं जो ऐसे कामों में अपना योगदान देते रहते हैं, डॉक्टर दम्पति ग्रामीण इलाकों में तरह-तरह के स्वास्थ्य शिविर आयोजित करते हैं और दूसरे समाज विकास और बदलाव के कामों में भी आगे रहते हैं। किसी ने बताया कि डॉ. वाजपेयी के पास इलाक़े की सामान्य बीमारियों तथा उसके उचित और सस्ते उपचार से सम्बन्धित कुछ फ़िल्में और पुस्तिकाएँ भी हैं जिन्हें छपवाकर बाँटा जा सकता है।

अब सवाल ये था कि ज्ञान यात्रा कब की जाए? बुआई और कटाई के महीनों में तो नहीं की जा सकती क्योंकि किसी के पास वक़्त न होगा। घोर गर्मी और घोर सर्दी में नहीं की जा सकती। अब बचता है ऐसा मौसम न बहुत ठंडा हो और न गरम हो—मतलब नवम्बर का महीना। साथ जाएगा एक प्रोजेक्टर, एक कम्प्यूटर सी.डी. पर फ़िल्में, आवश्यक किताबें, स्वास्थ्य और क़ानून सम्बन्धी आवश्यक पोस्टर और पैम्फलेट थे। इस सामग्री को तैयार करना एक बहुत मुश्किल काम लगा इसलिए

तय पाया कि जिन-जिन संस्थाओं ने ऐसी सामग्री बना रखी है उनसे ले ली जाए। इस काम में हीरा लग गया क्योंकि वह इंटरनेट का कीड़ा है और जानकारी प्राप्त करना उसकी विशेषज्ञता है। ज्ञान यात्रा में जाएगा कौन-कौन? बाहर से कौन-कौन आएँगे? हम ठहरेंगे कहाँ?

"वो सब ठीक है...पर पहला सवाल ये है कि खाएँगे क्या?" हबीब भाई ने पूछा।

"देखिए ज्ञान अमूल्य है पर ज्ञानी का पेट होता है। अरे हमारे देश में तो परम्परा है कि गुरुजी के पेट भरने की ज़िम्मेदारी गाँव की है।"

"मतलब गाँव के लोग आपको ब्रेक फास्ट, डिनर और लंच दिया करेंगे?"

"नहीं कविवर हम तो बस हर घर से एक मुट्ठी अनाज मागेंगे।" त्रिपाठी जी बोले।

"तो क्या रसोइया ले जाएँगे?"

"अरे रसोइए के बाप तो हम बैठे हैं।" उमाशंकर ज़ोर से बोले-जो कहेंगे...पक जाएगा।"

"यार त्रिपाठी जी एक-एक मुट्ठी अनाज माँगने के बजाय हर घर से एक-एक रोटी न माँगी जाए?" हबीब भाई बोले।

"ये आइडिया तो अच्छा है।"

"एक रोटी पर दाल या सब्ज़ी..."

"फिर भी चाय-वाय..."

"अरे यार न पीना एक महीने चाय...मर तो न जाओगे।"

उमाशंकर काला चश्मा लगाते हुए बोले।

सब हँसने लगे।

"नहीं चाय तो यार होना ही चाहिए।" हबीब भाई बोले।

"अब यह है कि पैसा कहाँ से आएगा?"

"पहले पूरा खर्चा तो पते चले?"

"एक रुपए से ज़्यादा चन्दा न लिया जाए और चन्दे की रसीद दी जाए।"

"रसीद छपाने को पैसा?"

"उधार छपवा लो..."

सब हँसने लगे।

"हाँ-हाँ इसमें हँसने की क्या बात है...लक्ष्मी बाबू महीने पन्द्रह दिन के उधार पर छाप देंगे।"

"जाएँगे कैसे?"

"किसी से रथ मँगवा लो...आजकल तो खाली पड़े होंगे।"

"रथ नहीं ट्रक ले लो...एक छोटा ट्रक..."

"ट्रक तो ऊपर से खुला होता है।"

"एक तिरपाल डाल लेना...नीचे गद्दे बिछ जाएँगे..."

"गाँव-गाँव चला जाएगा?"

"न जाएगा तो पदयात्रा होगी।"

34

गुलशन गिलास में पानी लेकर जब सामने बहुत रहस्यमय ढंग से खड़ा होता है तो मुझे पता चल जाता है कि चार घंटे कुइयाँ से पानी निकालने के बाद अब जो पानी निकला है वह मुझे पिलाना चाहता है और यह पूछना चाहता है कि पानी का स्वाद क्या वैसा हुआ जैसा मेरे बचपन में था।

मैं अख़बार पढ़ रहा था कि वह गिलास में पानी लेकर आ गया। मैंने एक घूँट भरा और कुल्ली कर दी।

"नहीं बना क्या?" वह बोला।

"नहीं...वह मज़ा नहीं आया जो हुआ करता था।" मैंने कहा।

"ठीक है...फिर छह महीने बाद चलेगी मसीन...पर हम लोग तो अब कुइयाँ का पानी ही पी रहे हैं।"

"पियो...शायद नल के पानी से तो अच्छा ही होगा"

"क्या तुम समझते हो पानी का वही मज़ा हो जागए तो पचास साल पहले था?" अहमद ने अख़बार रखते हुए कहा।

"होना चाहिए।"

"पचास साल में ऊपर का ही नहीं नीचे का नक़्शा भी बदल जाता होगा।" वह बोला।

"हाँ बात तो ठीक है...लेकिन 'ट्राई' करने में क्या नुक़सान है...देखो अगर पानी ठीक-ठाक हो गया तो यह शहर का पहला पुराना कुआँ होगा जो चालू हालत में होगा।"

"तुम्हें रघुवीर सहाय याद हैं?" मैंने उससे पूछा।

"हाँ नाम तो जाना पहचाना..."

"अरे यार हिन्दी के बड़े पत्रकार और उससे बड़े कवि...अपनी एडिटर्स गिल्ड के चेयरमैन भी थे।"

"हाँ याद आ गया।"

उन्होंने पानी पर बहुत काम किया था और कविताएँ लिखी थीं–"ये बात

आठवें, नवें दशक की है।''

''आज तो एक बहुत सीरियस प्रॉब्लम है।''

''कहते हैं अगला विश्वयुद्ध पानी के लिए होगा।''

''जिन्हें 'पानी' मिल रहा है उन्हें मिलता रहा तो शायद न हो।''

वह बोला और हम हँसने लगे।

गेट खुला और अंग्रेज़ी क्लास वाले लड़के आने लगे।

''आज तुम पढ़ाओगे।'' मैंने अहमद से कहा।

''यार तुमने अच्छे ख़ासे आदमी को टीचर बना दिया।''

वह बोला।

''तो क्या ग़लत हो गया?''

''मैंने कभी ज़िन्दगी में सोचा न था कि मैं टीचर बन जाऊँगा।''

''अब तो तुम्हें पढ़ाने में मज़ा आने लगा है?''

''हाँ ये तो है।''

''पढ़ाओ तब तक मैं देखूँ हीरा क्या कर रहा है।''

मैं उठ गया। अहमद ने अपनी कुर्सी क्लास रूम की तरफ़ मोड़ ली।

हीरा का कमरा खाली था। बेड पर, मेज़ पर, अल्मारी में, कुर्सियों पर सामान बिखरा पड़ा था, कपड़े झूल रहे थे। मैं पता नहीं क्यों कुछ क्षण कमरे की बेसरो सामानी देखता रहा उसके बाद बाहर आया नीचे वाले बरामदे में भी वह नहीं था। अनु बैठी सब्ज़ी काट रही थी। उसने बताया कि हीरा किचन गार्डेन में है। मैं पीछे पहुँचा और टमाटर की क्यारियों में हीरा शाटस् पहने और हाथ में खुर्पी लिए निराई और गुड़ाई कर रहा था। और उसके साथ अपना दुपट्टा लपेटे नाज़ो खर-पतवार जमा कर रही थी।

''अच्छा तो तुम यहाँ हो।''

''अब्बा ये मेरी 'न्यू डिस्कवरी' है।

''क्या?''

''इस तरह के काम में कितना मज़ा आता है।''

''लन्दन में...''

''हाँ हो सकता है...अम्माँ के पास तो एक बड़ा लॉन है जिसमें कुछ किया जा सकता है...लेकिन मैंने पता नहीं क्यों इसके बारे में कभी सोचा ही नहीं था।'' वह बोला।

''तो तुमने क्या प्रोग्राम बनाया है?''

''अब्बा मैंने बुकिंग करा ली है। मैं आठ को मतलब पाँच दिन बाद दिल्ली, वहाँ से शिमला...और फिर रामपुर होते हुए रिकांगपिओ, किन्नौर और वहाँ से

काज़ा, फिर केलांग और लेह।''

''काफ़ी लम्बा प्रोग्राम है...लेकिन ये अच्छा है कि तुम यहाँ अभी पाँच दिन हो।''

''लेह में बीस दिन रहने की कोशिश करूँगा।''

''देखो...सबको वहाँ अलग-अलग अनुभव होते हैं।''

नाज़ो कूड़ा-करकट समेटकर ले गई।

''चाय पियोगे?''

''कॉफी...''

''जरा दो कॉफी या तीन कॉफी बनवा देना।'' मैंने किचन की तरफ़ जाती नाज़ो से कहा और उसने सिर हिलाया कि सुन लिया है।

''यहाँ तुम अभी क्या-क्या देखना चाहते हो?''

''मैं पुराने मन्दिर और कोड़ा जहानाबाद...उसके बाद अगर मुमकिन हो तो कड़ा में राजा जयचन्द का किला और हथगाँव की मस्जिद जिसके बारे में कहा जाता है कि वह मन्दिर के पत्थरों से बनाई गई थी।''

''ये सब हो सकता है...लेकिन उसके लिए सुबह चार बजे तैयार हो जाना चाहिए।''

''चार बजे? अब्बा दो बजे तक तो मैं इंटरनेट पर बैठता हूँ।''

''तो मत सो।''

''हाँ दो घंटे की तो बात है।''

''कहो तो कल चलें?''

''ओ.के. आज मैं जल्दी सो जाऊँगा।'' हीरा बोला।

रात में पूरे घर के सो जाने या अपने-अपने बिस्तरों में चले जाने के बाद अनु मेरे पास आई। मैं कुछ पढ़ रहा था। अँगनाई में टेबुल लैम्प और पंखा लगा था और मच्छरों का प्रकोप शुरू होनेवाला था।

''ग्यारह बजे बिजली आ जाएगी।'' वह बोली।

''हाँ होता तो यही है। तब तक तो इनवर्टर चल जाएँगे लेकिन उसके बाद भी न आई तो जनरेटर चलवाना पड़ेगा।''

''ये तो रोज़ का क़िस्सा है।''

''हाँ...गाँव-गाँव में बिजली पहुँचा दी है और बिजली है नहीं।'' मैंने कहा।

''हीरा आजकल नाज़ो को फोटोग्राफी सिखा रहा है।''

वह इस तरह बोली जैसे कोई बड़ी सूचना दे रही हो।

''अच्छा। तो फिर?''

"तुमने देखा है?"

"मैंने तो उन्हें बगिया में काम करते देखा है।"

"कल शाम मैं इधर गई तो देखा हीरा नाज़ों के बिल्कुल पीछे खड़ा है। उसके दोनों हाथों में कैमरा है जो नाज़ो के चेहरे के सामने है और हीरा उसे कुछ बता रहा है।"

"ओहो...मतलब?"

"हाँ।"

"यार तो इसमें क्या है...दोनों की उम्र है।"

"तुम्हें नहीं लगता ये बहुत सीरियस है?"

"अरे नहीं...हाँ याद आया पहले हीरा...जल्दी-से-जल्दी हिमाचल जाना चाहता था लेकिन आज कह रहा था कि पाँच दिन बाद जाएगा।"

"बिल्कुल...मामला यही है।" वह बोली।

"तुमसे नाज़ो हीरा के बारे में कुछ बात करती है?"

"नहीं...कोई बात नहीं...लेकिन अपनी आँखें नहीं छिपा पाती...मेरे ख़याल से वह हीरा को बहुत पसन्द करती है।"

"और हीरा?"

"फोटोग्राफी क्यों सिखा रहा है?"

"लो लाइट आ गई।" मैंने कहा।

"हाँ...अब रात कट जाएगी।" अनु बोली।

कुछ क्षण बाद अनु ने पूछा–"तुम्हारी पत्नी नूर कब आ रही हैं?"

"हीरा ने बताया है कि अक्टूबर में..."

"हूँ।"

"ये लोग साउथ जाएँगे।"

"तुम नहीं जाओगे?" अनु ने अजीब आवाज़ में पूछा।

"मैं...मैं..." मैं घबरा गया।

"हाँ जब तुम्हारी पत्नी जाएँगी...तुम्हारा बेटा जाएगा तो तुम न जाओगे।"

मैं बिल्कुल ख़ामोश हो गया। अनु ने आज फिर मेरी दुखती हुई रग पर हाथ रख दिया था। इस सवाल का सामना करने की हिम्मत मेरे अन्दर इसलिए नहीं है कि मैं इसके सामने अपने को बहुत छोटा मानता हूँ। मैं 'रिडूस' हो जाता हूँ। मेरे सारे आदर्श और साहस शून्य नज़र आता है और मैं अपने आप से ही नज़रें चुराने लगता हूँ जो असम्भव है। पिछले बारह-पन्द्रह सालों से अनु मेरे साथ पत्नी के रूप में रह रही है लेकिन क़ानूनी तौर पर काग़ज़ों में आज भी मेरी पत्नी नूर है जो शादी के बाद या हीरा के स्कूल जाने मतलब पच्चीस-छब्बीस साल से मुझसे अलग लन्दन में

रहती है। पहले जल्दी लेकिन बाद के सालों में लम्बे अन्तरालों के बाद मैं लन्दन जाया करता था और दस-पन्द्रह दिन रहा करता था जो मेरे और नूर के बीच घनिष्ठ पति-पत्नी सम्बन्ध बनाने के लिए नाकाफ़ी समय हुआ करता था लेकिन ऐसा नहीं है कि मेरे और नूर के बीच कोई सम्बन्ध न रहा हो। वह हीरा की माँ है और मैं उसका बाप हूँ। लेकिन अनु के साथ मैं या हालात जो ज्यादती कर रहे हैं उसका पहला ज़िम्मेदार मैं अपने को मानता हूँ क्योंकि आज तक मेरे अन्दर यह हिम्मत नहीं आ सकी कि मैं नूर से तलाक लेकर अनु से शादी कर सकूँ। इसके लिए न मुझे कभी अनु ने मजबूर किया और न नूर ने कोई दबाव डाला। शायद बड़ी ख़ामोशी से हम तीनों ने इस रिश्ते को स्वीकार कर लिया है लेकिन कभी-कभी इस रिश्ते की तल्खी मुँह का मज़ा और दिमाग़ की गति पर गहरा असर डालती है। आज भी कुछ ऐसा ही हुआ।

"तुम जानती हो अनु..." मैं चुप हो गया।

"हाँ ख़ामोश ही रहो... ख़ामोशी बहुत कुछ कह देती है।"

"इतना शर्मिन्दा न करो।"

"देखो...मेरे तुम्हारे बीच कोई शर्त नहीं थी। याद है हमने क्या वायदा किया था?" वह बोली।

"हाँ...हाँ याद है।"

"तो कभी-कभी...लगता है...मैं तुम्हें बता नहीं सकती जब आदमी मेरी आँखों में देखते हैं तो मुझे अपनी आँखों में कैसे भाव लाने पड़ते हैं...समझे तुम?"

वह उदासी से बोली।

"मैं तुम्हारी क़द्र करता हूँ।"

उसकी आँखों में आई चमक मैं देख नहीं सका।

35

"अनारकली और शहज़ादा सलीम की कहानी दोहराई जा रही है तुम्हारे घर में। तुम अकबरे आज़म का रोल करोगे या नहीं।" अहमद ने मुझसे कहा।

"अन्दाज़ा तो मुझे भी है।"

"अन्दाज़ा न लगाओ यक़ीन करो।"

"लेकिन...कहाँ हीरा..."

"यार चचा कह गए हैं न 'इश्क़ पर ज़ोर नहीं है ये वो आतिश ग़ालिब। जो लगाए न लगे और बुझाए न बने'।"

"हाँ...तो ठीक है।" मैं ख़ामोश हो गया। मुझे नूर का मेल याद आया जिसमें

उसने इस बात पर चिन्ता ज़ाहिर की थी कि हीरा अकेला है। कई साल से उसकी कोई दोस्त नहीं है। शायद वह अपने काम में इतना डूबा हुआ है या शायद अपने स्वभाव के कारण और अपने बुनियादी शर्मीलेपन की वजह से वह लड़कियों से दोस्ती नहीं कर पाता या लड़कियाँ उसे बहुत किताबी, उसूलों और सिद्धान्तों का समझकर उससे दूर चली जाती है। और अब वह तीस साल का हो गया है। उसके लिए यह ज़रूरी है कि वह लड़की या लड़कियों के सम्पर्क में रहे।

कुछ दिन पहले तक हीरा इधर-उधर जाने में काफ़ी दिलचस्पी लेता था लेकिन अब वह घर पर रहना ज़्यादा पसन्द करता है। अपने कमरे में लैपटॉप पर काम करता रहता है या बगीचे में नज़र आता है। कभी-कभी किचन में बैठा रहमतुन के साथ अपनी हिन्दी की प्रैक्टिस किया करता है या खाना पकाने की तरकीबें सीखता है। उसे लन्दन के बारे में बताता है। हीरा घर के अन्दर जहाँ भी होता है जो भी कर रहा होता है नाज़ो उसके आसपास ही नज़र आती है। इधर-उधर से घूम-फिरकर वह हीरा के पास पहुँच जाती है। अब उसे पढ़ाने का काम भी हीरा ने अपने हाथ में ले लिया है। एक दिन अनु ने बताया कि कुछ काम करते हुए नाज़ो का हाथ थोड़ा-सा जल गया था। हीरा उसे फ़ौरन अपने कमरे में ले गया। उसने अपना फर्स्ट ऐड बक्स खोलकर जाने कौन-कौन से स्प्रे, कौन-कौन से ट्यूब से मरहम और ढेर सारी दवाएँ उसे दे दी। उसकी ड्रेसिंग भी करता रहा। अनु यह सब बताते हुए हँस रही थी और कह रही थी जवान लोगों को प्रेम करते देखना कितना अच्छा लगता है।

अनु हीरा और नाज़ो के बारे में सूचनाएँ देने का एक माध्यम है। एक दिन हँसती हुई आई और बोली–''तुम्हारा बेटा तो बड़ा दानवीर है।''

''क्यों क्या हुआ!''

''उसने नाजो को एक स्मार्ट मोबाइल फ़ोन प्रेजेन्ट किया है। बड़ा महँगा वाला है। मैं तो कई साल से सोच रही हूँ लेने के लिए।''

''लेकिन नाज़ो को तो स्मार्ट फ़ोन 'यूज़' करना भी न आता होगा।''

''तुम क्या समझते हो...हीरा ने स्मार्ट फ़ोन क्यों दिया है?''

''क्यों?''

''ताकि उसे स्मार्ट फ़ोन सिखाने का मौका मिले। आज ही उसे बता रहा था कि अगर लन्दन फ़ोन करना हो तो कैसे किया जाएगा।''

''क्या मतलब लन्दन।''

''हाँ क्यों?''

''मतलब लन्दन...मैं समझा नहीं।''

''अरे जब हीरा लन्दन चला जाएगा तो उसे कैसे फ़ोन करे।''

''अच्छा।''

“ये बताओ तुम हीरा से पूछते क्यों नहीं?”

“देखो हीरा अगर इस देश में पला-बढ़ा होता तो मैं ज़रूर पूछ सकता था लेकिन योरोप के नौजवान से इस तरह के सवाल कौन पूछ सकता है?”

“क्या इतनी बड़ी बात है?”

“हाँ है।”

जिस सुबह हीरा हिमाचल जानेवाला था उससे पहले वाली रात अनु मेरे पास आई और बताया कि हीरा नाज़ो के साथ है। रात का शायद दो बजा था। मैं क्या कर सकता था।

“सो जाओ।”

“अरे!”

“ओहो...तो मैं क्या कर सकता हूँ!”

“क्या नाज़ो अपनी नानी वाली कहानी दोहराएगी?”

अनु ने पूछा और मैं उठकर बैठ गया।

“कौन क्या कह सकता है।”

“हो तो वही सब रहा है।”

“हाँ लगता तो है।”

“बेचारी नाज़ो...उसका क्या होगा?”

“ये तो उसे समझना चाहिए।”

“उसे कोई समझा नहीं सकता?”

“तुम समझाओ।”

“हाँ। क्यों नहीं? मेरे समझाने से समझेगी।”

“ये तो समझाने पर ही पता चलेगा।”

“आप कुछ नहीं करेंगे।”

“मैं क्या करूँ?”

“हीरा से बात।”

“नहीं...मैं क्यों करूँ।”

“इसलिए कि किसी की ज़िन्दगी का सवाल है।”

“देखो सब कुछ हमारे वश में नहीं होता।”

“ये तो टालने वाली बात है।”

“देखो ये एक ऐसी स्थिति है जहाँ न हीरा कुछ सुनने के लिए तैयार होगा और न नाज़ो...दोनों एक ऐसी धारा पर बह रहे हैं जो ऊपर ही ऊपर चली जा रही है...नीचे नहीं आ रही...”

कुछ देर चुप रहने के बाद अनु बोली–"माफ़ करो, ग़लती तो हीरा की ही है।"

"कैसे?" मैं कुछ ग़ुस्से में आ गया।

"पहली बात वह बड़ा है।"

"और दूसरी?"

"वह ज़्यादा पढ़ा-लिखा है।"

"देखो वह योरोप में पला-बढ़ा और पढ़ा-लिखा है जहाँ सेक्स या शादी से पहले सेक्स कोई 'टैबू' नहीं है...वहाँ ये सब नहीं चलता जो अपने यहाँ चलता है।"

"मतलब हीरा को यह मालूम ही नहीं है कि वह नाज़ो की ज़िन्दगी ख़राब कर रहा है।"

"नहीं।"

"ये कैसे हो सकता है।"

"क्यों...मैंने कहा न कि वह योरोप..."

"हीरा एशियाई समाजों का विशेषज्ञ है...उसे इतनी मोटी-सी बात तो मालूम ही होगी?"

इस सवाल के आगे मैं मज़बूर हो गया। बहस करने से कोई फ़ायदा न था। मैंने कहा–"जो कुछ भी हो। मैं कुछ नहीं कर सकता। जाकर सो रहो।"

"मुझे नींद नहीं आ रही।"

"तो कुछ पढ़ लो।"

वह उठकर चली गई।

सुबह स्टेशन जाने से पहले हीरा मुझसे और अहमद से मिलने आया तो उसकी आँखें लाल थीं। ये ज़ाहिर था कि वह रात में सोया नहीं है। वह चाय पीने हमारे साथ बैठ गया।

"हीरा तुम लेह में याक का 'चीज़' ज़रूर ट्राई करना।" अहमद ने कहा।

"हाँ अंकल मैंने उसके बारे में काफ़ी पढ़ा है और सुना भी है। ज़रूर खाऊँगा?"

"और क्या-क्या करोगे?"

"पूरा पक्का प्रोग्राम है...आपको दिखाऊँ।"

"नहीं...नहीं...वापस आकर दिखाना..."

हीरा स्टेशन जाने के लिए खड़ा हो गया।

"तो अकेले ही जाओगे? मैं तुम्हें छोड़ दूँ?" मैंने कहा।

"नहीं अब्बा...नो प्रॉब्लम...बाहर से रिक्शा ले लूँगा।"

उसने 'बैग पैक' पीछे लाद लिया और मल्लू मंज़िल के गेट की तरफ़ बढ़ा। गेट खोलने से पहले उसने पीछे मुड़कर टेरिस की तरफ़ देखा और हाथ हिलाया।

मैं टेरिस की तरफ़ मुड़ा तो मुझे वापस जाती नाज़ो की एक झलक मिल पाई।

"किसको 'गुड बाई' कर रहा था।" अहमद ने पूछा।

"नाज़ो को।"

"गुड...मतलब मामला जम गया है।"

"कल रात दोनों साथ थे।"

"गुड...वेरी गुड।" अहमद बोला।

"यार मैं तो कुछ डर रहा हूँ।"

"क्या?" अहमद ने पूछा।

"यार नाज़ो की ज़िन्दगी...मतलब ये बात फैल गई तो उसकी शादी..."

"अरे यार क्या बेवकूफ़ी की बात करते हो...हम लोगों के घरों में नौकरों की लड़कियाँ इसलिए ही हुआ करती थीं। अब इसे मेरे 'फ्यूडल' 'बैक ग्राउंड' से जोड़ोगे...पर है ये हक़ीक़त।"

"वो ज़माना और था अहमद।"

"नहीं यार...कुछ नहीं होगा...तुमने नाज़ो को पढ़वा भी तो दिया है।"

"बी.ए. फर्स्ट ईयर का प्राइवेट इम्तिहान दे रही है।"

"अरे यार ये टीचर हो जाएगी...अच्छा से अच्छा लड़का भागकर इससे शादी करेगा।" अहमद बोला।

36

"काम से कम बड़ी नहीं होती काम की तैयारी। हमें ज्ञान यात्रा तो करनी है छह महीने बाद नवम्बर में लेकिन तैयारी अभी से करनी ज़रूरी है। ज्ञान यात्रा सम्बन्धी आधार पत्र तो बन गया है। क्या है? क्यों है? कब और कैसे होगी? वग़ैरह-वग़ैरह सब उसमें आ गया है। यह पेपर हिन्दी और अंग्रेज़ी में बना है। अब सबसे बड़ा काम यह बचता है कि हम अपनी यात्रा के बारे में ज़्यादा-से-ज़्यादा लोगों को बता सकें।"

"ये कैसे होगा?" अनूप ने पूछा।

"अभी तो इन्टरनेट के ज़रिये होगा...यही सबसे सस्ता और कारगर तरीक़ा है।"

"किसको बताएँगे।" धीरज ने पूछा।

धीरज और अनूप अंग्रेज़ी क्लास के दो लड़के हैं जो इंटरनेट के काम में माहिर हैं और ज्ञान यात्रा के साथ जुड़ गए हैं। ये सप्ताह में एक बार आते हैं और ज्ञान यात्रा सम्बन्धी काम में मदद करते हैं।

"देखो देश के सभी सांसदों को, सभी मंत्रियों, मुख्यमंत्रियों को, सभी उच्च

स्तर के अधिकारियों को, प्रमुख अख़बारों के सम्पादकों को, अच्छी और बड़ी स्वयंसेवी संस्थाओं को, देश के प्रमुख बुद्धिजीवियों, कलाकारों, लेखकों आदि को।'' मैंने कहा।

''ये तो बड़ा काम है।''

''अभी छह महीने हैं...इस काम के लिए हम महीना रखते हैं। आप लोग नामों और ई-मेल की सूची बनाइए।''

''कुछ तो बनी बनाई सूचियाँ मिल जाएँगी।'' अनूप ने कहा।

''ठीक है। उसके बाद एक दूसरी अपील सहयोग के लिए जाएगी।''

''किन लोगों को?''

''हमारे पहले ई-मेल का जो जवाब देंगे उनको।''

''उसके बाद।''

''ज्ञान यात्रा समाचार इंटरनेट पर जारी किया जाएगा जिसमें यात्रा से सम्बन्धित सब जानकारियाँ होंगी। उन लोगों के नाम भी होंगे जो हमें सहायता देंगे।''

''सहायता किस तरह की माँगी जाएगी।''

''शामिल होने की सहायता...हम पैसा-वैसा बाहर के किसी आदमी, संस्था से नहीं लेगे...यही जो रुपया चन्दा या रोटी का चन्दा आएगा उससे काम चलेगा और ये उम्मीद मत करो कि बहुत लोग हमारे काम में रुचि लेंगे। जो आ नहीं सकते उनसे हम संदेश भेजने की अपील कर सकते हैं...यह सब हर महीने ज्ञान यात्रा वेब पत्रिका में छपता रहे और वह भेजी जाती रहे।''

धीरे-धीरे और मज़े-मज़े से ज्ञान-यात्रा का काम बढ़ने लगा। जैसे-जैसे ई-मेल जाते रहे वैसे-वैसे प्रतिक्रियाएँ आने लगीं। कोई पाँच प्रतिशत लोग जवाब देते थे। लेकिन इतना हमारे लिए बहुत था। ज्ञान यात्रा समाचार का पहला बुलेटिन इंटरनेट पर जारी हुआ तो काफ़ी लोगों ने 'रिएक्ट' किया देश ही नहीं बल्कि विदेश से भी लोगों ने अपनी राय भेजी। इस तैयारी के साथ-साथ ज्ञान-यात्रा के स्वरूप में भी सुधार होता चला गया। सबसे बड़ी बात यह हुई कि आपसी बातचीत के बाद तय पाया कि ज्ञान-यात्रा का केन्द्र युवा होने चाहिए, इसलिए कॉलेज और स्कूल वे जगहें होंगी जहाँ हम जाएँगे और लंगर डालेंगे। हमारे अधिकतर काम युवाओं की ज़रूरत और उनकी रुचि को ध्यान में रखकर किए जाएँगे। ज्ञान-यात्रा केवल भाषण बाजी का मंच नहीं होगा बल्कि यह व्यवहारिक दिक़्क़तों को समझने और अपनी सीमाओं में उनका समाधान खोजने का काम करेगी। इस तरह इसकी उपयोगिता बढ़ेगी। अब ज़रूरत इस बात की थी कि युवाओं की ज़रूरतों और दिक़्क़तों के सन्दर्भ में तथा उनकी रुचियों के अनुसार कार्यक्रम बनाए जाएँ। पहली दिक़्क़त यह आँकी गई कि युवाओं को पढ़ने-लिखने में मदद करने तथा उनकी दक्षता बढ़ानेवाले

कार्यक्रम बनाए जाएँ। हाई स्कूल, इन्टर और बी.ए. के छात्रों के लिए विज्ञान के विषय प्रायः इसलिए कठिन होते हैं कि उनकी पढ़ाई का पर्याप्त इंतज़ाम नहीं होता। इसलिए इन विषयों के विशेषज्ञों को बुलाने और ज्ञान-यात्रा में उनके विषय सम्बन्धी लेक्चर कराने की योजना बनी। दूसरा क्षेत्र कम्प्यूटर शिक्षा का बना। तीसरा क्षेत्र 'कैरियर गाइडेन्स' और अन्य उपयोगी जानकारियाँ देने का बनाया गया। इसके साथ सांस्कृतिक और साहित्यिक कार्यक्रमों को जोड़ा गया। यह पूरा पैकेज लेकर ज्ञान-यात्रा के सक्रिय सदस्य ज़िले के कॉलेजों में गए और प्रधानाचार्यों से मिले तो आशा के विपरीत उन्होंने कोई उत्साह नहीं दिखाया। उनका कहना था कि यह सब तो हम पढ़ाते ही हैं और लड़कों के पास इतना समय नहीं होगा कि वे कॉलेज में पढ़े ओर फिर आपके कोर्स भी ज्वाइन करें। फिर दिक़्क़त यह है कि मैनेजमेन्ट पता नहीं यह पसन्द करे या न करे लेकिन प्रधानाचार्यों की राय के बरख़िलाफ़ छात्रों का कहना था कि यह बहुत उपयोगी कार्यक्रम है लेकिन अगर इसे जाड़े की छुट्टियों में रखा जाए तो अच्छा हो। मतलब नवम्बर के बजाय यह दिसम्बर में किया जाए।

हम लोग तो ये समझ बैठे थे कि स्कूलों, कॉलेजों से 'स्पोर्ट' मिलेगी तो हम क्लास रूमों में ही सो जाया करेंगे लेकिन वहाँ से हरी झंडी दिखा दिए जाने के बाद समस्या गम्भीर हो गई। अब हम जहाँ जा रहे हैं वह होटल-वोटल तो हैं नहीं। सरकारी गेस्ट हाउस हैं। पर वे भी शायद हमें न मिलें और वे आमतौर से आबादी से काफ़ी फ़ासले पर हैं।

"देखिए ठहरने के लिए हमें छोलदारियाँ ही लगानी पड़ेंगी...हमारे साथ कितने लोग होंगे?"

"कम-से-कम बीस..."

"और क्लासें कहाँ होंगी?"

"खुले में।"

"देखिए अब तो लगता है ज्ञान यात्रा के बारे में फिर से प्लानिंग करनी पड़ेगी।"

"क्या?"

"ज्ञान-यात्रा धुर गाँवों में नहीं जा सकेगी।"

"क्यों?"

"वहाँ ठहरने-खाने की व्यवस्था नहीं..."

"वहीं तो सबसे बढ़िया व्यवस्था होगी।" त्रिपाठी जी बोले और कई लोग सहमति में सिर हिलाने लगे।

"अच्छा धुर गाँवों में आपको छात्र कहाँ मिलेंगे? ज़्यादा-से-ज़्यादा मिडिल स्कूल तक के छात्र होंगे?"

"ये सोचिए छुट्टियाँ होंगी और छात्र अपने-अपने गाँव गए होंगे।"

काफ़ी बहस चलती रही। तय पाया कि ज्ञान यात्रा का जो रूट तय किया गया है उसके उन सभी स्थानों को देखा जाए जहाँ यात्रा पाँच दिन ठहरेगी। कहाँ क्या हो सकता है और कहाँ क्या जुटाना पड़ेगा।

यात्रा को फाइनल स्वरूप देकर एक पर्चा छपवाया गया जिसे शहर में बाँट दिया गया। इसका एक प्रभाव यह पड़ा कि ज़िले के प्रभावशाली नेताओं के फ़ोन आने लगे। सबसे पहले बड़े भाई ख़ाँ का फ़ोन आया। अलैक सलैक के बाद कहने लगे–

"साज़िद भाई मैं भी आपकी ज्ञान यात्रा में चलना चाहता हूँ।"

"हाँ ज़रूर चलिए। आपके नाम कौन सी क्लास लगा दूँ? हमें फ़िजिक्स, केमिस्ट्री के टीचर चाहिए।" मैंने कहा।

"टीचर क्लास?" उन्हें हैरत हुई।

"हाँ-हाँ ख़ाँ साहब यात्रा में पढ़ाई होगी।"

"अरे आप भी कमाल करते हो साजिद भाई...अरे स्कूल कॉलेज खुले हुए हैं...सब जगह पढ़ाई हो रही है...आप यात्रा में भी पढ़ाएँगे?"

"हाँ ख़ाँ साहब प्रोग्राम तो यही है।"

"उद्घाटन कौन कर रहा है?"

"कोई नहीं।"

"ये भी अजीब बात है।"

"अरे ख़ाँ साहब ये तो छोटा-मोटा काम है..."

"चलिए तो किसी दिन आपसे मिलने आता हूँ।"

उन्होंने फ़ोन काट दिया।

मैं उद्घाटन वाली बात अहमद को बताई तो वह हँसने लगा और बोला–"इन 'पॉलीटीशियन्स' ने हर चीज़ को छोटा कर दिया है।"

"इनका कोई तोड़ भी तो नहीं है।"

"इंडिया में डेमोक्रेसी भी बड़ी अनोखी चीज़ बन गई है।"

"मतलब?"

"एक अजीब जादू, एक अजीब तरह का मैजिकल 'रियलिज़्म'।"

"कैसे?"

"जो है वह नहीं है, जो नहीं है वही है, जो जैसा है वैसा नज़र नहीं आता जो नज़र आता है वह धोखा है...धोखे के अन्दर हक़ीक़त है जो कहीं पड़ी धूल खा रही है पर हम उसे चमकता हुआ मान रहे हैं।"

हीरा का पहला मेल लेह से आया है। उसने लेह से ज़्यादा तारीफ़ उस रास्ते की की है जो केलांग से लेह जाता है। इसकी प्रशंसा में उसने उन सारे विशेषणों का इस्तेमाल

कर डाला है जिनकी कल्पना की जा सकती है। उसने लिखा है कि इस सुन्दरता के बारे में कोई अन्दाज़ा नहीं लगा सकता। शायद ग्रैंड कैनियन जैसी सुन्दरता है। कहीं-कहीं प्रकृति ऐसा चमत्कार कर देती है कि आदमी की अक़्ल हैरान हो जाती है। यह रास्ता कुछ ऐसा ही चमत्कार है। जो कुछ दिखाई देता है उसे आँखें पूरी तरह से सँजो नहीं पातीं। अद्‌भुत दृश्य इस तरह सामने आते हैं कि आप पिछले दृश्य में ही खोए हुए होते हैं कि एक नया 'चैलेन्ज' सामने आ जाता है। बर्फ़ की आधी जमी झीलें और पहाड़ों से पिघलती बर्फ़ कुछ ऐसे समीकरण बनाती है जो आकार और रंगों की एक बेमिसाल आभा बिखेरते चली जाती हैं। जी चाहता है यहीं गाड़ी से उतर लिया जाए क्योंकि यह सब और कहाँ मिलेगा। पहाड़ों के साथ पानी और हवा ने एक अजीब तरह की दोस्ती निभाई है जिसके चलते ऐसे आकार बने हैं जो हर तरह से 'परफेक्ट' कहे जा सकते हैं। ये आकार धीरे-धीरे ख़त्म होते हैं तो इतनी ऊँचाई पर एक समतल मैदान मिलता है जो चालीस किलोमीटर लम्बा है। दूर, बहुत दूर नए पहाड़ दिखाई देते हैं और चारों तरफ़ मैदान का रंग धीरे-धीरे बदलने लगता है। इसमें एक तरह का पीलापन शामिल हो जाता है। पता यह चलता है कि यह पीली घास है जो विशाल मैदान की एकमात्र उपज है। कुछ आगे बढ़ते हैं तो इस विशाल मैदान के सुदूर कोनों में छोटे-छोटे काले रंग के धब्बे एक रहस्य की तरह चलते-फिरते दिखाई पड़ते हैं। पता चलता है वे धब्बे दरअसल याक हैं जो पीली घास चर रहे हैं।

मेल के अन्त में उसने लिखा है कि उसके ख़याल से यह यात्रा संसार के हर आदमी को जीवन में एक बार तो करनी ही चाहिए।

37

अनु बताती है कि रात में हीरा नाज़ो को कॉल करता है और दोनों में लम्बी बातचीत होती है। हाँ दिन तो किसी तरह कट जाते हैं पर रातें काटने को दौड़ती हैं। सारे प्रेमियों के साथ यही होता है। अनु नाज़ो की राज़दाँ तो नहीं है लेकिन उसे ये सब पता चलता रहता है। नाज़ो की बदली हुई शक्ल तो मैं ख़ुद देखता हूँ। वह खोई-खोई-सी रहती है और कभी-कभी बहुत उदास लगती है।

एक रात अनु ने बताया कि नाज़ो रात में हीरा की टी-शर्ट पहनकर सोती है। ये सब क्या है। कभी-कभी अजीब उलझन-सी होती है लेकिन लगता है मैं कर ही क्या सकता हूँ। चुपचाप दर्शक की तरह यह सब देखता रहता हूँ।

बहुत अच्छा है कि यह सब शेयर करने के लिए अहमद है जो मुझसे ज़्यादा टूटी-फूटी ज़िन्दगी का बोझ उठाए है। शूजा का अब तक कोई पता नहीं लग सका है कि वह कहाँ है? दिलबर भी उसके साथ है। अहमद अपने बारे में बहुत कम बात

करता है लेकिन यह समझना मुश्किल नहीं है कि अपने बेटे दिलबर की याद–सालों से उसे देख पाने का दुख, अनिश्चित भविष्य और बीमारी का बोझ कितना भारी है उसके ऊपर। मैं चाहता हूँ वह कभी-कभी दिलबर के बारे में बात किया करे लेकिन वह नहीं करता। सवाल है कि वह क्या बात करेगा? हाँ मैं ज़रूर अपने मसलों के बारे में उससे बात करता रहता हूँ।

मुझे देखकर अहमद ने अख़बार रख दिया और मुस्कुराकर बोला–"आजकल अख़बार पढ़ने में नाविल पढ़ने का सा मज़ा मिलता है।"

"जो कुछ छपता है वह पूरा औपन्यासिक लगता है।"

"छपता नहीं जो कुछ होता है हमारे मुल्क में।" वह बोला।

"इतने घिनौने, खुले आम, डंके की चोट पर किए जा रहे अपराध पता नहीं कहीं और होते हैं या नहीं।"

"इसके लिए तुम्हें लातीनी, अमेरिका या अफ्रीका जाना पड़ेगा। वैसे हमारे आसपास के मुल्कों में भी यही हाल है।"

"यार मैं तो इतनी मोटी रक़मों के बारे में सोच भी नहीं सकता। लाख करोड़ के घोटाले।" मैंने कहा।

"दुनिया के सबसे बड़े लोकतंत्र में सबसे बड़े घोटाले तो होने ही चाहिए।"

"मज़ेदार बात है यार। सब कुछ है। पूरी सरकार, पूरा प्रशासन, संसद, संविधान, न्यायालय, मीडिया लेकिन लगता है कोई कुछ नहीं कर सकता। सब कुछ ऐसे मज़बूत हाथों में है कि सब मजबूर हैं...जो हो रहा है होता रहेगा..."

"हाँ फ़िलहाल तो यही लगता है।"

"तुम्हें तो पता होगा...एक ज़माने में इंग्लैंड की डेमोक्रेसी का यही हाल था।"

"हाँ ढाई सौ साल पहले।"

"तो हमें उतना ही इंतज़ार करना पड़ेगा।" अहमद हँसने लगा।

क़रीब ढाई महीने हिमालय और उत्तर पूर्व में घूमने के बाद हीरा लौट आया। उत्तर पूर्व में उसे भूटान आदर्श देश लगा था और उसे वह एक मॉडल मानने लगा था। बहरहाल इतने सारे अनुभवों को आत्मसात् करने में समय लगता है। वह लगातार अपने लैपटॉप और कम्प्यूटर के बीच चित्रों, नोट्स और जानकारियों को इधर-उधर किया करता था। इस काम में नाज़ो उसकी मदद करती थी। कभी-कभी फोटो प्रदर्शनी भी लगती थी। वह अपने प्रोजेक्टर से चित्रों को दीवार पर प्रोजेक्ट करता था और हम सब देखते थे। कभी-कभी यह प्रदर्शन इंग्लिश क्लास के छात्रों और कम्प्यूटर की ट्रेनिंग लेनेवाली लड़कियों के लिए किए जाते थे। लगता था हीरा बेहद ख़ुश है। उसकी ख़ुशी मुझे ख़ुशी देती थी। मैं कभी-कभी नूर को मेल करता था तो

उसमें लिख देता था कि मैंने हीरा को इतना ख़ुश कम ही देखा है जितना वह आजकल है। नूर लिखती थी कि वह जानती है क्योंकि हीरा से उसकी बराबर बातचीत होती रहती है। हीरा यह भी सोच रहा था कि वह अपने इन अनुभवों के आधार पर एक किताब लिखेगा। लेकिन चूँकि उसे नूर के साथ अभी दक्षिण भी जाना था इसलिए किताब के बारे में बहुत फ़िक्र नहीं कर रहा था। नूर को अगले महीने आना था। यह पिछले पन्द्रह साल बाद मल्लू मंज़िल में उसकी पहली 'विज़िट' थी। वैसे तो नूर हीरा को लेकर उस वक़्त लन्दन चली गई थी जब वह काफ़ी छोटा था। नूर और उसके वालिद मिर्ज़ा इस्माईल चाहते थे कि हीरा की तालीम लन्दन में हो। शुरू-शुरू के नूर हीरा को लेकर हर जाड़े में पन्द्रह-बीस दिन के लिए दिल्ली आती थी, या मैं लन्दन जाता था। इस बीच हम अब्बा-अम्माँ से मिलने मल्लू मंज़िल भी आते थे। लेकिन धीरे-धीरे यह सिलसिला कमज़ोर पड़ने लगा था। अब्बा और अम्माँ के न रहने पर तो हमारे मल्लू मंज़िल आने का कोई सवाल ही न था। पन्द्रह साल पहले शायद किसी मजलिस में मैं नूर को मल्लू मंज़िल लाया था। अब वह ज़माना पुराना इतिहास लगता है जिस पर मनो धूल जम चुकी है और हवा भी नहीं चलती कि धूल कुछ उड़े।

पन्द्रह साल बाद नूर के मल्लू मंज़िल आने से नौकरों में बड़ा उत्साह है। रहमतुन दिन में दस बार नूर के क़िस्से बयान करती है। कहती है जब शादी के बाद नूर पहली बार मल्लू मंज़िल आई थी तो सब परी कहते थे। उसके गोरे रंग पर किसी को यक़ीन नहीं आता था। वह जिस तरह टूटी-फूटी हिन्दी बोलती थी नौकर उसकी नक़ल करते थे। पास-पड़ोस की औरतें उसे घेरे बैठी रहती थीं।

रहमतुन को अब तक याद है नूर को खाने में क्या-क्या पसन्द है। अम्माँ नूर के लिए पानी कैसे उबलवाती, छनवाती और फिर ठंडा कराती थीं। नूर फलों में सिर्फ़ वे फल खाती थी जिसके छिलके उतारे जा सकते हैं। उसके खाने में मिर्च तो भूले से नहीं डाली जाती थी। सैकड़ों छोटे-बड़े क़िस्से हैं जो रहमतुन और गुलशन के माध्यम से नई पीढ़ी तक पहुँचते रहते हैं। गुलशन कहता है नूर बहू छिपकली से तो नफ़रत करती हैं। उनके आने से पहले घर की सारी छिपकलियाँ मारनी पड़ेंगी और बिस्तर की चादरें, तकिए, ग़िलाफ़ सिर्फ़ सफ़ेद रंग के होने चाहिए। उनकी चाय में चीनी नहीं पड़ती। वे अपने साथ कुछ लाती हैं, वह डालती हैं। नूर बहू की उदारता और उनके धनवान होने के क़िस्से ये लोग काफ़ी मिर्च मसाला लगाकर बयान करते हैं। इन क़िस्सों में अनु को बहुत मज़ा आता है।

नूर पहली बार इस तरह आ रही है कि अनु मेरे साथ रह रही है इसलिए अनु को बहुत अटपटा लग रहा है। वह कई बार पूछ चुकी है नूर के आने के बाद क्या होगा? कैसे होगा? क्या वह कहीं चली जाए? नूर उसके साथ कैसा व्यवहार करेगी?

''ये बताइए कि मैं कहीं चली न जाऊँ?''

''ये तुम पहले भी पूछ चुकी हो...मैंने तुमसे बताया है कि नूर को मेरे और तुम्हारे सम्बन्धों के बारे में मालूम है। वह जानती है कि जब पति और पत्नी सालों साथ नहीं रहते तो दूसरे तरह के सम्बन्ध बनते हैं। यह स्वाभाविक है।''

''फिर भी कुछ अजीब-सा लगता है।''

''नूर बहुत ग़ज़ब की औरत है। उससे मिलकर तुम सब भूल जाओगे। इतनी सहज, समझदार और सभ्य...और क्या कहते हैं 'कूल' है कि कोई जवाब नहीं। ज़रा सा टेन्शन न किसी को देती है और न लेती है...तुम बेकार परेशान हो।''

''नूर तुम्हारे साथ तुम्हारे बेडरूम में रहेगी?''

''हाँ।''

''मतलब जब तक वो यहाँ है मैं तुम्हारे पास नहीं आ सकती।''

''नहीं।''

वह ख़ामोश हो गई।

''देखो इसको इतना बड़ा 'इशु' न बनाओ।''

'' 'इशु' तो है।

''प्लीज़ समझा करो।''

''वैसे मैं तुम्हारी कौन हूँ?''

''ये सवाल तुम आज पूछ रही हो?''

''हाँ क्योंकि समय आ गया है।''

''प्लीज अनु...सब कुछ बिगाड़ो मत...तुम्हारे अलावा मेरा कोई नहीं है...और मेरे अलावा तुम्हारा कोई और नहीं है।''

वह ख़ामोश हो गई।

''तुम प्लीज नूर से मिलकर देखना...'शी इज़ फनटास्टिक परसन...'।''

''होगी।''

''अगर तुम्हें कुछ भी बुरा लगे तो...''

''बताऊँगी नहीं।''

मैं उसकी तरफ़ देखने लगा। वह उठी और चली गई।

रात आधी से ज़्यादा गुज़र गई होगी कि मुझे अपने कमरे के दरवाज़े पर दबी-दबी सी आवाज़ में 'भइया-भइया' सुनाई पड़ा। पहले तो समझ में नहीं आया कि किसकी आवाज़ है फिर एक दो बार आवाज़ और सुनाई दी तो मैं समझ गया। यह रहमतुन की आवाज़ थी। मैं घबराकर उठा और दरवाज़ा खोल दिया। बाहर रहमतुन खड़ी थी। मैंने लाइट जलाई। वह अन्दर आ गई।

''बताओ क्या बात है? किसी की तबीयत खराब है?''

''नहीं भइया...'' वह काँप रही थी।

''फिर क्या बात है?''

''भइया...भइया...'' वह डरी-डरी आवाज़ में बोली।

''बात क्या है रहमतुन?''

''भइया...नाज़ो...''

''क्या हुआ नाज़ो को?''

''कमरे में नहीं है।''

''मतलब?''

''बिस्तर में नहीं है...जहाँ सोवत है।''

''बाथरूम में होगी।''

''नहीं भइया।''

मैं पूरी बात तो पहले ही समझ गया था। मतलब साफ़ था कि नाज़ो हीरा के कमरे में है। रात में रहमतुन की आँख खुली तो उसने देखा कि नाज़ो गायब है। उसे यह समझने में देर नहीं लगी कि वह हीरा के पास होगी।

''हीरा भइया से पढ़ तो नहीं रही?''

''रात में?''

''अरे वो रात-रातभर जागते हैं।''

''भइया...'' वह कराही।

''क्या बात क्या है?''

''भइया...नाज़ो की शादी...''

''शादी की तुम फ़िक्र न करो...नाज़ो के लिए अच्छा-से-अच्छा लड़का मिलेगा...तुम्हारी बिरादरी का।''

वह अविश्वास से मेरी तरफ़ देखने लगी।

''अरे तुम मेरे ऊपर यक़ीन नहीं करतीं?''

''करते हैं भइया, करते हैं।''

''तब क्या है?''

''भइया बात फैल जाएगी।''

''अरे ये अगले महीने अपनी माँ के साथ वापस जा रहा है।''

मैंने धीरे से कहा।

वह फिर घबरा गई।

''भइया कहीं कोई ऊँच-नीच।''

मैं समझ गया। उसे डर था कि कहीं नाज़ो 'प्रेग्नेन्ट' न हो जाए।

"अरे नहीं...आजकल वो सब नहीं होता।"

मैंने उसे पूरा दिलासा दिलाया लेकिन रातभर सो न सका।

38

ख़ूबसूरती वह है जो समय को मुँह चिढ़ाए। जवानी में तो सभी सुन्दर होते हैं। असली सुन्दरता तो वह है जो समय की सीमाओं के पार हो जाए। नूर इतने सालों बाद यानी पचास की उम्र पार कर लेने के बाद भी बहुत आकर्षक है। बताते हैं कोई शख़्स दो तरह से ख़ूबसूरत होता है। एक बाहरी ख़ूबसूरती होती है और एक अन्दरूनी सुन्दरता होती है। दोनों का मेल किसी को सुन्दर और आकर्षक बनाता है।

उसके चेहरे पर लम्बी फ्लाइट की थकान के साथ-साथ एक ख़ुशी थी जो फूटी पड़ रही थी। दिल्ली के हवाई अड्डे पर उसे रिसीब करने मेरे साथ अहमद भी गया था। हज़ार कोशिशों के बाद भी मैं अहमद को यह न समझा सका था कि उसे 'व्हील चेयर' पर बैठकर इतनी तकलीफ़ उठाने की ज़रूरत नहीं है लेकिन अहमद बिल्कुल अड़ गया था। नूर अहमद से गले मिलने के लिए झुकी और दोनों की आँखों में आँसू आ गए। उनकी आँखें एक-दूसरे के लिए गीली हो गईं या ये सिर्फ़ अहमद का दुख था जिसे नूर ने बाँटा था।

ट्रॉली पर लदे चार बड़े-बड़े सूटकेस देखकर मैंने कहा-"इतना सामान तो शायद हम शादी के बाद ही लाए थे?"

नूर हँसने लगी। उसके दाहिने गाल में हँसने की वजह चिरपरिचित गड्ढा पड़ने लगा।

"तुम इतना सामान लाई हो?"

"हाँ।"

"क्या है इसमें?"

"सब पता चल जाएगा। गिफ्ट्स हैं। कुछ हीरा का सामान है।"

हमारे बीच जो भाषाई समझौता था वह पता नहीं क्यों टूट गया था। इससे पहले मैं हमेशा नूर के साथ हिन्दी बोलता था और वह अंग्रेज़ी में जवाब दिया करती थी। लेकिन इस वक़्त मैं उससे अंग्रेज़ी में ही बातचीत करने लगा। शायद लम्बे सफ़र की थकान की वजह से मैं उस पर हिन्दी समझने का बोझ नहीं लादना चाहता था।

अहमद को एक टैक्सी पर बिठा दिया। वह अपने फ्लैट जाना चाहता था। हम लोग सफदरजंग एन्क्लेव आ गए। कोठी के सामने टैक्सी रुकी तो उसने एक लम्बी साँस ली।

"वही अपना पुराना ख़ूबसूरत मकान।" वह लाल ईंटों से बने बँगले को

देखकर बोली।

"हाँ। ग्राउंड फ्लोर किराए पर उठा रखा है। मैं फर्स्ट फ्लोर पर रहा करता था।"

"मेरे लिए यह बड़े गर्व की बात है कि तुम दिल्ली की दुनिया यहाँ की क्वालिटी ऑफ लाइफ छोड़कर एक ऐसी जगह चले गए हो जहाँ ये सब कुछ नहीं है।" वह बोली।

गुलशन के लड़के फाटक पर आ गए थे और सामान उतार रहे थे। उन्हें मालूम था कि हम लोग आ रहे हैं।

"देखो 'क्वालिटी ऑफ लाइफ' है क्या? इसके पैमाने किसने बनाए हैं? क्या बनाए हैं? क्यों बनाए हैं?"

हम बातचीत करते टेरिस पर आ गए। एक तरफ़ वही बेगुन बेलिया की शानदार लता फैली हुई थी।

"हाँ तुम ठीक कहते हो...बने बनाए 'सेट' हमें दे दिए गए हैं ताकि हम खुद कुछ सोच न सकें।" वह बोली।

चाय पीने के बाद नूर नहाने चली गई। मैं टेरिस पर टहलने लगा। सोचने लगा–यार उम्र कटी है यहाँ। कितनी यादें जुड़ी हुई हैं इस टेरिस से। सुप्रिया की याद। जाने आज कहाँ होगी। शाम की उन महफ़िलों की याद जहाँ मैं, अहमद और शकील बैठकर आधी-आधी रात तक जश्न मनाया करते थे और बहसें करते थे। ख़याल आया यार शकील को फ़ोन किया जाए। होम मिनिस्टर है। उसे तो राजधानी में होना चाहिए। मैंने मोबाइल पर नम्बर मिला दिया। उधर से रिमाज़ की जानी पहचानी आवाज़ आई।

"आदाब अर्ज है सर।"

"अरे भई मंत्री जी कहाँ हैं?"

"जी इस वक़्त तो कैबनेट की मीटिंग में हैं।"

"यार ये इतनी मीटिंगें होती रहती हैं। होता हुआता कुछ नहीं।"

मैंने कुछ मज़ाक़ और कुछ ग़ुस्से में कहा।

"क्या सर?" रियाज़ को अच्छी तरह पता है कि हम तीनों मतलब मैं, अहमद और हाजी शकील अहमद अंसारी, केन्द्रीय गृह मंत्री अलीगढ़ में 'क्लास फेलो' थे और तीन साल हमने इस तरह एक साथ गुज़ारे हैं कि सोने का वक़्त छोड़कर बाक़ी घंटे साथ बीतते थे और आज भी शकील हम लोगों को 'पर्सनल फ्रेंड्स' मानता है।

"अरे यही हंगामे होते रहते हैं।"

"सर लॉ एंड ऑर्डर स्टेट सब्जेक्ट है।" वह बोला।

"अरे तो यहाँ केन्द्रीय सरकार सिर्फ़ एन.सी.आर. के लिए है क्या? इसे बन्द कराओ।"

वह हँसने लगा।

"देखो अपनी मंत्री जी से कह देना। मेरी बीबी नूर लन्दन से आई हुई हैं। अहमद भी दिल्ली में है। अगर आज उनके पास वक़्त हो तो यहाँ खाना हमारे साथ खाएँ।"

"जी सर।"

वही हुआ जिसका अन्दाज़ा लगाया था। शकील नहीं आ पाया लेकिन उससे फ़ोन पर लम्बी बातें हुईं। हम सबने अलग-अलग उसे चिढ़ाया। उसे मज़ा आया होगा कि यार अब भी ऐसे लोग हैं जो उसे चिढ़ा सकते हैं।

मल्लू मंज़िल में घर की और आसपास की औरतों और बच्चों की अच्छी-ख़ासी भीड़ लगी है। नूर बिल्कुल अम्माँ वाले कपड़ों—यानी खड़े पजामे, जम्पर और भारी दुपट्टे में है। दुपट्टा उसने सिर पर भी डाला हुआ है। रहमतुन नौकरों के ऐसे बच्चों का परिचय करा रही है जिनको नूर ने देखा नहीं है या पिछले पन्द्रह साल में पैदा हुए हैं। नूर सबके लिए कुछ-न-कुछ लाई है। चॉकलेट से लेकर कमीज़ और स्वेटर से लेकर पैंट तक के गिफ्ट हैं उसके पास। गुलशन को उसने गर्म स्वेटर दिया है जिसे गुलशन ने बहुत पसन्द किया है लेकिन उससे पूरा सन्तोष नहीं है। मुझे लगता है वह कोई न कोई बहाना बनाकर दो-चार हज़ार रुपए और झटकेगा।

शाम होते-होते मल्लू मंज़िल और आसपास यह ख़बर फैल गई कि नूर किसके लिए क्या लाई है। इसमें सबसे बड़ी ख़बर यह थी कि नूर ने रहमतुन को सोने की चेन दी है। यह ख़बर मेरे लिए कुछ अजीब और न समझ में आनेवाली थी। आमतौर पर खाने-पीने की चीज़ें या कपड़ा वग़ैरह दिए जाने का रिवाज़ है। सोने की चेन तो बहुत बड़ी चीज़ हो गई। बहरहाल मैं क्या कर सकता था। अनु ने मुझसे कहा भी था कि तुम्हारी पत्नी के पास बड़ा पैसा है। रहमतुन को सोने की चेन दी है। मैंने अनु को बताया कि नूर के पिता मिर्ज़ा इस्माइल किसी ज़माने में हीरों के व्यापारी थे और बांड स्ट्रीट में उनका बड़ा शोरूम था। इसके अलावा साउथ अफ्रीका की कुछ हीरों की खानों में उनके शेयर थे। उनका कभी एक ऑफ़िस हैदराबाद में भी हुआ करता था। शेरी-काउन्टी में उन्होंने 18वीं शताब्दी में बना एक महल भी ख़रीदा था। नूर ने अपने वालिद के मरने के बाद यह सब पैसा इश्योरेंस कम्पनियों में लगा दिया है जहाँ से उसे बड़ी ज़बरदस्त आमदनी होती है। लन्दन में उसके तीन फ्लैट हैं। जिनका किराया आता है। खुद ज़िन्दगी भर उसने नौकरी की है। मतलब नूर के पास पैसा है मगर उसे पैसे का वह मोह नहीं है जो आमतौर पर पैसे वालों को होता है। हीरा उससे या मुझसे कोई पैसा नहीं लेता और अपने तौर पर अपना काम चलाता है।

"लेकिन सोने की चेन..." वह अपनी बात पर फिर आ गई।

"हाँ शायद कुछ ज़्यादा है।" मैं सोचने लगा हो सकता है नूर को यह मालूम है, हीरा ने बताया है कि नाज़ो के उसके साथ कैसे ताल्लुकात हो गए हैं। हो सकता है शायद यह भी बताया हो कि नाज़ो की माँ रहमतुन इन सम्बन्धों को पसन्द नहीं करती इसलिए रहमतुन को 'सीधा' करने के लिए नूर ने उसे सोने की चेन दी है।

"और सुनो...नूर नाज़ो के लिए कपड़े लाई हैं। सब वेस्टर्न ड्रेसेज़ हैं।" अनु ने बताया।

सोने की चेन से ज़्यादा रहस्यमय मुझे यह जानकारी लगी। मैं घबरा गया।

"लेकिन वेस्टर्न ड्रेसेज़..."

"हाँ स्कर्ट ब्लाउज़, जीन्स और टाप्स...वग़ैरह।"

"तुमने देखे?"

"हाँ नाज़ो ने दिखाए।"

"यार ये कुछ समझ में नहीं आ रहा है। ज़ाहिर है कि नाज़ो यहाँ वेस्टर्न ड्रेसेज़ नहीं पहन सकती। गाँव में तो इसका सवाल ही नहीं पैदा होता...तो फिर..."

"एक दो नहीं कई जोड़े हैं।"

"ये सब समझना मुश्किल है।"

"तुम नूर से पूछो।"

"ठीक है पूछता हूँ।"

नूर के पहले दिन की पहली शाम की चाय का इंतज़ाम अनु और नाज़ो ने बगिया में किया था। अमरूद और नींबू के पेड़ों के नीचे टेबुल लगाई गई थी जिसपर साफ़ शफ़्फ़ाफ़ सफ़ेद कपड़ा बिछा था। बीच में एक गुलदान में फूल सजे थे। ऊपर अमरूद के पेड़ों के बीच कुछ छोटी-छोटी काग़ज़ की झंडियाँ लगाई थीं। मतलब यह कि इंतज़ाम बहुत शानदार था। चाय पीने के लिए अहमद भी अपनी कुर्सी पर आ गया था। माहौल बड़ा ख़ुशगवार था। जाड़ों की एक शाम धीरे-धीरे उतर आई थी और हवा में नर्मी महसूस की जा सकती थी। नूर अपने ऑनर में दी जानेवाले टी-पार्टी से बहुत ख़ुश थी। अब उसने घरवालों के लिए उपहार निकालने शुरू किए। सबसे पहले उसने अहमद को ऑस्कर एवार्ड पाई बारह फ़िल्मों की सी.डी. दी। नूर को अब तक याद है कि अहमद फ़िल्मों का रसिया है। और आजकल जब वह बाहर कम ही निकल सकता है तो यह उसके लिए यह एक उपहार है। अहमद ख़ुश हो गया।

मुझे उसने हॉब्सबाम की किताब 'हाऊ टु चेंज द वर्ल्ड' की एक कॉपी देते हुए कहा—"लो तुम कभी कम्युनिस्ट हुआ करते थे।"

"कभी क्यों? मैं तो आज भी कम्युनिस्ट हूँ।"

''कैसे अब्बा।'' हीरा ने पूछा।

''भई कम्युनिस्ट होने का मतलब किसी कम्युनिस्ट पार्टी का मेम्बर होना नहीं है।''

''तो आप मार्किसिस्ट हैं।'' वह बोला।

''हाँ...बिल्कुल...देखो जो लोग दुनिया को सब लोगों यानी जनता के हक़ में बदलने की कोशिश करते हैं वे सब मार्क्सवादी हैं।''

''यार प्लीज़...अब तुम कहीं छोटी-सी तक़रीर करने के मूड में न आ जाओ।'' अहमद ने कहा और सब हँसने लगे।

रात देर तक मैं और नूर बातें करते रहे। वह अपने नए काम के बारे में बताती रही जिसके तहत वह लन्दन एशियाई मूल की घरेलू औरतों को उनके घर जाकर उनकी भाषा की किताबें देती है। उनसे बात करती है ओर उनकी समस्याओं को हल करने के लिए सुझाव देती है।

''इस काम में तो तुम्हें बहुत रोचक अनुभव होते होंगे?''

''बहुत ज़्यादा...कोई यह सोच नहीं सकता कि लन्दन जैसे शहर में औरतों पर इतना अत्याचार होता है।'' वह बोली।

''कैसे?''

''भाषा और ज्ञान शक्ति के रास्ते हैं। बहुत से एशियाई अपने देशों में बेपढ़ी लिखी लड़कियों से शादी करते हैं और उन्हें लन्दन ले आते हैं...इन लड़कियों का जीवन जानवर से कुछ ही अच्छा जीवन होता है।'' नूर ने बताया।

दूर तक हम इसके बारे में बातें करने लगे। फिर नूर ने अपना प्रोग्राम बताना शुरू किया।

''देखो हम पहले केरल जाएँगे...वहाँ तीन-चार दिन 'बैक वाटर्स' में रहेंगे... उसके बाद केरल के दूसरे इलाक़े देखेंगे...फिर मेडीकरी, उसके बाद कर्नाटक आ जाएँगे...''

''बंगलौर?''

''नहीं शहरों में हमारी कोई दिलचस्पी नहीं है।'' वह बोली।

''तो शिमोगा जाओ...और वहाँ से सागर...''

''ठीक है...मैं सोचती हूँ...नाज़ो को अपने साथ लेती जाऊँ?''

मैं चौंक गया। यह बात ही इतनी अजीब थी और खासतौर इन हालात में जब हीरा और नाज़ो के बीच 'कुछ' चल भी रहा है। क्या इस 'कुछ' का अन्दाज़ा नूर को है या नहीं है? अगर नहीं है और नूर अपने साथ नाज़ो को ले जाना चाहती है और यात्रा के दौरान यह बात खुलती है हीरा और नाज़ो के बीच एक रिश्ता बन गया है तो पता नहीं यह नूर को कैसा लगेगा? और अगर नूर को इस रिश्ते के बारे में मालूम है तो वह नाज़ो को क्यों ले जा रही है? क्या हीरा ने उससे ऐसा कहा है?

क्या वह चाहती है कि हीरा को दक्षिण यात्रा के दौरान नाज़ो 'कम्फर्ट' देती रहे? अगर ऐसा है तो यह ठीक न होगा। और फिर नाज़ो की माँ क्या कहेगी? लोग क्या कहेंगे?

मैंने नूर से पूछा–"क्यों? नाज़ो को अपने साथ क्यों ले जाना चाहती हो?"

वह बोली–"आई लाइक दैट गर्ल।"

"ये तो कोई बात न हुई...नाज़ो जवान लड़की है...वह अविवाहित है। भारतीय समाज में रहती है...यहाँ की नैतिकता को तुम जानती और समझती हो!"

"हाँ-हाँ, क्यों नहीं...मैंने नाज़ो की अम्माँ से बात कर ली है।"

"ये इतनी बड़ी बात है?" मैं थोड़ा परेशान हो गया।

"इसमें प्रॉब्लम क्या है...वह मेरे साथ जा रही है...एंड इट इज़ माई रिस्पांसिबिलटी..."

"देखो...मैं क्या कह सकता हूँ..."

"तुम फिक्र मत करो...यू ट्रस्ट मी।"

नूर तो जल्दी ही सो गई। लेकिन मैं जागता रहा। मुझे लगा मल्लू मंजिल में कुछ ऐसा हो रहा है जो मैं नहीं जानता। यह अपने आपमें बहुत खतरनाक बात है। अगर दूर तक सोचा जाए तो रहस्य और गहरा जाता है। मुझे याद आया, नूर ने नाज़ो की माँ रहमतुन को सोने की चेन दी थी जिस पर अनु को आश्चर्य हुआ था। हैरान कर देनेवाली बात तो यह भी थी कि नूर नाज़ो के लिए वेस्टर्न ड्रेसेज़ लाई थी। क्यों? कैसे? उसे क्या पता था कि नाज़ो का साइज़ क्या है? उसे क्या पता था कि नाज़ो कितनी लम्बी है। नाज़ो की कमर का साइज क्या है वग़ैरह-वग़ैरह। और इस जानकारी के बिना किस तरह कपड़े खरीद लाई? क्या हीरा ने नूर को नाज़ो के बारे में बता दिया था? नाज़ो की नाप भेज दी थी? ऐसा किया था तो मुझसे क्यों छिपाया था? और फिर ये सब मुझे नूर या हीरा ने क्यों नहीं बताया? अगर अनु ने न बताया होता तो ये सब मुझे पता ही नहीं चलता। अब सवाल ये है कि नूर और हीरा नाज़ो को दक्षिण क्यों ले जा रहे हैं? नूर के उत्तर से मैं सन्तुष्ट नहीं हूँ और उस पर शक करने का कोई अधिकार नहीं है मेरे पास।

39

पर्दा उठने से पहले मंच पर जो अवस्था होती है वैसी ही ज्ञान यात्रा शुरू करने से पहले है। पहले तो यह लगता था कि यह काम सरल है और किसी को इससे क्या विरोध हो सकता है लेकिन अब लग रहा है कि इसके विरोधियों की तादाद कम नहीं है। कुछ लोग तो इसलिए विरोध कर रहे हैं कि वे हर नए काम का विरोध करते

हैं। उनको लगता है कुछ भी नया पुराने को बदलेगा। जो अच्छा नहीं होगा। कुछ इसका विरोध इसलिए कर रहे हैं कि इसे समर्थन मिल रहा है। देश के बड़े बुद्धिजीवियों ने जो सन्देश भेजे हैं वे उत्साहवर्द्धक हैं। जिन क्षेत्रों में यात्रा जा रही है वहाँ के प्रभावशाली लोग, नेता, अपराधी तत्त्व, जाति-धर्म की राजनीति करनेवाले, मस्जिद-मन्दिर के नाम पर खानेवाले इसका विरोध इसलिए कर रहे हैं कि उन्हें इसमें अपना डिब्बा गोल होता दिखाई दे रहा है क्योंकि लोगों को जोड़ने का आधार ज्ञान और शिक्षा बन गए हैं। प्रशासन इसे पसन्द नहीं कर रहा है क्योंकि इससे उन क्षेत्रों के विकास कार्यक्रमों पर से पर्दा हटेगा जो अब तक अलग-थलग पड़े थे। यह विरोध मुखर नहीं है लेकिन तरह-तरह से ध्वनित होता है। हवा ये उड़ा दी गई है कि ज्ञान यात्रा प्रशासन और राजनेताओं के विरोध में की जा रही है। उसमें जो शामिल होगा या सहयोग देगा उससे प्रशासन और नेता नाराज़ हो जाएँगे। ट्रकवाला जो हमें यात्रा पर ले जाने के लिए तैयार था अचानक इन्कार कर गया। दूसरा कोई ट्रकवाला तैयार नहीं हो रहा था। त्रिपाठी जी ने कहा कि वे ट्रैक्टर और ट्रॉली का इंतज़ाम कर लेंगे। इस पर यह कहा गया कि यह तो और भी ख़तरनाक है, चालान फ़ौरन हो जाएगा। अब सवाल था कि ज्ञान यात्रा कैसे जाएगी। मेरी गाड़ी में ज़्यादा-से-ज़्यादा पाँच-छः लोग आ सकते हैं। लेकिन लोग तो और हैं। ये सब जानकारी जब डॉ. आलोक वाजपेयी को मिली तो उन्होंने फ़ोन पर बताया कि चिन्ता की कोई बात नहीं है वे दो बड़ी गाड़ियाँ लेकर आ सकते हैं जो पूरी यात्रा में हमारे साथ रह सकती हैं। तो ये मसला हल हो गया।

एक सबसे बड़ी परेशानी जो आई वह अपने लोगों की तरफ़ से आई। एक दिन कविवर नाराज़ हो गए। उन्होंने कहा कि साजिद भाई ये आप कल के लौंडों को बहुत महत्त्व दे रहे हैं और हम लोगों की उपेक्षा कर रहे हैं। दरअसल इस दौरान अ[illegible] और धीरज की मदद से नौजवान लड़कों की एक पूरी टीम बन गई है जिस[illegible] यात्रा का काम अपने हाथ में ले लिया है। लड़के काम करते हैं इसलिए प्रमुख हो गए हैं। इसी बात पर ग़ुस्सा खाकर कविवर ज्ञान यात्रा से अलग हो गए। उनके अलग होने के बाद हबीब भाई का उत्साह भी कुछ ठंडा पड़ गया पर वे अलग नहीं हुए। त्रिपाठी जी हमेशा की तरह डटे हुए हैं और जो काम उनके ज़िम्मे है उसे पूरा करते हैं। वैसे यहाँ रोज़ एक 'प्रॉब्लम' सामने आती है और एक 'प्रॉब्लम' का समाधान होता है। बहुत रोचक और चुनौती भरा समय है। आज कल मुख़्तार रोज़ आ जाता है। थोड़ा 'लहर' में होता है लेकिन बैठकर पूरी कार्यवाही सुनता है और उसका कहना है कि वह यात्रा में ज़रूर जाएगा। अतहर मियाँ की तो दिशा ही दूसरी हो गई है। जब से वो हज से लौटे हैं तो दुकान, मस्जिद और घर के अलावा बाक़ी सबसे नाता कट गया है। हाँ, उमाशंकर के अन्दर फिर से उत्साह भर गया है। वे सफ़ेद कुर्ता पाजामा

पहने, काला चश्मा लगाए दिन में दो-तीन चक्कर मार देते हैं। उन्होंने प्रेस का काम अपने ज़िम्मे ले लिया है। आकर पूछते हैं–'कौनो प्रेस रिलीज़ है का?' होती है तो ले लेते हैं। नहीं तो निकल जाते हैं। पुराने ज़माने के उमाशंकर का कम्प्यूटर जगत से कोई ताल्लुक नहीं है। अभी भी काग़ज़ और क़लम पर विश्वास करते हैं।

हीरा के मेल और नूर के फ़ोन आते रहते हैं। उन्हें 'बैक वाटर्स' से प्रेम हो गया है। एक वोट हाउस में उन्होंने पूरे दस दिन गुजारे हैं। उसके बाद फिर लौटकर 'बैक वाटर्स' में आ गए हैं। नाज़ो भी उनके साथ है लेकिन उसके बारे में कोई बात नहीं होती। न तो नूर कोई बात करती है और न हीरा।

यहाँ मल्लू मंज़िल में ज्ञान यात्रा का काम इतनी तेज़ी से चल रहा है और दिन इतने क़रीब आ गए हैं कि 'टेंशन' बढ़ गई है। तारीख़ें कुछ इस तरह हैं कि नूर वग़ैरह के लौट आने के एक सप्ताह बाद यात्रा शुरू हो जाएगी। हीरा तो यात्रा में शामिल नहीं हो पाएगा लेकिन उसका प्रोजेक्टर हम लोग ले जाएँगे।

ज्ञान यात्रा में कुछ लड़के इन्तज़ाम देख रहे हैं। एक टीम सर्वेक्षण करेगी। दूसरी टीम शिक्षण कार्यक्रम संचालित कर रही है। कुछ और लड़के स्थानीय प्रतिभाओं का सम्मान करनेवाली यूनिट में हैं। ये लोग क्षेत्र का दौरा करके लौटे हैं। इन्होंने साइकिलों से उस इलाक़े का चक्कर लगाया है जहाँ ज्ञान यात्रा मोटरों पर जाएगी। इस अनुभव का चार्ज भी उमाशंकर के पास है। उन्होंने इन लड़कों के साथ मिलकर एक सूची बनाई है।

"देखिए जमरखेड़ा में...हमें एक अस्सी वर्ष के चर्मकार मिले। अब वे काम नहीं करते हैं लेकिन बीस साल पहले जब वे काम करते थे तो उनके बनाए जूते पूरे ज़िले में 'टॉप' पर माने जाते थे...असली चमरौधा वही बनाते थे। हमारी कमेटी समझती है कि उन्हें सम्मानित करना चाहिए।" उमाशंकर बोले।

"बहुत सही है उमाशंकर भाई।" त्रिपाठी जी ने कहा।

"पर आप उन्हें सम्मानित कैसे करेंगे?" हबीब भाई ने पूछा।

"इनके साफ़ा बाँधा जाएगा। एक चादर उढ़ाई जाएगी और प्रशस्ति पत्र दिया जाएगा जिस पर हम सब लोगों के दस्तख़त होंगे।" उमाशंकर बोले।

"बहुत बढ़िया...और नाम बताओ?"

उमाशंकर ने काग़ज़ देखते हुए कहा–"रमसी कलाँ में एक लोकगायक हैं वीरपाल यादव। बहुत पाटदार आवाज़ है। आल्हा गाते हैं तो हज़ार-पाँच सौ आदमी सुनते हैं...लाउडस्पीकर साला फेल है उनके आगे।"

"बढ़िया पास कर दिया...और बताओ..." मुख़्तार ने कहा।

''देखिए, हमसे कहाँ गया था सिर्फ़ तीन का चयन करना है तो तीसरे हैं प्रेमपाल शर्मा।''

''इनमें क्या बात है भाई?''

''ये जी किसान हैं...इन्होंने अपने बगीचे में वह सब लगाया हुआ है जो हमारे यहाँ सम्भव है...इसके अलावा दवाइयों में काम आनेवाले दो सौ पेड़-पौधे लगाए हैं...आस-पास का इलाक़ा शर्मा जी की बगिया से दवा ले जाता है।'' उमाशंकर ने बताया।

''फर्स्ट क्लास! तो तुम्हारा काम तो हो गया!''

''राम-राम!'' उमाशंकर उठ गए।

''यार, इन लोगों को बताना भी तो पड़ेगा।''

''हाँ बच्चा...राम लाल...तुम बता दियो।'' उमाशंकर ने अपने एक कार्यकर्ता से कहा और उसने सिर हिला दिया।

''चलिए, अब सांस्कृतिक समिति पर आते हैं।''

''चलो भाई पथिक जी बताओ।'' हबीब भाई ने कहा। सांस्कृतिक कमेटी के इंचार्ज हबीब भाई हैं और उसके सदस्य पथिक जी हैं। पर हबीब भाई की यह फ़ितरत है कि छोटे को आगे बढ़ाते हैं, उनकी दिलजमाई करते हैं।

''कार्यक्रम रामचरित मानस के पाठ से शुरू होगा।'' पथिक जी ने बताया।

''ठीक है...और आगे?''

''लोकगीत या आल्हा-ऊदल।''

''चलो ठीक। और?''

''कभी-कभी पद्मावत।''

''उसके बाद।''

''फ़िल्मी गाने।''

''वाह...और...फिर?''

''पिक्चर...''

''चलो परफेक्ट है।'' मुख़्तार बोला।

''यार, गाँव की कोई मंडली हो तो उसका गायन भी करा लेना।'' अहमद ने राय दी।

''हाँ-हाँ, क्यों नहीं!'' हबीब भाई बोले।

''और कौन-सी कमेटी है?''

''कमेटी तो अभी कई और हैं।'' अनूप ने कहा।

''यात्रा, आवास, भोजन समिति है।'' धीरज ने बताया।

''यार, सबसे इम्पॉर्टेंट कमेटी तो यही है।''

"क्या खिलाओगे?" पथिक ने खान-पान कमेटी के त्रिपाठी जी से पूछा।

"भाई, ये बेचारे वही खिलाएँगे जो आप इन्हें देंगे। मतलब चन्दा कितना जमा हो गया है?" अहमद ने पूछा।

"चन्दा...तीन सौ सत्तर..." चन्दा कमेटी के संयोजक धीरज ने बताया।

"यार...पन्द्रह दिन में तीन सौ सत्तर रुपए से तो सत्तू भी न खा सकोगे।"

"यार, गाँव में भी तो रोटी मिलेगी।"

"पराई चूपड़ी पर नज़र है।"

"नहीं भाई, सीरियस बात है। इसे 'डिस्कस' करो।"

"देखिए, सबसे बड़ी वजह यह रही कि हम एक रुपए से ज़्यादा चन्दा ले ही नहीं रहे थे। यह सुनकर कि हम एक रुपया चन्दा माँग रहे हैं कुछ लोग तो नाराज़ हो गए और चन्दा नहीं दिया। कुछ ने कहा-'अरे, आजकल तो भिखारी तक रुपया नहीं लेता... तुम लोग कैसे हो?' यही सब वजह रही कि चन्दा नहीं मिला।" धीरज ने विस्तार से बताया।

"आज जाने से पहले 'हेल्थ कमेटी' पर भी बात हो जाए तो अच्छा है।" मैंने कहा।

"हाँ, क्यों नहीं...इसका संयोजक कौन है?"

"अनूप हैं।"

"हाँ अनूप, बताओ...डॉ. आलोक वाजपेयी से तो बात होती रहती है न?"

"हाँ...मैं कानपुर चला गया था। डॉ. साहब और मैडम डॉक्टर साहब से बात हो गई है।"

"तो इस कमेटी में क्या होगा?"

"हम...ब्लड प्रेशर चेक करेंगे...उसके बाद जो लगेगा...उसकी जानकारी दी जाएगी..."

"इलाक़े की 'कॉमन' बीमारियाँ?"

"जी हाँ...बताया जाएगा।"

"क्या कुछ दवाएँ भी साथ रहेंगी।"

"हाँ, डॉक्टर साहब ने कुछ तो मुझे दे दी हैं। बाक़ी वे अपने साथ लाएँगे।" अनूप ने कहा।

सब लोग चले गए। बातें हो गईं। कल से दूसरे प्रसंग पर बातें होंगी। मैं, अहमद अकेले रह गए तो ऊपर से अनु भी उतर आईं।

"क्या पिएँगे आप लोग?" उसने पूछा।

"कॉफी पिलवा दो।"

अनु कॉफी बनाने चली गई।

''सुनो...पहले मैं सोचता था तुमने ये क्या सब 'लफड़ा' पाला हुआ है।'' अहमद बोला।

''और अब?''

''अब मैं कुछ कह नहीं सकता लेकिन मज़ा आता है।'' वह बोला।

''हम तुम तो 'यूनिवर्सिटी डेज़' से ही अलग-अलग रहे हैं।'' मैंने कहा।

''हाँ यार...मैं...इस सबको बेवकूफ़ी समझता था।'' वह बोला।

अनु कॉफी लेकर आ गई।

''आज बड़ी देर मीटिंग चली।'' अनु ने कहा।

''हाँ...अगले महीने जाना है न।'' मैंने कहा।

''अब भी तुम इन सबको बेवकूफ़ मानते हो?''

''अब मैं कुछ कह नहीं सकता।'' अहमद बोला।

''चलो यही बहुत है।''

''क्या बात हो रही थी?'' अनु ने पूछा।

''ज्ञान यात्रा के बारे में।''

''मुझे आपने ज्ञान यात्रा से दूर क्यों रखा है? क्या मेरे पास कोई ज्ञान नहीं है? या क्या मुझे कोई ज्ञान नहीं चाहिए?'' अनु बोली और मेरे पास कहने को कुछ न था।

40

तीनों चले गए। नाज़ो चलते वक़्त मुझसे नज़रें नहीं मिला रही थी। नाज़ो के जाने के बाद मैं फिर से उसके बारे में सोचने लगा लेकिन अब नज़रिया बदल गया था। क्या नाज़ो ने हीरा को सोच-समझकर फँसाया है? या वह हीरा से सचमुच प्रेम करने लगी है? जो कुछ भी है इस रिलेशनशिप का अन्त क्या होगा? हीरा और नूर लौट जाएँगे और उसके बाद नाज़ो इतनी ऊँचाई से गिरेगी कि शायद कुछ सलामत न बचे। वह हवाई जहाज़ में पहली बार बैठी होगी। पहली बार किसी फाइव स्टार में ठहरेगी। पहली बार समन्दर देखेगी। पहली बार जीन्स और टॉप पहनेगी। पहली बार स्कर्ट और ब्लाउज़ में किसी बीच पर टहलेगी। पहली बार उसे आज़ादी का वह एहसास होगा जो पहले कभी नहीं हुआ। और फिर उसके बाद? मुझे उससे हमदर्दी हो रही है। ये भी हो सकता है कि शायद मैंने अपनी ज़िम्मेदारी पूरी न की हो। मेरा फ़र्ज़ था कि नाज़ो को रोकता क्योंकि उसकी ज़िम्मेदारी तो मेरे ऊपर है न!

अहमद से ही इस बारे में बात कर सकता हूँ। वह भी बड़ा कन्फ्यूज़्ड है।

''यार ये गुत्थी कुछ समझ में नहीं आती!''

''मुझे चाहिए था कि नूर से साफ़-साफ़ बात कर लेता कि वह नाज़ो को क्यों ले जाना चाहती है।''

''तुमने पूछा तो था?''

''बहुत सीधे और सामान्य तरीक़े से...गहराई में जाकर बात नहीं की थी।''

''ये बताओ...नाज़ो की माँ यह जानते हुए कि उसकी बेटी के हीरा के साथ सम्बन्ध हैं, इस पर कैसे तैयार हो गई कि...''

''अरे यार तुम...तो जानते ही होगे...सोने की चेन की आजकल क्या क़ीमत होगी?''

''तुम कहना चाहते हो कि यह सब नूर के यहाँ आने के पहले से तय था?''

''हाँ।'' मैंने कहा।

''तब तो बात बहुत सीरियस है!''

''लेकिन है क्या?''

कुछ देर के लिए हम चुप हो गए। सवाल का जवाब किसी के पास न था।

अहमद बोला–''लेकिन तुम दोनों ने...तुमने और नूर ने हीरा के लिए कोई अच्छी लड़की तलाश क्यों नहीं की?''

''देखो, लन्दन में लड़कियाँ तलाश नहीं की जातीं, मिलती हैं। यहाँ इंडिया में मेरे बस में क्या था? रिश्तेदारी, बिरादरी से वैसे ही नाता टूटा हुआ है...अब लड़कियाँ मिलतीं तो कहाँ मिलतीं? फिर यार हीरा क्या हमारे-तुम्हारे कहने से शादी करेगा?''

''नहीं...हमारे-तुम्हारे कहने से तो न करेगा...लेकिन 'एडजेस्ट' तो कर ही सकते थे?''

''वह यहाँ रहता होता तो शायद ऐसा हो सकता था...लेकिन...''

''खैर छोड़ो...अब क्या सोचा है?''

''किसके बारे में?''

''हीरा की शादी?''

''बहुत बड़ा मसला है।''

''कहो तो मैं लखनऊ में एक-दो लोगों से बातचीत करूँ?''

''क्या ऐसे 'कॉन्टेक्ट' हैं तुम्हारे?''

''हाँ-हाँ, क्यों नहीं...''

''तो करो यार...अगर इसी दौरान ये काम हो जाए तो बहुत ही अच्छा है।''

''ये बताओ लन्दन में कोई लड़की नहीं मिली...हीरा को या नूर को?''

''देखो...एक कैरेबियन लड़की थी जिससे हीरा की दोस्ती थी लेकिन उसके

बाद...और कोई लड़की नहीं मिल पाई उसे।''

''कुछ बताता है कैसी लड़की चाहिए उसे?''

''वैसी ही जैसा खुद है। थोड़ी इंटैलेक्चुअल क़िस्म की।''

''काफ़ी मुश्किल है।''

''मुश्किल ये है कि हीरा और नूर अपने-अपने कामों में इतने ज़्यादा 'इन्वॉल्व' रहते हैं कि सोसाइटी में उठने-बैठने, आने-जाने का वक़्त ही नहीं मिल पाता... लड़की यार आसमान से तो टपकेगी नहीं!''

अहमद के अलावा अनु भी इस मामले में 'कन्फ्यूज़्ड' थी। उससे भी लम्बी बातचीत हुई थी। बल्कि कभी-कभी तो हम तीनों ही इस मसले पर बात करते थे। अनु के पास नाज़ो के फोन या ई-मेल आते थे। इनसे पता लगता था कि नाज़ो दक्षिण भारत की यात्रा से बहुत ख़ुश और पूरी तरह सन्तुष्ट है। कहीं कोई प्रॉब्लम नहीं है।

''अनु, ये तो सब ठीक है...लेकिन इसके कई पहलू और भी हैं।''

''क्या?''

''तुम जानती हो यह बात पूरे शहर को पता चल गई है कि नाज़ो नूर और हीरा के साथ घूमने गई है।''

''हाँ।''

''ये भी तुम जानती हो कि इस असामान्य घटना पर लोग क्या टिप्पणियाँ कर रहे हैं? कल्पना के घोड़े कितनी तेज़ी से दौड़ाए जा रहे हैं!''

''सुना तो है...पर...मुझे नहीं मालूम...मुझसे किसी ने कुछ नहीं कहा।''

''यार, यहाँ अपनी और तुम्हारी बात नहीं हो रही है...तुमने नहीं सुना...या मैंने नहीं सुना...इससे क्या फ़र्क़ पड़ता है...लेकिन यह चर्चा तो हो रही है न?''

''ठीक है...फिर?''

''फिर नाज़ो वापस आएगी...नूर और हीरा तो चले जाएँगे...वह...''

अनु मेरी बात काटकर बोली–''देखो, अब तुम नाज़ो को बी-एड. वग़ैरह कराने के चक्कर में मत पड़ो। जैसे ही वापस आए उसकी शादी किसी ठीक-ठाक से लड़के से कर दो।''

''हाँ...लेकिन लड़का? ये लोग फ़क़ीर बिरादरी के हैं...''

''इरादरी-बिरादरी कुछ नहीं...जिस लड़के को पता चलेगा कि लड़की को अच्छा दहेज़ मिलेगा वह दौड़कर शादी कर लेगा।'' अनु बोली।

''लेकिन फिर भी लड़के या लड़का तो निगाह में होना चाहिए?''

''इतने लोग आते हैं...तुम्हारे पास, पूछो उनसे।'' वह बोली।

''ठीक है...देखो करता हूँ। लेकिन इसमें एक उलझन और भी है।''

"क्या?"

"लोग ये न समझें कि नाज़ो की जल्दी शादी कर दिए जाने की कोई 'ख़ास' वजह है।"

"देखो जी, नाज़ो की शादी में जितनी देर लगेगी...उतनी कठिनाई बढ़ती जाएगी।"

"इन सब बातों पर सोचा होता तो नाज़ो को नूर और हीरा के साथ न जाने दिया होता।" मैंने ठंडी साँस लेकर कहा।

"मामला इतना उलझ जाएगा ये न सोचा था।"

"अब तो बस यही रास्ता...अच्छे लड़के के साथ चट मँगनी और पट ब्याह।" अनु बोली।

"अहमद की यह राय है कि हीरा की भी शादी कर देनी चाहिए।"

"ये तो बहुत ही अच्छा होगा...अगर वह तैयार हो जाएगा...और लड़की उसे उसी तरह पसन्द आ जाए...जैसे नाज़ो को पसन्द करने लगा है।" अनु मुस्कुराई।

"ये तुम...मतलब..."

"देखो, नाज़ो और हीरा वाली बात अब किसी से छिपी हुई नहीं है...मैं सिर्फ़ यह कहना चाहती थी कि हीरा को लड़की पसन्द आनी चाहिए...उसी तरह जैसे नाज़ो उसे पसन्द आई है।"

"और अगर हीरा को कोई लड़की पसन्द न आई तो?"

"तो...क्या...तो...तो...नाज़ो से तो वह शादी कर नहीं सकता।" मैंने कहा।

"प्यार में पागल हो जाने की क्या कोई हद होती है?" अनु ने कहा और मेरी बेचैनी हज़ार गुना बढ़ा दी।

"तुम्हें कुछ और भी मालूम है जो तुम मुझसे छिपा रही हो?" मैंने अनु से कहा।

"बाई गॉड...मुझे और कुछ नहीं मालूम...ये तो बस अटकलें हैं।" वह बोली।

ज्ञान यात्रा का काम युवा पीढ़ी के पास पहुँच गया है और वह चल रहा है। मैं तो नाज़ो वाले मामले में इतना परेशान हूँ कि ज्ञान यात्रा से ध्यान ही हट गया है जबकि यात्रा शुरू होने में दो ही तीन सप्ताह रह गए हैं। तैयारियाँ पूरी हैं लेकिन मैं अपने आपको निजी सवालों से घिरा पाता हूँ। कभी-कभी उलझ जाता हूँ। अपने पर ग़ुस्सा आता है कि क्या इन्हीं सवालों में अपना दिमाग़ खपाने मैं यहाँ आया था?

नूर से फ़ोन पर लगातार बात होती है। वह विस्तार से बताती है कि उन लोगों ने क्या-क्या देखा और कहाँ-कहाँ गए। मैं जब नाज़ो के बारे में कुछ पूछने या जानने की कोशिश करता हूँ तो यही कहती है कि वापसी पर बात करेगी। एक दिन फ़ोन

पर मैंने कहा कि मैं नाज़ो के लिए लड़के देख रहा हूँ तो बोली–इतनी जल्दी न करो। मैं आकर बात करूँगी। अब उन लोगों के वापस लौटने का इन्तज़ार करने के अलावा कोई दूसरा रास्ता नहीं है।

दो महीने के लम्बे 'टुअर' के बाद वे लौट आए। लम्बे सफर और पाँच घंटे गाड़ी में सड़कें नापने के बाद नूर इतना थक गई थी कि आते ही सो गई थी। शाम को उठी थी तो फिर एक सूप पीकर सो गई थी। हाँ, हीरा बहुत उत्साह में था। वह अपने लैपटॉप पर अहमद को हाथियों के ट्रेनिंग कैम्प की तस्वीरें दिखाता रहा। केरल के बैक वॉटर्स और चाय बागान की चर्चा करता रहा। वहाँ के लोगों और खाने की प्रशंसा करता रहा।

नाज़ो मुझे बदली-बदली नज़र आई। लगा, उसकी चाल बदल गई है। वह लचीलापन जो उसकी चाल में थोड़ा कम हुआ है और स्थिरता आई है। उसकी आँखें भी वे आँखें न थीं जिन्हें मैं देखने का आदी था। कुछ थोड़ा बढ़ा हुआ आत्मविश्वास भी उसकी भाव-भंगिमाओं में नज़र आने लगा था। उसका चम्पई रंग कुछ और निखर आया था और लगता था कि जिस तरह छुईमुई का पौधा छू देने से सिमट जाता है उसके विपरीत नाज़ो छू देने से और ज़्यादा खिल गई है। उसको देखकर उस सुख का आभास होता था जो उसने अनुभव किया होगा। वह बीज डालने के लिए तैयार खेत की तरह नज़र आने लगी थी।

दो दिन के बाद नूर और मैं आमने-सामने बैठे। जो बातें मेरे मन में थीं उन्हें मैं सिलसिलेवार लगाने लगा।

"मैं तुमसे नाज़ो के बारे में बात करना चाहता था।" मैं सीधे-सीधे विषय पर आ गया। लगा किसी तरह की भूमिका बाँधने का धैर्य नहीं है मेरे पास।

"मैं भी तुमसे नाज़ो के बारे में बात करना चाहती थी।" यह कहकर नूर ने मुझे और सतर्क कर दिया।

"पहले तुम बात कहोगे या मैं शुरू करूँ?" मैंने कहा।

"तुम बोलो।" वह गम्भीर हो गई।

"देखो, ये छोटा शहर है...ज़्यादातर लोगों की ज़ेहेनियत छोटी है... ख़ासतौर पर औरतों और लड़कियों के बारे में उनकी अपनी अलग नैतिकता है। नाज़ो तो गाँव की है। उसकी अनपढ़ बिरादरी है। उसके लिए अगर कोई ऐसी-वैसी बात मशहूर हो गई तो उसकी शादी नहीं हो पाएगी...और यहाँ लड़कियों के लिए शादी के अलावा कोई दूसरा रास्ता नहीं है..."

"मैं समझती हूँ।" नूर ने कहा।

''मैं नहीं जानता हीरा से उसके क्या सम्बन्ध हैं लेकिन जो भी हैं वे यहाँ आपत्तिजनक माने जाते हैं...और अगर इन्हीं सम्बन्धों की बात फैल गई तो नाज़ो के लिए बड़ी परेशानी खड़ी हो जाएगी...तुम जानती हो कि नाज़ो...मेरी ज़िम्मेदारी है...उसकी माँ और बाप ने मेरे ऊपर विश्वास किया है...मैं उसे नहीं तोड़ सकता...दूसरे नाज़ो की शादी कराना भी मेरी ज़िम्मेदारी है...मैंने उसके लिए एक लड़का देख लिया है...और जल्दी से जल्दी...''

''ओ माई गॉड!'' नूर ने अपना सिर पकड़ लिया।

''क्यों? क्या हो गया?'' मैंने पूछा।

''तुम्हें मालूम है हीरा और नाज़ो का सम्बन्ध है।''

''मुझे मालूम नहीं था, शक था। आज मालूम हो गया है। और यही वजह है कि मैं जल्दी से जल्दी नाज़ो की शादी कर देना चाहता हूँ।''

''तुम बहुत जल्दी में हो।'' वह बोली।

''क्या मतलब?''

''तुमने यह नहीं पूछा कि हीरा और नाज़ो के बीच कैसा सम्बन्ध है?'' वह बोली।

''मैं जानता हूँ।''

''नहीं...तुम नहीं जानते।'' वह विश्वास के साथ बोली।

''शारीरिक सम्बन्ध है।''

''सिर्फ़ शारीरिक नहीं।''

''क्या मतलब?''

''मतलब यह कि दोनों एक-दूसरे से प्यार करते हैं।''

''प्यार नहीं...'इन्फैचुएशन' कहो...हीरा को बहुत दिनों से कोई लड़की नहीं मिली थी...और नाज़ो तो ख़ैर...मैं क्या कह सकता हूँ!''

''तुम ग़लत सोच रहे हो।''

''नहीं...मैं सही सोच रहा हूँ...इट इज़ नॉट लव।''

''ये तुम कैसे कह सकते हो?''

''मैंने भी ज़िन्दगी में कुछ देखा है...मेरे भी अनुभव हैं...जानकारियाँ हैं...तुम विदेश में रहनेवाले लोग यहाँ के बारे में मुझसे ज़्यादा नहीं जानते।''

''क्या नहीं जानते?''

''नाज़ो के बारे में तुम क्या जानती हो?''

''अच्छी लड़की है...शी इज़ ऑनेस्ट, हाई वर्किंग, सेंसेटिव।''

''और क्या?''

''और मतलब?''

"वह चालाक है, शातिर है, एक ही झटके में सबकुछ पाना चाहती है।"

"ओ नो...तुम बिल्कुल ग़लत हो।" वह बोली।

"हो सकता है ग़लत हूँ...लेकिन मैं इस रिलेशनशिप को नहीं मानता।"

"मतलब?"

"मतलब...इन दोनों के बीच प्यार नहीं है...जो कुछ है वह जल्दी ख़त्म हो जाएगा...इसलिए मुझे नाज़ो की शादी..."

नूर बात काटकर बोली–"लेकिन हीरा नाज़ो से शादी करना चाहता है।"

"नहीं-नहीं, ये कैसे हो सकता है!" मैं कुर्सी से उठ गया और बाहर निकल गया। नीचे अहमद लैपटॉप पर कुछ काम कर रहा था। मैं उसके सामने सोफे पर बैठ गया। उसने सिर उठाकर मुझे देखा और हैरान हो गया।

"तुम्हें क्या हो गया है?" उसने कहा।

पूरी बात सुनने के बाद अहमद बोला–"ये एक पुराना खेल है जिसे कुछ लड़कियाँ बड़े शातिर तरीक़े से खेलती हैं। शूजा ने भी यही खेल मेरे साथ खेला था।"

"चलो...यार कहीं चलते हैं..."

हम गाड़ी में बैठ गए और किसी को बताए बग़ैर गंगा जी पर बिखरा सोना देखने चले गए।

41

मल्लू मंज़िल में कुछ अदृश्य दीवारें उठ गई हैं, जो मुझे बिल्कुल पसन्द नहीं हैं लेकिन मैं इन दीवारों के उठने का एक कारण बन चुका हूँ। मैं और अहमद फेंस के इधर हैं। नूर और हीरा दूसरी तरफ़ हैं। सब साथ बैठते-उठते हैं। खाना खाते और चाय पीते हैं, हँसते-बोलते हैं लेकिन दीवारों का एहसास बराबर बना रहता है। मैं हीरा और नाज़ो वाले मसले पर ख़ामोश हो गया हूँ। मेरी ख़ामोशी नूर को बेचैन कर रही है, यह मुझे एहसास है लेकिन मैं और कुछ नहीं कर सकता।

एक रात सोने से पहले नूर ने फिर वही ज़िक्र छेड़ दिया।

"तुम्हें फिर से सोचना चाहिए। हीरा और नाज़ो एक-दूसरे से प्यार करते हैं और शादी करना चाहते हैं। इसमें भला किसी को क्या एतराज़ हो सकता है?"

"अगर बात इतनी सीधी होती तो बहुत अच्छा होता।"

"तुम क्या सोचते हो?"

"बता चुका हूँ।"

"साजिद...तुम ग़लत सोच रहे हो...तुम उन दोनों पर शक क्यों कर रहे हो?"

‘‘देखो, सच्चाई यह है कि शादी के बाद ‘प्यार-मोहब्बत’ का रिश्ता साल छह महीने में ठंडा पड़ जाता है और एक तरह की ‘अंडर स्टैंडिंग’ बनाने की ज़रूरत पड़ती है। अब तुम हीरा और नाज़ो के बारे में सोचो। दोनों एक-दूसरे से बिल्कुल अलग हैं। नाज़ो ने कभी कॉलेज का मुँह नहीं देखा, हीरा ऑक्सफोर्ड से पी-एच.डी. कर रहा है। पढ़ाई-लिखाई के अलावा उसकी ज़िन्दगी में क्या है? नाज़ो यहाँ गाँव में पैदा हुई और पली-बढ़ी। हीरा लन्दन में पैदा हुआ और पला-बढ़ा। नाज़ो ने अभाव और कष्ट में बचपन गुज़ारा। हीरा ने कभी यह जाना ही नहीं कि अभाव और तकलीफ़ क्या होती है।...नाज़ो ऑक्सफोर्ड में कैसे ‘एडजस्ट’ करेगी? हीरा के दोस्तों के साथ क्या बात करेगी? नाज़ो को भी लगेगा कि वह बुरी तरह फँस गई है। हीरा भी तंग आ जाएगा। तुम ये सब क्यों नहीं समझती हो?’’

‘‘हम तीनों ने ये सारी बातें दो महीने ‘डिस्कस’ की हैं और उसके बाद तय किया है कि यह पक्की रिलेशनशिप होगी।’’ नूर ने कहा।

‘‘मैं नहीं मानता।’’ मैंने कहा।

‘‘ये बताओ दो यंग लोग तुम्हारे कहने से अपने भविष्य का फैसला करेंगे या अपने आप?’’

‘‘डिपेंड करता है। अगर नाज़ो भी वैसी ही होती जैसा हीरा है तो मैं इस रिलेशनशिप में कोई दख़ल न देता। लेकिन ऐसा नहीं है। नाज़ो की ज़िम्मेदारी है मेरे ऊपर।’’

‘‘तुम ग़लती कर रहे हो साजिद...तुम्हें हीरा के बारे में भी सोचना चाहिए।’’ वह बोली।

‘‘क्या सोचूँ? बताओ?’’

‘‘तुम उसे मुझसे कम जानते हो।’’

‘‘हाँ, ये ठीक है।’’

‘‘हीरा को एकान्त पसन्द है या कह सकते हो वह बहुत सोशल नहीं है क्योंकि वह अपनी उम्र के लड़कों से हमेशा ज़्यादा ‘मेच्योर’ रहा है। जब छोटा था, स्कूल में था तो उसके दोस्त बड़ी क्लासों के लड़के या टीचर हुआ करते थे...’’

‘‘ये तो मैं जानता हूँ।’’

‘‘हीरा क्योंकि अपनी उम्र से ज़्यादा ‘मेच्योर’ रहा है इसलिए लड़कियों से उसकी दोस्ती कम ही हो पाती थी। लड़की के उसके लिए दो ही रूप हैं—पहला, यह कि लड़की उस जैसी ‘मेच्योर’ हो या दूसरी, लड़की इतनी कम ‘मेच्योर’ हो जिसे वह पढ़ा सके, समझा सके, डेवलप कर सके...इन्हीं दो वजहों से उसके जीवन में कम लड़कियाँ आईं...कैरेबियन लड़की तो उसके साथ कुछ साल रही थी लेकिन उसके बाद कोई दूसरी लड़की नहीं आ पाई उसके जीवन में...वह अकेला

है, बहुत ज़्यादा अकेला है, यही वजह है कि उसने अपने को काम में झोंक रखा है...लेकिन कहाँ काम करेगा...ये वक़्त कब आएगा...जब मैं न हूँगी...तुम न होगे... लेकिन हीरा होगा। तब हीरा क्या करेगा? इमोशनली किससे 'इन्वॉल्व' होगा? न बीवी होगी न बच्चे होंगे...सोचो ज़रा..."

"हाँ, ये तो बहुत सीरियस बात है!"

"उसे लड़कियाँ पसन्द ही नहीं आतीं।"

"लखनऊ में बहुत सी लड़कियाँ हैं जो उसे पसन्द आ सकती हैं...पढ़ी-लिखी समझदार लड़कियाँ।" मैंने कहा।

"क्या मतलब...अरे, जो लड़की उसे पसन्द आ गई है उसे क्यों छोड़े?"

"देखो, ये तो मैं समझता हूँ कि अब यानी तीस साल का हो जाने के बाद उसे शादी कर लेनी चाहिए लेकिन वह नाज़ो से शादी करे, ये मैं नहीं मानता।"

"क्यों?"

"बता चुका हूँ।"

"बात दरअसल कुछ और है जो तुम बता नहीं रहे।" नूर बोली।

"अच्छा, वह क्या है?" मैंने व्यंग्यात्मक ढंग से कहा।

"नाज़ो ग़रीब घर की लड़की है। उसके परिवार का 'स्टेटस' नहीं है। बहुत ग़रीब किसान ख़ानदान की लड़की है...अगर वह किसी मालदार बड़े घराने की लड़की होती तो शायद तुमको एतराज़ न होता!"

"नहीं, ऐसा नहीं है...सो जाओ...मुझे नींद आ रही है।"

अनु सीन से ग़ायब ही हो गई है। खाने और नाश्ते के वक़्त तो दिखाई देती है लेकिन उसके बाद या तो अपने कमरे में बन्द रहती है या लड़कियों को पढ़ाती है। इसकी वजह नूर भी हो सकती है। पहली बार ये हुआ है कि उसके रहते नूर आई है और इतने दिन से मेरे साथ रह रही है। ये सब अनु के लिए मुश्किल तो है ही लेकिन इतना मुश्किल होगा इसका मुझे अन्दाज़ा नहीं था जब तक कि एक दिन उसने मौक़ा निकालकर मुझसे कहा कि वह अपने गाँव जा रही है। पहले तो मैं समझ ही नहीं पाया।

"क्या वहाँ कुछ है? किसी की शादी? या कोई ग़मी हो गई है?" मैंने पूछा।

"नहीं, ऐसा तो कुछ नहीं है।"

"वापस कब आओगी?"

"वापस? अब तो वहीं गाँव में रहने का विचार बना लिया।" वह गम्भीरता से बोली।

"क्या?" मेरे ऊपर जैसे पहाड़ टूट पड़ा हो।

"हाँ...वहीं स्कूल खोलेंगे..."

"ये तुमने कब सोचा?"

"बहुत दिन से सोच रहे थे...अपने गाँव में अपना स्कूल..."

"तुमने मुझे बताया क्यों नहीं?"

"क्या बताते? कौन-सी बड़ी बात है!"

"मतलब तुम हमेशा के लिए..."

"हाँ...अब तो वहीं रहेंगे..."

"कब जा रही हो?"

"कल।"

"कल?"

"हाँ, कल।"

"इतनी जल्दी क्या है?"

"तो देर करने से फ़ायदा क्या है?"

"सामान पैक हो गया?"

"सामान क्या वही थैला लेकर जाएँगे जो लेकर आए थे।"

"बाक़ी सामान?"

"सब नाज़ो को दे दिया है।"

"कम्प्यूटर वग़ैरह..."

"सब नाज़ो को दे दिया है...अब वही क्लास चलाएगी।"

ये सब इतनी जल्दी में हुआ कि कुछ करने और कुछ सोचने का मौक़ा ही नहीं मिल पाया। अपने जाने की बात अनु ने बहुत कम लोगों को बताई थी। वह बहुत ख़ामोशी से जाना चाहती थी। मैंने उसके किसी काम में दख़ल नहीं दिया।

अगले दिन सुबह ही सुबह वह तैयार हो गई। मैं अजीब स्थिति में था। न कुछ कहा जा रहा था, न सुना जा रहा था। मैं चाहता था वह कुछ और बोलती लेकिन वह ख़ामोश थी। उसने एक बार मुझ पर उचटती-सी निगाह डाली।

"फ़ोन करता रहूँगा तुम्हें।"

"ठीक है।"

"तुम भी करना।"

"ठीक है।"

लगता था उसके शब्दों में और मेरे शरीर में जान नहीं है।

दुख बाँटने के लिए सिर्फ़ अहमद था।

नूर मुझे बराबर समझा रही थी और मैं बराबर अपनी राय पर क़ायम था। पता नहीं

क्यों मैं ये मानने के लिए तैयार ही नहीं था कि हीरा की शादी नाज़ो के साथ होनी चाहिए। नाज़ो को अपनी बहू के रूप में देखना, बकरीदी को...रहमतुन को...और पता नहीं...किसको...किसको...तो क्या मुख्य समस्या यही थी? कभी-कभी अपने ऊपर ग़ुस्सा भी आता है। कभी दया आती है। कभी कुछ नहीं होता...लगता है, ज्ञान यात्रा पर अभी से निकल जाऊँ...मल्लू मंज़िल को भी छोड़ दूँ और केसरियापुर में जाकर रहने लगूँ।

"मैं सोचता हूँ कि नाज़ो से बात करूँ।" मैंने एक दिन नूर से कहा।

"बिल्कुल नहीं...तुम्हें उससे इस बारे में बात नहीं करनी चाहिए।"

"क्यों?"

"तुम उसे ब्लैकमेल कर सकते हो।"

"ब्लैकमेल? क्या कह रही हो?"

"डरा-धमकाकर नहीं बल्कि रो-गाकर।"

"मैं तो सिर्फ़ बात करूँगा।"

"बात ही करना है तो हीरा से बात करो।"

"मैं क्यों उससे बात करूँ...उसे चाहिए मुझसे बात करे।"

"इसमें 'इगो' का क्या सवाल है?" वह बोली।

"मसला उसका है...मेरा नहीं।"

"ठीक है, वह तुमसे बात करेगा।"

"ओ.के.।"

हीरा बहुत 'फॉर्मल' हो गया था। फुलवारी में अमरूद के पेड़ के नीचे चाय ख़त्म हो जाने के बाद जब हम दो ही बचे तो बात शुरू हुई थी। उसने अंग्रेज़ी में बहुत सीधे और सपाट ढंग से कहा—"मैं नाज़ो के साथ शादी करना चाहता हूँ क्योंकि हम दोनों एक-दूसरे से प्यार करते हैं।"

यह कहने के बाद वह मेरी तरफ़ देखने लगा। उसके चेहरे से लग रहा था वह काफ़ी लम्बी बहस की तैयारी करके आया है। उसके चेहरे पर एक खिंचाव और तनाव भी देखा जा सकता था। अचानक अमरूद के पेड़ पर एक तोता आकर बैठ गया। मैं उधर देखने लगा। हीरा की तेज़ आँखें मेरे ऊपर जमी हुई थीं। मैं ख़ामोश था और मेरी ख़ामोशी एक भयानक तनाव पैदा कर रही थी।

"मैंने आपसे कुछ कहा था डैड।" वह बोला।

"मैंने सुन लिया...और मेरी तरफ़ से बहुत-बहुत बधाइयाँ..."

"क्या?" वह उछल पड़ा।

"हाँ यार, करो...ज़रूर करो...आई विश यू ऑल द बेस्ट...जो मैं नहीं कर

सका वह तुम करने जा रहे हो...यह मेरे लिए ख़ुशी की बात है।''

''डैड ऑर यू सीरियस...'' वह चीख़ा।

''हाँ भाई...मैं पूरा सीरियस हूँ।''

वह मुझसे लिपट गया।

नूर शायद यह देख रही थी। वह हमारे नज़दीक आ गई। अहमद की व्हील चेयर भी किचन गार्डेन में आ गई।

''ये अचानक तुम्हें क्या हो गया?'' नूर बोली।

''अचानक नहीं...बहुत सोचने के बाद।''

''चलो यार...हीरा कांग्रेचुलेशंस...'' अहमद बोला।

''तो अब क्या प्रोग्राम है?'' मैंने हीरा से पूछा।

''पहले हम लोग दिल्ली जाएँगे...कोर्ट मैरिज होगी...एक महीना बाद वापस आएँगे...''

''मैं तब तक ज्ञान यात्रा के लिए निकल चुका हूँगा...वापसी पर मिलूँगा।''

मैंने सोचा जब मैं ज्ञान यात्रा से लौटकर वापस आऊँगा तो मल्लू मंज़िल बदल चुकी होगी। यहाँ नए रिश्तेदार होंगे। नए सम्बन्धी होंगे। नया संसार।

□□□